江苏文库 研究编 江苏文化史专题

江苏文脉整理与研究工程

清代江南士绅在地方社会治理中的参与研究

王婷 李楠 陈诗兰 著

江苏人民出版社

图书在版编目(CIP)数据

清代江南士绅在地方社会治理中的参与研究/王婷,李楠,陈诗兰著. -- 南京：江苏人民出版社, 2025.3. -- (江苏文库). -- ISBN 978-7-214-30146-8

Ⅰ. D691.71;D691.22

中国国家版本馆 CIP 数据核字第 2025AS6237 号

书　　　名	清代江南士绅在地方社会治理中的参与研究
著　　　者	王　婷　李　楠　陈诗兰
出版统筹	张　凉
责任编辑	汪意云
装帧设计	姜　嵩
责任监制	钱　晨
出版发行	江苏人民出版社
地　　　址	南京市湖南路1号A楼,邮编:210009
照　　　排	江苏凤凰制版有限公司
印　　　刷	苏州市越洋印刷有限公司
开　　　本	718毫米×1 000毫米　1/16
印　　　张	16.5　插页4
字　　　数	237千字
版　　　次	2025年3月第1版
印　　　次	2025年3月第1次印刷
标准书号	978-7-214-30146-8
定　　　价	88.00元

(江苏人民出版社图书凡印装错误可向承印厂调换)

江苏文脉整理与研究工程

总主编

信长星　许昆林

第二届学术指导委员会

主　　任　莫砺锋

委　　员　（按姓氏笔画排序）
　　　　　邬书林　宋镇豪　张岂之　茅家琦
　　　　　郁贤皓　袁行霈　莫砺锋　赖永海

编纂出版委员会

主　　编　徐　缨　夏心旻

副 主 编　梁　勇　赵金松　章朝阳　樊和平　程章灿

编　　委（按姓氏笔画排序）
　　　　　马　欣　王　江　王卫星　王月清　王华宝
　　　　　王建朗　王燕文　双传学　左健伟　田汉云
　　　　　朱玉麒　朱庆葆　全　勤　刘　东　刘西忠
　　　　　江庆柏　许佃兵　许益军　孙　逊　孙　敏
　　　　　孙真福　李　扬　李贞强　李昌集　佘江涛
　　　　　沈卫荣　张乃格　张伯伟　张爱军　张新科
　　　　　武秀成　范金民　尚庆飞　罗时进　周　琪
　　　　　周　斌　周建忠　周新国　赵生群　赵金松
　　　　　胡发贵　胡阿祥　钟振振　姜　建　姜小青
　　　　　贺云翱　莫砺锋　夏心旻　徐　俊　徐　海
　　　　　徐　缨　徐小跃　徐之顺　徐兴无　陶思炎
　　　　　曹玉梅　章朝阳　梁　勇　彭　林　蒋　寅
　　　　　程章灿　傅康生　焦建俊　赖永海　熊月之
　　　　　樊和平

分卷主编　徐小跃　姜小青（书目编）
　　　　　周勋初　程章灿（文献编）
　　　　　莫砺锋　徐兴无（精华编）
　　　　　茅家琦　江庆柏（史料编）
　　　　　左健伟　张乃格（方志编）
　　　　　王月清　张新科（研究编）

出版说明

江苏文化源远流长、历久弥新,文化经典与历史文献层出不穷,典藏丰富;文化巨匠代有人出、彪炳史册,在中华民族乃至整个人类文明的发展史上有着相当重要的地位。为科学把握江苏文化的内涵与特征,在新时代彰显江苏文化对中华文化的贡献,江苏省委、省政府决定组织实施"江苏文脉整理与研究工程",以梳理江苏文脉资源,总结江苏文化发展的历史规律,再现江苏历史上的文化高地,为当代江苏构筑新的文化高地把准脉动、探明趋势、勾画蓝图。

组织编纂大型江苏历史文献总集《江苏文库》,是"江苏文脉整理与研究工程"的重要工作。《文库》以"编纂整理古今文献,梳理再现名人名作,探究追溯文化脉络,打造江苏文化名片"为宗旨,分六编集中呈现:

(一)书目编。完整著录历史上江苏籍学人的著述及其历史记录,全面反映江苏图书馆的图书典藏情况。

(二)文献。收录历代江苏籍学人的代表性著作,集中呈现自历史开端至一九一一年的江苏文化文本,呈现江苏文化的整体景观。

(三)精华编。选取历代江苏籍学人著述中对中外文化产生重要影响、在文化学术史上具有经典性代表性的作品进行整理,并从中选取十余种,组织海外汉学家翻译成各国文字,作为江苏对外文化交流的标志性文化成果。

(四)方志编。从江苏现存各级各类旧志中选择价值较高、保存较好的志书,以充分发挥地方志资治、存史、教化等作用,保存江苏的地方文献与历史文化记忆。

（五）史料编。收录有关江苏地方史料类文献，反映江苏各地历史地理、政治经济、文化教育、宗教艺术、社会生活、风土民情等。

（六）研究编。组织、编纂当代学者研究、撰写的江苏文化研究著作。

文献、史料、方志三编属于基础文献，以影印方式出版，旨在提供原始文献，以满足学术研究需要；书目、精华、研究三编，以排印方式出版，既能满足学术研究的基本需求，又能满足全民阅读的基本需求。

"江苏文脉整理与研究工程"工作委员会

江苏文库·研究编编纂人员

主　编
王月清　张新科

副主编
徐之顺　姜　建　王卫星　胡发贵　胡传胜　刘西忠

一脉千古成江河
——江苏文库·研究编序言

樊和平

"江苏文脉整理与研究工程"是江苏文化史上继往开来的一个浩大工程。与当下方兴未艾的全国性"文库热"相比,江苏文脉工程有三个基本特点:一是全面系统的整理;二是"整理"与"研究"同步;三是以"文脉"为主题。在"书目编—文献编—精华编—史料编—方志编—研究编"的体系结构中,"研究编"是十分独特的板块,因为它是试图超越"修典"而推进文化传承创新的一种学术努力。

"盛世修典"之说不知起源于何时,不过语词结构已经表明"盛世"与"修典"之间的某种互释甚至共谋,以及由此而衍生的复杂文化心态。历史已经表明,"修典"在建构巨大历史功勋的同时,也包含内在的巨大文化风险,最基本的是"入典"的选择风险。《四库全书》的文化贡献不言自明,但最终其收书的数量竟与禁书、毁书、改书的数量大致相当,还有高出近一倍的书目被宣判为无价值。"入典"可能将一个时代的局限甚至选择者个人的局限放大为历史的文化局限,也可能由此扼杀文化多样性而产生文化专断。另一个更为潜在和深刻的风险,是对待传统的文化态度。文献整理,尤其是地域典籍的整理,在理念和战略上面临的最大考验,是以何种心态对待文化传统。当今之世,无论对个体还是社会,传统已经不仅是文化根源,而且是文化和经济发展的资源甚至资本。然而一旦传统成为资源和资本,邂逅市场逻辑的推波助澜,就面临沦为消费和运作对象的风险,从而以一种消费主义和工具主义的文化态度对待文化传统和文献整理。当传统成为消费和运作的对象,其文化价值不仅可能被误读误用,而且也可能在对传统的消费中使文化坐吃山空,造就出文化上的纨绔子弟,更可能在市场运作中使文化不断被糟蹋。"江苏文脉整理与研究工程"的"整理工程"以全面系统的整理的战略应对可能存在的第一种风险,即入典选择的风险;以"研究工程"应对第二种可能的风险,即消费主义与工具主义的风险。我们不仅是既往传统的继承者,更应当是未来传统的创造者;现代人的使命,不仅是继承优秀传统,更应当创造新的优秀传统,这便是传统的创造性转化与创新性发展的真义。诚然,创造传统任重道远,需要经过坚忍不拔的卓越努力和大浪淘沙般的历史积淀,但对"江苏文脉整理与研究工程"而言,无论如何必须在"整理"的同时开启"研究"的千里之行,在研究中继承和发展传统。这便是"研究编"的价值和使命所在,也是"江苏文脉整理与研究工程"在"文库热"中于顶层设计层面的拔群之处。

一 倾听来自历史深处的文化脉动

20世纪是文化大发现的世纪,20世纪以来西方世界最重要的战略,就是文化战略。20世纪20年代,德国社会学家马克斯·韦伯的《新教伦理与资本主义精神》,揭示了西方资本主义文明的文化密码,这就是"新教伦理"及其所造就的"资本主义精神",由此建构"新教伦理+资本主义"的所谓"理想类型",为西方资本主义进行了文化论证尤其是伦理论证,奠定了20世纪以后西方中心论的文化基础。20世纪70年代,哈佛大学教授丹尼尔·贝尔的《资本主义文化矛盾》,揭示了当代资本主义最深刻的矛盾不是经济矛盾,也不是政治矛盾,而是"文化矛盾",其集中表现是宗教释放的伦理冲动与市场释放的经济冲动分离与背离,进而对现代西方文明发出文化预警。20世纪70年代之后,亨廷顿的《文明的冲突与世界秩序的重建》将当今世界的一切冲突归结为文明冲突、文化冲突,将文化上升为西方世界尤其是美国国家战略的高度。以上三部曲构成西方世界尤其是美国文化帝国主义的国家文化战略,正如一些西方学者所发现的那样,时至今日,文化帝国主义被另一个概念代替——"全球化",显而易见,全球化不仅是一种浪潮,更是一种思潮,是西方世界的国家文化战略。文化虽然受经济发展制约甚至被经济发展水平所决定,但回顾从传统到现代的中国文明史,文化问题不仅逻辑地而且历史地成为文明发展的最高最难的问题,正因为如此,文化自信才成为比理论自信、道路自信、制度自信更具基础意义的最重要的自信。

在全球化背景下,文脉整理与研究具有重大的国家文化战略意义,不仅必要,而且急迫。文化遵循与经济社会不同的规律,全球化在造就广泛的全球市场并使全球成为一个"地球村"的同时,内在的最大文明风险和文化风险便是同质性。全球化催生的是一个文化上的独生子女,其可能的镜像是:一种文化风险将是整个世界的风险,一次文化失败将是整个人类的文化失败。文化的本质是什么?梁漱溟先生说,文化就是人的生活的根本样法,文化就是"人化"。丹尼尔·贝尔指出,文化是为人的生命过程提供解释系统,以对付生存困境的一种努力。据此,文化的同质化,最终导致的将是人的同质化,将是民族文化或西方学者所说地方性知识的消解和消失;同时,由于文化是人类应对生存困境的大智慧,或治疗生活世界痼疾的抗体,它所建构的是与自然世界相对应的精神世界和意义世界,文化的同质性将导致人类在面临重大生存困境时智慧资源的贫乏和生命力的苍白,从而将整个人类文明推向空前的高风险。应对全球化的挑战和西方文化帝国主义的国家战略,"江苏文脉整理与研究工程"是整个中华民族浩大文化工程的一部分和具体落实,其战略意义绝不止于保存文化记忆的自持和自赏,在这个全球化的高风险正日益逼近的时代,完整地保存地方文化物种,认同文化血脉,畅通文化命脉,不仅可以让我们在遭遇全球化的滔滔洪水之时可以于故乡文化的山脉之巅"一览众山小"地建设自己的精神家园和文化根据地,而且可以在患上全球化的文化感冒甚至某种文化瘟疫之后,不致乞求"西方药"来治"中国病",而是根据自己的文化基因和文化命理,寻找强化自身的文化抗体和文化免疫力之道,其深远意义,犹如在今天经过独生子女时代穿越时光隧道,回首当年我们的"兄弟姐妹那么多"

和父辈们儿孙满堂的那种天伦风光,不只是因为寂寞,而且是为了中华民族大家庭的文化安全和对未来文化风险的抗击能力。

"江苏文脉整理与研究工程"是以江苏这一特殊地域文化为对象的一次集体文化自觉和文化自信,与其他同类文化工程相比,其最具标识意义的是"文脉"理念。"文脉"是什么?它与"文献"和文化传统的关系到底如何?这是"文脉工程"必须解决的基本问题。

庞朴先生曾对"文化传统"与"传统文化"两个概念进行了审慎而严格的区分,认为"传统文化"可能是历史上曾经存在过的一切文化现象,而"文化传统"则是一以贯之的文化道统。在逻辑和历史两个维度,文化成为传统都必须同时具备三个条件:历史上发生的,一以贯之的,在现实生活中依然发挥作用的。传统当然发生于历史,但历史上发生的一切,从《道德经》《论语》到女人裹小脚,并不都成为传统,即便当今被考古或历史研究所不断发现的现象,也只能说是"文化遗存",文化成为传统必须在历史长河中一以贯之而成为道统或法统,孔子提供的儒家学说,老子提供的道家智慧,之所以成为传统,就是因为它们始终与中国人的生活世界和精神世界相伴随,并成为人的生命和生活的文化指引。然而,文化并不只存在于文献典籍之中,否则它只是精英们的特权,作为"人的生活的根本样法"和"对付生存困境"的解释系统,它必定存在于芸芸众生的生命和生活之中,由此才可能,也才真正成为传统。《论语》与《道德经》之所以成为传统,不只是因为它们作为经典至今还为人们所学习和研究,而且因为在中国人精神的深层结构中,即便在未读过它们的田夫村妇身上,也存在同样的文化基因。中国人在得意时是儒家,"明知不可为而偏为之";在失意时是道家,"后退一步天地宽";在绝望时是佛家,"四大皆空"。从而建立了与自给自足的自然经济结构相匹合的自给自足的文化精神结构,在任何境遇下都不会丧失安身立命的精神基地,这就是传统。文化传统必须也必定是"活"的,是在现实中依然发挥作用的,是构成现代人的文化基因的生命因子。这种与人的生活和生命同在的文化传统就是"脉",就是"文脉"。

文脉以文献、典籍为载体,但又不止于文献和典籍,而是与负载它的生命及其现实生活息息相关。"文脉"是什么?"文脉"对历史而言是

"血脉",对未来而言是"命脉",对当下而言是"山脉"。"江苏文脉"就是江苏人的文化血脉、文化命脉、文化山脉,是历史、现在、未来江苏人特殊的文化生命、文化标识、文化家园,以及生生不息的文化记忆和文化动力。虽然它们可能以诸种文化典籍和文化传统的方式呈现和延续,但"文脉工程"致力探寻和发现的则是跃动于这些典籍和传统,也跃动于江苏人生命之中的那种文化脉动。"江苏文脉整理与研究工程"的最大特点就在于它是"文脉工程"而不是一般的"文化工程",更不是"文库工程"。"文化工程""文库工程"可能只是一般的文化挖掘与整理,而"文脉工程"则是与地域的文化生命深切相通,贯穿地域的历史、现在与未来的生命工程。

"江苏文脉整理与研究工程"是"整理"与"研究"的璧合,在"研究工程"中能否、如何倾听到来自历史深处的文化脉动,关键是处理好"文献"与"文脉"的关系。"整理工程"是对文脉的客观呈现,而"研究工程"则是对文脉的自觉揭示,若想取得成功,必须学会在"文献"中倾听和发现"文脉"。"文献"如何呈现"文脉"?文献是人类文明尤其是人类文化记忆的特殊形态,也是人类信息交换和信息传播的特殊方式。回首人类文明史,到目前为止,大致经历了三种信息方式。最基本也是最原初的是口口交流的信息方式,在这种信息方式中,信息发布者和信息传播者同时在场,它是人的生命直接和整体在场并对话的信息传播方式,是从语言到身体、情感的全息参与,是生命与生命之间的直接沟通,但具有很大的时空局限。印刷术的产生大大扩展了人类信息交换的广度和深度,不仅可以以文字的方式与不在场的对象交换信息,而且可以以文献的方式与不同时代、不同时空的人们交换信息,这便是第二种信息方式,即以印刷为媒介的信息方式或印刷信息方式。第三种信息方式便是现代社会以电子网络技术为媒介的信息方式,即电子信息方式。文献与典籍是印刷信息方式的特殊形态,它将人类文化史和文明史上具有特殊价值的信息以印刷媒介的方式保存下来,供后人学习和研究,从而积淀为传统。文字本质上是人的生命的表达符号,所谓"诗言志"便是指向生命本身。然而由于它以文字为中介,一旦成为文献,便离开原有的时空背景,并与创作它的生命个体相分离,于是便需要解读,在解读中便可能发生误读,但无论如何,解读的对象并不只是文字本身,而是文字背后的生命现象。

文献尤其是典籍是不同时代人们对于文化精华的集体记忆,它们不仅经受过不同时代人们的共同选择,而且经受过大浪淘沙的历史洗礼,因而其中不仅有创造它的那个个体或文化英雄如老子、孔子的生命表达,而且有传播和接受它的那个民族的文化脉动,是负载它的那个民族的文化生命,这种文化生命一言以蔽之便是文化传统。正因为如此,作为集体记忆的精华,文献和典籍是个体和集体的文化脉动的客观形态,关键在于,必须学会倾听和揭示来自远方的生命旋律。由于它们巨大的时空跨度,往往不能直接把脉,而需要具有一种"悬丝诊脉"的卓越倾听能力。同时,为了把握真实的文化脉动,不仅需要对文献和典籍即"文本"进行研究,而且需要对创造它们的主体包括创作的个体和传播接受的集体的生命即"人物"进行研究。正如席勒所说,每个人都是时代的产儿,那些卓越的哲学家和有抱负的文学家却可能成为一切时代的同代人。文字一旦成为文献或典籍,便意味着创作它的个体成为一切时代的同代人,但无论如何,文献和它们的创造者首先是某个时代的产儿,因而要在浩如烟海的文献和典籍中倾听到来自传统深处的文化脉动,还需要将它们还原到民族的文化生命之中,形成文化发展的"精神的历史"。由此,文本研究、人物研究、学派流派研究、历史研究,便成为"文脉研究工程"的学术构造和逻辑结构。

二 中国文化传统中的江苏文脉

江苏文脉是中国文化传统的一部分,二者之间的关系并不只是部分与整体的关系,借助宋明理学的话语,是"理一"与"分殊"的关系。文脉与文化传统是民族生命的文化表达和自觉体现,如果只将它们理解为部分与整体的关系,那么江苏文脉只是中国文化传统或整个中华文化脉统中的一个构造,只是中华文化生命体中的一个器官。朱熹曾以佛家的"月映万川"诠释"理一分殊"。朗月高照,江河湖泊中水月熠熠,此番景象的哲学本真便是"一月普现一切水,一切水月一月摄"。天空中的"一月"与江河中的"一切水月"之间的关系是"分享"关系,不是分享了"一月"的某一部分,而是全部。江苏文脉与中国文化传统之间的关系便是"理一分殊",中国文化传统是"理一",江苏文脉是"分殊",正因为如此,关于江苏文脉的研究必须在与整个中国文化传统的关系中整体性地把握和展开。其中,文化与地域的关系、江苏文化在中华文化发展中的贡献和地位,是两个基本课题。

到目前为止的一切人类文明的大格局基本上都是由以山河为标志的地理环境造就的,从轴心文明时代的四大文明古国,到"五大洲四大洋"的地理区隔,再到中国山东—山西、广东—广西、河南—河北,江苏的苏南—苏北的文化与经济差异,山河在其中具有基础性意义。在这个意义上,可以将在此以前的一切文明称为"山河文明"。如今,科技经济发展迎来一个"高"时代:高铁、高速公路、电子高速公路……正在并将继续推倒由山河造就的一切文明界碑,即将造就甚至正在造就一个"后山河时代"。"后山河时代"的最后一道屏障,"山河时代"遗赠给"后山河时代"的最宝贵的文明资源,便是地域文化。在这个意义上,江苏文脉的整理与研究,不仅可以为经过全球化席卷之后的同质化世界留下弥足珍贵的"文化大熊猫",而且可以在未来的芸芸众生饱尝"独上高楼,望尽天涯路"的孤独之后,缔造一个"蓦然回首"的文化故乡,从中可以鸟瞰文化与世界关系的真谛。江苏独特的地域环境与江苏文化、江苏文脉之间的关系,已经不是所谓"一方水土一方人"所能表达,可以说,地脉、水脉、山脉与江苏文脉之间的关系,已经是一脉相承。

我们通过考察和反思发现,水系,地势,山势,大海,是对江苏文脉尤其是文化性格产生重大影响的地理因素。露水不显山,大江大河入大海,低平而辽阔,黄河改道,这一切的一切与其说是自然画卷和自然事件,不如说是江苏文脉的大地摇篮和文化宿命的历史必然,它们孕生和哺育了江苏文明,延绵了江苏文脉。历史学家发现,江苏是中国惟一同时拥有大海、大江、大湖、大平原的省份,有全国第一大河长江,第二大河黄河(故道),第三大河淮河,世界第一大人工河大运河,全国第三大淡水湖太湖,全国第四大淡水湖洪泽湖。江苏也是全国地势最低平的一个省区,绝大部分地区在海拔50米以下,少量低山丘陵大多分布于省际边缘,最高峰即连云港云台山的玉女峰也只有625米。丰沛而开放的水系和低平而辽阔的地势馈赠给江苏的不只是得天独厚的宜居,更沉潜、更深刻的是独特的文化性格和文脉传统,它们是对江苏地域文化产生重大影响的两个基本自然元素。

不少学者指证江苏文化具有水文化特性,而在众多水系中又具长江文化的特性。"水"的文化特性是什么?"老聃贵柔",老子尚水,以水演绎世界真谛和人生大智慧。"天下莫柔弱于水,而攻坚强者莫之能胜。"柔弱胜刚强,是水的品质和力量。西方文明史上第一个哲学家和科学家泰勒斯向全世界宣告的第一个大智慧便是:水是万物的始基。辽阔的平原在中国也许还有很多,却没有像江苏这样"处下"。老子也曾以大海揭示"处下"的智慧:"江海所以能为百谷王者,以其善下之,故能为百谷王。"历史上江苏的文化作品、江苏人的文化性格,相当程度上演绎了这种"水性"与"处下"的气质与智慧。历史上相当时期黄河曾经从江苏入海,然而黄河改道、黄河夺淮,几番自然力量或人力所为,最终黄河在江苏留下的只是一个"故道"的背影。黄河在江苏的改道当然是一个自然事件或历史事件,但我们也可能甚至毋宁将它当作一个文化事件,数次改道,偶然之中有必然,从中可以发现和佐证江苏文脉的"长江"守望和江南气质。不仅江苏的地脉"露水不显山",而且江苏的文化作品,江苏人的文化性格,一句话,江苏文脉,也是"露水不显山",虽不是"壁立千仞",却是"有容乃大"。一般说来,充沛的水系,广阔的平原,往往造就自给自足的自我封闭,然而,江苏东临大海,无论长江、淮河,还是历史上的黄河,都从这里入大海,归大海,不只昭示江苏的开放,而且演绎江苏文化、江苏文脉、江苏人海纳百川的博大和静水深流的仁厚。

黄河与长江好似中华文脉的动脉与静脉,也好似人的身体中的任督二脉,以长江文化为基色的江苏文化在中华文脉的缔造和绵延中作出了杰出贡献。有学者指出,在中国文明史上,长江文化每每在黄河文化衰弱之后承担起"救亡图存"的重任。人们常说南京古都不少为小朝廷,其实这正是"救亡图存"的反证,"天下兴亡,匹夫有责"的口号首先由江苏人顾炎武喊出,偶然之中有必然。学界关于江苏文化有三次高峰或三次大贡献,与两次大贡献之说。第一次高峰是开启于秦汉之际的汉文化,第二次高峰是六朝文化,第三次高峰是明清文化。人们已对六朝文化与明清文化两大高峰对中国文化的贡献基本达成共识,但江苏的汉文化高峰及其贡献也应当得到承认,而且三次文化高峰都发生于中国社会的大转折时期,对中国文化的承续作出了重大贡献。在秦汉之际的大变革和大一统国家的建构中,不仅在江苏大地上曾经演绎了波澜壮阔的对后来中国文明产生深远影响的历史史诗,而且演绎这些历史史诗的主角刘邦、项羽、韩信等都是江苏人,他们虽然自身不是文化人,但无疑对中国文化产生了深远影响。董仲舒提出"罢黜百家,独尊儒术"的主张,奠定了大一统的思想和文化基础,他本人虽不是江苏人,却在江苏留下印迹十多年。江苏的汉文化高峰对中国文化的最大贡献,一言概之即"大一统",包括政治上的大一统和思想文化上的大一统。六朝被公认为中国文化发展的高峰,不少学者将它与古罗马文明相提并论,而六朝文化的中心在江苏、在南京。以南京为核心的六朝文化发生于三国之后的大动乱,它接纳大量流入南方的北方士族,使南北方文化合流,为保存和发展中国文化作出了杰出贡献。明朝是中国历史上第一次在南京,也是第一次在江苏建立统一的帝国都城,江苏的经济文化在全国处于举足轻重的地位,扬州学派、泰州学派、常州学派,形成明清时期中国文化的江苏气象,形成江苏文化对中国文化的第三次重大贡献。三大高峰是江苏的文化贡献,在重大历史转折关头或者民族国家危难之际挺身而出,海纳百川,则是江苏文化的精神和品质,这就是江苏文脉。也正因为如此,江苏文化和江苏文脉在"匹夫有责"的担当精神中总是透逸出某种深沉的忧患意识。

  江苏文脉对中国文化的独特贡献及其特殊精神气质在文化经典中得到充分体现。中国四大文学名著,其中三大名著的作者都来自江苏,这就是《西游记》《红楼梦》《水浒》,其实《三国演义》也与江苏深切相关,虽然罗贯中不是江苏人,但以江苏为作品重要的时空背景之一。四大名著中不仅有明显的江苏文化的元素,甚至有深刻的江苏地域文化的基因。《西游记》到底是悲剧还是喜剧?仔细反思便会发现,《西游记》

就是文学版的《清明上河图》。《清明上河图》表面呈现一幅盛世生活画卷,实际却是一幅"盛世危情图",空虚的城防,懈怠的守城士兵……被繁华遗忘的是正在悄悄到来的深刻危机。《西游记》以唐僧西天取经渲染大唐的繁盛和开放,然而在经济的极盛之巅,中国人的精神世界却空前贫乏,贫乏得需要派一个和尚不远万里,请来印度的佛教,坐上中国意识形态的宝座,入主中国人的精神世界。口袋富了,脑袋空了,这是不折不扣的悲剧。然而,《西游记》的智慧,江苏文化的智慧,是将悲剧当作喜剧写,在喜剧的形式中潜隐悲剧的主题,就像《清明上河图》将空虚的城防和懈怠的士兵淹没于繁华的海洋一样。《西游记》喜剧与悲剧的二重性,隐喻了江苏文脉的忧患意识,而在对大唐盛世,对唐僧取经的一片颂歌中,深藏悲剧的潜主题,正是江苏文脉"匹夫有责"的担当精神和文化智慧的体现。鲁迅说,悲剧将人生的有价值的东西毁灭给人看。《西游记》是在喜剧形式的背后撕碎了大唐时代人的精神世界的深刻悲剧。把悲剧当作喜剧写,喜剧当作悲剧读,正是江苏文化、江苏文脉的大智慧和特殊气质所在,也是当今江苏文脉转化发展的重要创新点所在。正因为如此,"江苏文脉研究"必须以深刻的哲学洞察力和深厚的文化功力,倾听来自历史深处的江苏文化的脉动,读懂江苏,触摸江苏文脉。

三 通血脉,知命脉,仰望山脉

江苏文化的巨大魅力和强大生命力,在数千年发展中已经形成一种传统、一种脉动,不仅是一种客观呈现的文化,而且是一种深植个体生命和集体记忆的生生不息的文脉。这种文化和文脉不仅成为共同的价值认同,而且已经成为一种地域文化胎记。在精神领域,在文化领域,江苏不仅有灿若星河的文学家,而且有彪炳史册的思想家、学问家,更有数不尽的才子骚客。长江在这片土地上流连,黄河在这片土地上改道,淮河在这片土地上滋润,太湖在这片土地上一展胸怀。一代代中国人,一代代江苏人,在这里缔造了文化长江、文化黄河、文化淮河、文化太湖,演绎了波澜壮阔的历史诗篇,这便是江苏文脉。

为了在全球化时代完整地保存江苏文脉这一独特地域文化的集体记忆,以在"后山河时代"为人类缔造精神家园提供根源与资源,为了继承弘扬并创造性转化、创新性发展中国优秀传统文化,2016年江苏启动了"江苏文脉整理与研究工程"。根据"文脉"的理念,我们将研究工程或"研究编"的顶层设计以一句话表达:"通血脉,知命脉,仰望山脉。"由此将整个工程分为五个结构:江苏文化通史,江苏历代文化名人传,江苏文化专门史,江苏地方文化史,江苏文化史专题。

"江苏文化通史"的要义是"通血脉",关键词是"通"。"通"的要义,首先是江苏文化与中国文明的息息相通,与人类文明的息息相通,由此才能有民族感或"中国感",也才有世界眼光,因而必须进行关于"中国文化传统中的江苏文脉"的整体性研究;其次是江苏文脉中诸文化结构之间的"通",由此才是"江苏",才有"江苏味";再次是历史上各个重要历史时期文化发展之间的"通",由此才能构成"史",才有历史感;最后是与江苏人的生命与生活的"通",由此"江苏文脉"才能真正成为江苏人的文化血脉、文化命脉和文化山脉。达到以上"四通","江苏文化通史"才是真正的"通"史。

"江苏文化专门史"和"江苏文化史专题"的要义是"知命脉",关键词是"专",即"专门"与"专题"。"江苏文化专门史"在框架上分为物质文化史、精神文化史、制度文化史、特色文化史等,深入研究各类专门史,总体思路是系统研究和特色研究相结合,系统研究整体性地呈现江苏历史上的重要文化史,如哲学史、文学史、艺术史等,为了保证基本的完整性,我们根据国务院学科分类目录进行选择;特色研究着力研究历史上具有江苏特色的历史,如民间工艺史、昆曲史等。"江苏文化史专题"着力研究江苏历史上具有全国性影响的各种学派、流派,如扬州学派、泰州学派、常州学派等。

"江苏地方文化史"的要义是"血脉延伸和勾连",关键词是"地方"。"江苏地方文化史"以现省辖市区域划分为界,13市各市一卷。每卷上编为地方文化通史,讲述地方整体历史脉络中的文化历史分期演化和内在结构流变,注重把握文化运动规律和发展脉络,定位于地方文化总体性研究;下编为地方文化专题史,按照科学技术、教育科举、文学语言、宗教文化等专题划分,以一定逻辑结构聚焦对地方文化板块加以具体呈现,定位于凸显文化专题特色。每卷都是对一个地方文化的总结和梳理,这是江苏文化血脉的伸展和渗入,是江苏文化多样性、丰富性的生动呈现和重要载体。

"江苏历代文化名人传"的要义是"仰望山脉",关键词是"文化"。它不是一般性地为江苏历朝历代的"名人"作传,而只是为文化意义上的名人作传。为此,传主或者自身就是文化人并为中国文化的发展、为江苏文脉的积累积淀作出了重要贡献;或者虽然自身主要不是文化人而是政治家、社会活动家等,但对中国文化发展具有重大影响。如何对历史人物进行文化倾听、文化诠释、文化理解,是"文化名人传"的最大难点,也是其最有意义的方面。江苏历史上的文化名人汗牛充栋,"文化名人传"计划为100位江苏文化名人作传,为呈现江苏文化名人的整体画卷,同时编辑出版一部"江苏文化名人辞典",集中介绍历史上的江苏文化名人1000位左右。

一脉千古成江河,"茫茫九派流中国"。江苏文脉研究的千里之行已经迈出第一步,历史馈赠我们一次千载难逢的宝贵机遇,让我们巡天遥看,一览江苏数千年文化银河的无限风光,对创造江苏文化、缔造江苏文脉的先行者们献上心灵的鞠躬。面对奔涌如黄河、悠远如长江的江苏文脉,我们惟有以跋涉探索之心,怵惕敬畏之情,且行且进,循着爱因斯坦的"引力波",不断走近并播放来自江苏文脉深处的或澎湃,或激越,或温婉静穆的天籁之音。

我们一直在努力;

我们将一直努力!

目 录

导论 ··· 001
 第一节 选题缘起与国内外研究状况 ··················· 001
 第二节 研究意义与研究目标 ····························· 009
 第三节 研究框架 ··· 013

第一章 清代江南士绅的形成与流变 ····················· 018
 第一节 明朝的江南士绅 ····································· 019
 第二节 清前期的江南士绅 ································· 033
 第三节 清后期的江南士绅 ································· 047

第二章 江南士绅在地方治理结构中的嵌入 ········· 061
 第一节 士绅与江南地方社会关系 ····················· 062
 第二节 士绅与江南地方组织 ···························· 078
 第三节 士绅职能与江南地方管理 ····················· 086

第三章 士绅与江南地方教育教化 ························· 098
 第一节 士绅与地方教育组织 ···························· 099
 第二节 宗族教育与教化 ····································· 108
 第三节 乡约教育与教化 ····································· 118

第四章　士绅与江南地方慈善救济 …………………………… 126
第一节　士绅与地方慈善组织 …………………………… 127
第二节　宗族救济 ………………………………………… 144
第三节　士绅与地方赈济 ………………………………… 151

第五章　士绅与江南地方公共服务 …………………………… 160
第一节　士绅与江南地方桥梁建修 ……………………… 161
第二节　士绅与江南地方河渠修治 ……………………… 166
第三节　士绅与江南地方庙宇建修 ……………………… 177

第六章　士绅与江南地方诉讼 ………………………………… 187
第一节　清代的"息讼"思想 …………………………… 188
第二节　"江南健讼"的历史书写 ……………………… 207

结　语 …………………………………………………………… 227

参考文献 ………………………………………………………… 230

后　记 …………………………………………………………… 239

导　论

第一节　选题缘起与国内外研究状况

乡村振兴战略是党的十九大作出的重大战略部署，是新时代三农工作的总抓手。习近平总书记要求："有力有效推进乡村全面振兴，以加快农业农村现代化更好推进中国式现代化建设。"①中国的乡村是凝聚了深远历史记忆的乡村，具有自身独特的发展模式，对于乡村振兴的研究，需要找回历史，在历史的视野中考察中国乡村社会的发展变迁，从而才能深入推进乡村振兴战略的有效实施。为此，本书选择了清代江南士绅参与地方社会治理这一视角进行考察。士绅是自20世纪40年代以来中外学者研究明清史特别是地方史的一个重要视角，士绅参与地方社会治理是中国传统社会中乡村治理的重要方式，其生动全面地展示了乡村治理中独特的运行逻辑。本书力求通过这种中观意义上的场景性研究，为当下乡村振兴战略的深入推进提供一定启示。我们在梳理国内外关于士绅研究的学术发展史时发现，相关研究主要围绕以下三个方面展开。

---

① 《中央农村工作会议在京召开　习近平对"三农"工作作出重要指示》，《人民日报》2023年12月21日，第1版。

一、对于士绅内涵的研究存在政治、经济、文化不同的面向

"士"的本意源于五帝时代,是指治狱的刑官,后引申指男子,也引申官阶等级;"绅"本意为士大夫束在衣外的大带。士绅,在汉语中的解释是"封建社会在地方上有财有势或得过一官半职的人,以地主富商财阀和退职官僚居多"。关于士绅内涵的研究纷繁复杂,涵盖了以士绅、乡绅、绅士、绅衿等在内的各种相关研究,学者们分别从政治身份、经济地位、文化属性等不同层面对士绅的内涵进行了卓有见地的探索。

学者们立足于政治身份层面,形成了关于士绅的国家统治论①、政治免疫论、身份分层论等不同视角的研究。吴晗在《皇权与绅权》之"论绅权"章中将绅士界定为官僚离职、退休、居乡,以至未任官以前的称呼。因此,绅士的身份界定是变化的,包括做官和尚未做官的绅士,也包括做过官退休后不甘寂寞又去做官的绅士。不但官官相护,官绅也相护,不只因为是自己人,还有更复杂的体己利害关系。官僚是和绅士共治地方的。绅权由官权的合作而相得益彰。②费孝通在《论绅士》中将绅士界定为退伍的官僚或官僚的亲属。虽然这些退任的官员已不在朝中,手中没有直接掌握的权力,但他们在朝中有官僚熟人,也有一定的势力,这种势力具有一定的政治免疫性,可以产生保护或掩护绅士的价值。因此,"绅士是士,官僚是大夫。士大夫构成了中国传统社会结构中一个重要的阶层"③。瞿同祖在《清代地方政府》中把士绅群体按照官职和功名分为两类:一类是官员,包括现任官员、退休官员以及被革职的官员;一类是获得功名者。这两个阶层共同构成了地方精英,管理地方事务。④傅衣凌在《中国传统社会:多元的结构》中对于中国传统社会的"乡绅"给出了一个广义的界定,他认为乡绅在地域范围上,包括在

---

① 参见薛政超、舒求《论明清士绅研究的演进脉络——兼谈从"富民"观察"士绅"的重要意义》,《思想战线》2023 年第 1 期。
② 参见吴晗《论绅权》,选自费孝通、吴晗《皇权与绅权》,华东师范大学出版社 2015 年版,第 37—38 页。
③ 费孝通:《论绅士》,选自费孝通、吴晗《皇权与绅权》,华东师范大学出版社 2015 年版,第 6—7 页。
④ 参见瞿同祖《清代地方政府》,范忠信、何鹏、晏锋译,新星出版社 2022 年版,第 244 页。

本地生活的缙绅和在外做官但心系故土、能够对故乡发展产生影响的官僚,从头衔名誉上,包括通过科举考试获得功名的群体和没有功名但在地方上有权势的群体。总之,乡绅这个群体之所以在中国传统社会中长期存在,直接原因在于国家通过授予官职、功名和各种荣誉等多种渠道认可这一阶层并将其纳入政权统治体系。① 马敏在《官商之间——社会剧变中的近代绅商》中立足于地方性和在野性这两个特征考察明清绅士阶层的特色。地方性是指,绅士是居住在地方上的有影响力的头面人物;在野性是指绅士并不是朝堂之上的公卿官员、不直接参与国家政策的制定实施,也不掌握实际的政治权力,而只是封建政权统治地方的中介和工具。基于这两个特征,绅士就是以科举功名之士为主体的在野社会集团,同时包括通过捐纳、保举等渠道而获得身份和职衔者。② 张仲礼在《中国士绅研究》中,把官职、功名、学品或学衔作为界定士绅的重要标准,将士绅划分为上层集团和下层集团两个阶层。上层集团包括拥有官职或具有较高学衔的群体,而下层集团仅指通过初级考试的生员、捐生和功名较低的群体。当然,具有士绅身份后,两个阶层的成员都会具有随之而来的某些特权。③

学者们立足于经济地位层面,重点考察了士绅内涵中经济因素的作用。史靖在《绅权的本质》中强调,绅士所必须具备的条件之一是有一份丰厚的财产。绅士一定是地主,并且是大地主。④ 费正清在《美国与中国》中从经济和政治双重角度来理解中国的士绅。他认为,传统狭义的绅士仅指通过科举考试、举荐、捐钱购买等方式获得功名的群体,但绅士在农民群众看来还包括大地主,拥有一定的地产,同时,中国绅士还有着重要的政治和行政职能。政治和经济的二重性形成广义上的较为宽泛的绅士概念即绅士既包括有功名的个人,也包括一些家庭集团。⑤

---

① 参见傅衣凌《中国传统社会:多元的结构》,《中国社会经济史研究》1988年第3期。
② 参见马敏《官商之间——社会剧变中的近代绅商》,社会科学文献出版社2022年版,第21—24页。
③ 参见张仲礼《中国士绅研究》,上海人民出版社2008年版,第3—33页。
④ 参见史靖《绅权的本质》,选自费孝通、吴晗《皇权与绅权》,华东师范大学出版社2015年版,第120页。
⑤ 参见费正清《美国与中国》,孙瑞芹、陈泽宪译,商务印书馆1971年版,第34—35页。

学者们立足于文化属性层面,通过文化权力、文化秩序的建构来分析士绅的内涵。徐茂明在《江南士绅与江南社会(1368—1911年)》中立足于文化的视角,将政治与文化融合于社会结构中,他认为,伦理型的礼治精神贯穿于中国封建时代的官僚体制中,整个国家的政治权力统治、政治秩序的建立具体表现为文化的统治、文化秩序的建立。在这种背景下,士绅阶层作为垄断儒家伦理文化传承和解释权的重要主体,必然拥有文化权力,发挥着重要的文化功能。因此,他从文化权力的角度进行理论构架,研究了江南士绅阶层的文化功能。他认为,在明清两代中,皇权与绅权争夺的重要内容就是文化权力,但这是基于统一政治体制内部的文化权力争夺,无论哪方获胜,都不会对当时的社会结构产生根本性的冲击和重构。但1905年科举制被废除后,就从根本上剥夺了士绅阶层的文化权力,从而摧毁了封建社会的文化秩序和根基。① 杜赞奇通过对1900—1942年河北和山东两省六县六个村庄的个案调研,阐释了在当时国家政权建设的过程中,权力的文化网络所具有的极端重要性。所谓权力的文化网络,就是指诸如市场、宗族、宗教等不断产生交错影响的相互作用的等级组织和诸如庇护人与被庇护人、亲戚朋友间非正式的相互关联网,这种网络构成了施展权力和权威的基础。19世纪末,从中央政府到地方政府,都相当依赖于这种权力的文化网络在华北乡村中自身的统治权威。在此过程中,他将官府与乡村社会中间的经纪人分成"保护型经纪"和"营利型经纪"两种类型。②

二、对于士绅治理功能研究的不同维度

士绅在中国古代社会治理中发挥了巨大的功能,学者们立足于国家—社会结构取向的研究范式、制度分析研究范式、行动者角色研究范式等不同维度对这一群体的治理功能进行了研究,从而形成了丰富多元又结论各异的研究成果

---

① 参见徐茂明《江南士绅与江南社会(1368—1911年)》,上海世纪出版集团、中西书局2021年版,第49—52、256—259页。
② 参见杜赞奇《文化、权力与国家——1900—1942年的华北农村》,王福明译,江苏人民出版社2024年版,第6、29—44页。

1. 国家—社会结构取向的研究范式

岳铭青在《科举制废除、士绅阶层衰落与基层治理变迁》中分析了在中国古代社会中皇权不下县三个方面的原因：第一，农业经济是传统中国社会的主要经济形式，其经济结构单一，经营方式分散，一家一户的小农经济彼此之间相对独立，因此，乡村社会的公共事业只要在以血缘地缘为纽带的宗族内部采取互助的方式就可以实现，不需要国家政权的介入；第二，如果上层政府到广大农村，需要设立大量官僚机构，而农业社会由于经济能力有限，很难承担这些官僚机构运行的成本；第三，从文化传统上来看，在儒家伦理治国的理念影响下，乡村社会的治理主要依靠宗族自治，而这种自治又依赖于具有功名、官衔、学衔的影响力的士绅来完成，即所谓的"国权不下县，县下惟宗族，宗族皆自治，自治靠伦理，伦理造乡绅"①。王杨在《传统士绅与次生治理：旧基层社会治理形态的新考察》中指出，中国县级治理体系以下不属于国家正式范畴内的行政体系，而是由地方社会中的非正式组织来维持秩序，在此过程中，由于当地的地方士绅占据了德、才、财、势等各个方面的优势，因此，士绅某种程度上成为这些非正式组织的管理者进而代理了皇权在乡村社会中的实施。② 郭剑鸣在《晚清绅士与政治整合研究：以知识权力化整合模式为路径》中认为，晚清社会政治整合的路径是皇权整合绅权、绅权整合民权的阶梯状整合。皇权对基层社会的渗透离不开绅权的中继。但到了晚清，绅士的威望已进入"暮年"，绅士内部也出现严重分化，特别是捐纳之例盛行，使绅士整体素质大大下降，而商人的雀起和传教士的涌入则直接向绅士的传统权威发起挑战。与此同时，新社会元素不断衍生，并游离于传统模式之外。随着绅士承担社会责任的理念和能力薄弱化，他们已不能像以往那样担任"四民之望"的角色了。所以，一种政治模式要想获得更稳固的合法性，一种公共危机治理模式要想保持其有效性，必须打破单一的权力配置模式，实现权力与多重价值的嫁接，使社会各方面可以在置换资源中相互得到权力和地位

---
① 岳铭青：《科举制废除、士绅阶层衰落与基层治理变迁》，《怀化学院学报》2015年第2期。
② 参见王杨《传统士绅与次生治理：旧基层社会治理形态的新考察》，《浙江社会科学》2020年第2期。

的认可,最终形成多元因素(财富、知识、技术、劳动等)与权力组合的政治整合格局。① 王先明在《近代绅士——一个封建阶层的历史命运》中指出,"四民"结构秩序既展示了历史时代社会分工的基本特征,有浸透着等级地位的封建法权精神,也凝聚着封建社会文化的价值取向。这种社会结构从根本上突出并保障着"绅士"们独特的社会地位。② 黄宗智在对明清以来华北33座村庄的小农经济与社会变迁的考察中发现,村庄的发展不仅仅涉及传统意义上的国家和士绅,小农在其中扮演了重要角色,从而提出了一个牵涉国家、士绅和村庄三角关系的结构,并从这一结构出发探讨了村庄与国家政权关系的变迁。③

2. 制度分析的研究范式

学者们围绕政治制度、科举制度等制度安排,讨论了绅士的治理功能及其发展流变。孔飞力在《中华帝国晚期的叛乱及其敌人——1796—1864年的军事化与社会结构》中指出,中央政府与地方绅士之间通过协调,以最低限度的纠纷来解决彼此之间的利益冲突,从而延续了中国传统政治制度的稳定性。但是晚清动乱时期,特别是咸丰朝以后,绅士掌权趋势扩大,中央政府的权力缩小,标志着传统社会统治模式的转变,开启了中国近代史。④ 王先明认为,封建科举制和封建等级身份制决定着士绅阶层的形成及其地位的确立,20世纪初科举制的废除与帝制的消亡等制度性变革的突飞猛进,从根本上推倒了士绅阶级得以存在的两大支柱。⑤ 龙登高等认为,士绅是实现基层公共品供给的重要主体,其作为政府权力渗透到基层的民间主体,创建和领导各种民间组织为基层社会提供并运营发展公共品。⑥

3. 行动者角色的研究范式

部分学者通过行动者角色的研究范式,考察了士绅行动选择的意

---

① 参见郭剑鸣《晚清绅士与政治整合研究:以知识权力化整合模式为路径》,复旦大学国际关系与公共事务学院2006年博士学位论文,第29—30页。
② 参见王先明《近代绅士——一个封建阶层的历史命运》,天津人民出版社1997年版,第42—43页。
③ 参见黄宗智《华北的小农经济与社会变迁》,广西师范大学出版社2023年版,第29—36页。
④ 参见孔飞力《中华帝国晚期的叛乱及其敌人——1796—1864年的军事化与社会结构》,谢亮生、杨品泉、谢思炜译,中国社会科学出版社1990年版,第8—11页。
⑤ 参见王先明《近代绅士——一个封建阶层的历史命运》,天津人民出版社1997年版,第316页。
⑥ 参见龙登高、王明、陈月圆《传统士绅与基层公共品供给机制》,《经济学报》2022年第2期。

义和逻辑。谢云冲、王文樟在《传统士绅集团的分化与晚清政权根基的瓦解》中指出,士绅在中国传统社会中发挥的作用主要体现在四个方面,即政治体系的支持者、官僚系统的输入者、地方政务的协助者、基层稳定的维护者。① 孔飞力在《中华帝国晚期的叛乱及其敌人——1796—1864年的军事化与社会化结构》中指出,士绅在官僚机构和当地村社之间、城市和农村之间起到重要的联系作用,他们保证了村社例行事务的延续,从而推进了地方政府的正常运转。② 高钟将中国传统社会分为王统、道统、族统,三者互动共同形塑了中国传统社会的动态平衡,而科举制是三维共构的制度性联结枢纽,因此士人这一特殊角色具有重要的地位,其既是王统中官僚阶层的候补者,又是道统中儒家文化的传承人,还是族统中联络社会与王权的桥梁。③ 萧公权在《中国农村——十九世纪帝国政权对人民的控制》中从组织的视角出发,讨论了中国士绅的重要作用。没有士绅,乡村社会尽管可以运行,但是缺乏组织化的运行,只有通过士绅,才能形成各种具有高度组织性的活动,从这个意义上来说,士绅是乡村社会组织的基石。④ 同样,关于士绅与官府的关系问题,瞿同祖在《清代地方政府》中也进行了系统的研究。他认为,士绅常常担任百姓和官吏之间调停人的角色,官府的命令通过士绅传达给百姓后得以有效贯彻的程度更高;而乡村百姓的诉求也可以通过士绅转达给州县官,使州县官充分了解其施政情况,因此,士绅是辅助州县官管理地方的社会精英。⑤ 王杨在《传统士绅与次生治理——基层社会治理形态的新考察》中提出士绅具有"代理人"和"当家人"的双重身份,正是通过发挥这两方面的职能,士绅成为中国古代中国家政权和乡村社会的桥

---

① 参见谢云冲、王文樟《传统士绅集团的分化与晚清政权根基的瓦解》,《洛阳师范学院学报》2016年第3期。
② 参见孔飞力《中华帝国晚期的叛乱及其敌人——1796—1864年的军事化与社会结构》,谢亮生、杨品泉、谢思炜译,中国社会科学出版社1990年版,第3页。
③ 参见高钟《废科举:中国儒家社会全面散构的多米诺骨牌——废科举百年祭》,《江苏社会科学》2005年第4期。
④ 参见 Hsiao Kung-chuan, *Rural China*, *Imperial Control in the Nineteenth Century*, University of Washington Press, 1960。
⑤ 参见瞿同祖《清代地方政府》,范忠信、何鹏、晏锋译,新星出版社2022年版,第253页。

梁,其身份具有合法性的来源。① 费正清在《美国与中国》中指出,绅士在中国的乡村社会履行了许多重要的社会职能,拥有土地、官僚从儒生阶级中选拔出来这些条件保证了绅士家庭对农民的控制。② 马敏在《官商之间——社会剧变中的近代绅商》中在考察古代士阶层的起源、传统社会绅士阶层的形成发展的基础上,分析了近代绅商阶层的形成、类型、功能属性等等,特别是在对士人型、买办型、官僚型等绅商类型进行个案分析的过程中,深入揭示了近代中国社会结构的发展变化。③

三、研究领域从全国性研究向区域性研究拓展

80年代以来,随着区域史研究的兴起,士绅研究也逐步从全国性研究向区域研究发展,形成了更为细化的关于区域性的以及个案的士绅研究热潮。

胡庆钧在《论绅权》中,通过对云南农村的实地调查与观察发现,绅权实质上是一种代表着地方长老权力的地方权威,当皇权强势扩张时,绅权就是皇权向下控制的延伸,而皇权缩小无为时,皇权和绅权则划分了明确的界限。④ 李世众以发生在晚清温州的金钱会、"瞿党"反叛事件、教案、兴办新学运动及19世纪70年代末"布衣士绅"的逐渐崛起等若干事件为叙述分析对象,认为晚清地方权力格局表现为地方官—上层士绅—下层士绅之间的平面互动关系。⑤ 许顺富考察了湖南绅士在近代的发展演变过程。他认为,湖南绅士势力的崛起,得力于曾国藩创办的湘军所造就的大批军功绅士,这些绅士对地方政治的影响主要表现在干预地方政府的决策、影响着地方政权的稳定、担负着地方教化、总揽地方公共事务等方面。⑥ 李平亮通过考察清末民初南昌的士绅阶

---

① 参见王杨《传统士绅与次生治理——旧基层社会治理形态的新考察》,《浙江社会科学》2020年第2期。
② 参见费正清《美国与中国》,孙瑞芹、陈泽宪译,商务印书馆1971年版,第37—38页。
③ 参见马敏《官商之间——社会剧变中的近代绅商》,社会科学文献出版社2022年版,第9—151页。
④ 参见胡庆钧《论绅权》《两种权力夹缝中的保长》,选自费孝通、吴晗《皇权与绅权》,华东师范大学出版社2015年版,第92—100页。
⑤ 参见李世众《晚清士绅与地方政治——以温州为中心的考察》,上海人民出版社2006年版,第380—381页。
⑥ 参见许顺富《湖南绅士与晚清政治变迁》,湖南人民出版社2004年版,第267—299、397—401页。

层发现,清末废除科举制之后,南昌士绅一方面积极参与新式教育、地方自治、实业发展等政府推行的改革方案,推动了现代化进程;另一方面,他们充分利用传统社会文化资源建构地方权力体系,在此过程中,又促进了传统与现代的结合。①

综上所述,自20世纪40年代以来,关于士绅研究,中外学者从不同的视角和方法展开了系统的分析,形成了丰硕成果。从总体上看,这些研究成果把士绅定义为一个具有政治身份、经济地位、文化权力的重要群体。士绅在中国古代社会治理中发挥了巨大的功能,学者们立足于国家—社会的结构取向的研究范式、制度分析研究范式、行动者角色研究范式等不同维度对这一群体的治理功能进行了研究。士绅实现了权力与多重价值的嫁接,中国传统政治制度稳定延续的社会根源,在于王朝与地方名流——绅士间的协调。正是在这种背景下,士绅阶层在社会治理中发挥了重要的作用,从而为中国政治的稳定发展奠定了基础。

第二节 研究意义与研究目标

学界关于士绅的研究已取得了丰硕的成果,这为本书的研究奠定了坚实的基础。本书拟围绕本土化、区域化、微观化三个维度展开研究,窥探清代江南士绅在地方社会治理中的行为逻辑,试图对前人的研究作一点补充。

一、本土化研究

党的十九大报告指出,农业农村农民问题是关系国计民生的根本性问题,必须始终把解决好"三农"问题作为全党工作的重中之重,实施乡村振兴战略。近年来,中共中央、国务院连续发布中央一号文件,对

---

① 参见李平亮《"卷入大变局"——清末民初南昌的士绅与地方政治》,厦门大学2004年博士学位论文,第180—181页。

新发展阶段全面推进乡村振兴作出总体部署,2021年4月29日,十三届全国人大常委会第二十八次会议表决通过《中华人民共和国乡村振兴促进法》。实施乡村振兴战略,是解决新时代我国社会主要矛盾、实现"两个一百年"奋斗目标和中华民族伟大复兴中国梦的必然要求,具有重大的现实意义和深远的历史意义。通过追根溯源,加强历史性考察,可以更加清晰地理解中国的乡村社会为什么会走到今天,从而明确采取何种治理方式更适合乡村环境、更具有生命力。而士绅治理作为中国历史上所特有的一种本土化的基层治理方式,深入挖掘其价值意蕴和运行逻辑,对于深入推进当前基层社会治理特别是乡村治理,意义重大。在"皇权不下县"的中国传统社会,正是充分发挥了士绅群体在官民之间的中介作用,从而以最低的成本在最大程度上维护了基层社会的稳定秩序,因此,士绅治理在中国传统社会中具有本土化意义上的重要地位。将他们推动乡村社会保障、维护地方公共安全、教化乡里、裁决纠纷、兴办地方公共事业等方面的努力置于历史发展的长时段中,特别是当下推进乡村振兴的时代语境下考察,具有鲜明的历史价值与意义。当前,士绅群体虽然已经消失,但与士绅一样发挥着地方社会治理作用的乡村能人仍然存在,这是乡村的内生资源。在乡村振兴战略的实施中,在共同富裕战略的推进中,对于如何充分发挥整合乡村能人的带动组织作用,发挥本土优势,士绅治理的研究具有一定的借鉴作用。

二、区域化研究

本书作为一项区域社会史研究,有助于弥补目前通史写作的缺陷。中国幅员辽阔,地理环境千差万别,在这样的空间背景下,如果没有坚实的区域历史研究基础,中国通史和中国各类专史的研究是难以深入的。在明清时期的江南,士绅异常活跃,处于一个十分特殊的地位,对士绅的了解直接关系到许多重大问题的判断,比如国家与民间的关系问题和地方社会治理的性质问题等,可以对学术界国家与民间关系问题和地方治理精英问题等等的相关理论进行验证,为其他地域的研究提供一个参照和对比的对象。

根据徐茂明的研究，江南的区域划分经历了由西到东、由大到小、由泛指到特指的变化趋势，这一变化的原因是与"江南"经济开发、文化发展的历史密切相关的，因此"江南"不仅仅内涵着单纯的空间意义上的地理概念，而且包括发达的经济、优越的文化，以及相对统一的民众心态等等。他明确指出，将太湖平原的苏州、松江、常州、杭州、嘉兴、湖州、太仓六府一州视作明清"江南"的地域范围更为合理。① 这一时期的江南士绅发展主要呈现出以下三方面的特点，这也是本书选取清代江南士绅作为区域化研究对象的重要原因。

一是清代的江南经济基础坚实，是帝国的经济中心，而良好的经济基础是培养士绅的重要土壤。清代江南的官学教育非常发达，形成了浓厚的儒学氛围，加上这一时期科举制度的发展达到鼎盛，江南地区的读书人众多，通过科举制产生了大批有功名的人才，但是政府官员的职数并没有相应增长，从而形成了庞大的士绅群体，考察清代江南地区的士绅群体，具有一定的典型性和代表性。

二是由于江南官绅密集，士绅群体在地方社会治理等公共事务中的参与度相当高。"明代以来江南社会的变化，多方面地显现出地方利益与王朝统治的紧张关系，以及江南官绅阶层的复杂网络与社会影响等内容。"②在清代江南，士绅非常关心地方社会的公共治理，积极参与会商施政、社会保障、公共安全、公共福祉、教化乡里、裁决纠纷、兴办地方公共事业等等大量的公共事务，表达意见、提供咨询甚至组织领导地方公共事务，对于维护地方公共秩序的有效运行发挥了巨大的作用，成为推进地方社会治理的中坚力量。

三是在整个19世纪中，清朝一直困扰于内忧外患的双重威胁。1796—1804年，白莲教起义给了清王朝一个破坏性的打击，十余名提督、总兵等高级武官和400余名副将以下中级武官阵亡，损失了数十万兵力。清朝正规军腐朽无能，为了镇压起义，清政府只能借助地方团练的力量。1840年爆发鸦片战争后，清政府被迫签订了一系列不

---

① 参见徐茂明《江南士绅与江南社会(1368—1911年)》，上海世纪出版集团、中西书局2021年版，第10页。
② 冯贤亮：《明清江南士绅研究疏论》，《中国高校社会科学》2014年第6期。

平等条约，主权受到严重侵犯，中国逐渐沦为一个半殖民地半封建国家。1851—1864年爆发的太平天国运动更是打散了清王朝的封建统治基础，促进了封建社会的崩溃。而面对内忧外患的双重威胁，清政府则难以招架。清代自乾隆晚期开始，帝国官僚沉溺于奢靡保守中，腐败不断蔓延。开国以来始终存在满汉二元结构，满族人以征服者自居，具有一系列的特权地位，而汉人则被视为"外来人"而饱受歧视，满汉之间的分歧导致政府行政效率低下、矛盾对立重重，面对内忧外患时处于混乱失衡的状态，更无暇顾及地方社会治理，逐渐出现基层治理的权力真空。这种真空为士绅力量的崛起提供了较大的空间，士绅逐渐承担起地方社会治理的政府职能，"政府对基层社会控制的需要及士绅的自觉，自然而然，士绅就承担起了地方社会的安全责任"，此外"士绅一不占政府编制，二不支用国库薪饷，三不占阔绰公堂，却能替政府做大量工作，甚至起到政府官员起不到的作用。"因此，对于清代江南士绅的研究，能够充分体现出士绅群体在地方社会治理中的行为模式。

三、微观化研究

当前，关于士绅的相关研究可谓是汗牛充栋，已有研究多采用定性分析、量化分析、比较研究等方法，西方对于士绅的研究往往采用国家—社会的二元分析框架、公共领域—市民社会的分析视角等等。这些研究围绕着绅士的内涵、功能、权力运行机制等问题展开了系统的分析，构建了宏大的理论体系。在中国传统社会中，由于士绅是连接国家与地方、朝廷与民众之间的桥梁，其在地方治理中扮演着多重角色，功能涉及相当广泛多元的领域。秦晖等人认为，传统的中国其实是"国权不下县，县下惟宗族，宗族皆自治，自治靠伦理，伦理造乡绅"。因此，对于士绅的研究，是一个综合性相当强的问题，涉及历史学、政治学、社会学、人类学等等学科领域，要更深入地研究江南士绅在地方社会治理中的参与行为逻辑，需要建基于大量史料，重现当时历史条件下的行为场景，通过微观化的研究洞察到行为的本质。

第三节　研究框架

清代江南地区的士绅凭借其所拥有的政治、经济、文化等领域的丰富资源形成了强大的地方影响力,不仅是清代江南地区社会秩序的积极支持者,更成为江南地区社会治理稳定推进的重要基石。本书试图在前人研究的基础上,从政治历史学的角度,以清代江南地区的士绅为研究对象,对清代江南地区士绅的社会治理问题展开系统考察,在此过程中,在注重历史资料的挖掘基础上进行微观性研究,以史料说话,分析清代江南士绅社会治理的内在逻辑,以期为推动中国当前的乡村治理提供一种本土化意义上的借鉴。

导论从总体上分析了本书的研究缘起,考察了关于士绅这一主题的国内外研究状况,阐明了本书的研究意义和研究目标。士绅参与地方社会治理是中国传统社会乡村治理的重要方式,其生动全面地展示了乡村治理中独特的运行逻辑。本书选择了清代江南士绅参与地方社会治理这一视角进行考察,围绕本土化、区域化、微观化三个维度展开研究,窥探清代江南士绅在地方社会治理中的行为逻辑,力求通过这种中观意义上的场景性研究,为当下乡村振兴战略的深入推进,提供了一定启示。

第一章将士绅放入晚明以及整个清朝的时代背景中进行分析与考察,力求对清代士绅阶层的发展变化形成清晰的整体认知。首先对明朝,尤其是明朝中晚期的江南士绅阶层进行简单回顾。明朝时期,士绅阶层拥有朝廷赋予的免除徭役、赋税优免,乃至部分司法特权等种种优待,他们通过由"师生年谊"等地缘、亲缘的关系建构出一张庞大的社会网络。至明末,江南士绅的风气愈盛、排场愈大,不仅常藐视官员、横行乡里,更是利用自身特权结党营私、投献诡寄、隐匿钱粮、侵吞赋税。所以顾炎武在总结明亡经验时,将生员、乡宦、吏胥并称为"天下之病民"。其次,通过清初江南三大案考察了清前期士绅发展的整体态势。明清易代之后,清初丁酉科场案等三大案的接连发生,对江南士绅的打击极为沉重,致使江南士绅的豪横气焰被扑灭,在对待田产的态度、赋税的观念、参与地方政务的积极性、士风排场等方面都发生了极为显著的变化。最后,结合清后期的国内外形势,对江南士绅的权力运行进行了系统分析。在晚清国际格局风云变幻的时期,逐渐式微的皇权已无法单纯依靠传统的官僚体系维系政局运转,在外患内忧的困窘之中,被迫将手中权力下放给士绅阶层。在这一时期,士绅阶层的权力得到了急速扩张,表现在控制团练、掌控地方财政、议减赋税等诸多方面。与此同时,传统科举的八股取士早已无法满足时代需求,为国家提供所需人才,随着科举制度的废除,传统士绅的养成渠道机制被断绝。这批裹挟在时代洪流中最后的士绅们,或投身新式教育,或兴办实业转为绅商,继续为中国近代教育业和工商业的兴起与发展作出极大贡献。

第二章从结构—功能的视角考察了江南士绅在地方社会治理中发挥作用的内在机理。本章首先将士绅的社会关系分为个体关系和群体关系,由此组成了个体与个体、群体与群体、个体与群体之间复杂交错的社会关系,具体包括科考关系、政治关系、家庭关系、宗族关系等等。由于士绅之间有身份、地位和权威的差别,所以士绅在各种社会关系中的地位、权威、影响力等有所不同。其次,通过分析士绅与江南地方的社会关系,考察了不同类别的士绅与江南地方组织之间的互动。他们或者被纳入基层官方组织中,成为地方基层社会的管理者;或者基于自身拥有的非正式权力以及社会地位、物质实力等,主动扮演着地方社会管理者的角色,在民间成立非官方组织,以辅助官方解决地方社会的各种问题。最后,将江南士绅的社会关系及其与地方组织的互动具体落脚于士绅担负的与自身身份和地位相对应的职责中,这些职责主要包括地方教育教化、慈善救济、公共服务、地方诉讼等方面。在士绅履行自身职责的过程中,又反过来充分揭示了其所依托的社会关系、地方组织彼此之间的权力运行机理。在本章的研究基础上,第三至六章则分别研究了江南士绅在教育教化、慈善救济、公共服务、地方诉讼等地方社会治理中的参与功能。

第三章系统阐释了清代江南士绅在承担地方教化职责中的行为模式及其内在机理。士绅作为地方社会中的知识分子阶层,掌握着知识与文化的传播和社会秩序的解释与养成,自然而然成为地方社会教育的主导者,并承担建设和维护社会规范与道德秩序的责任,这种现象是士绅阶层独特的文化优势与国家统治及社会需要之间的历史结合。本章系统考察了士绅参与教育的三类途径:义学、义塾、书院地方教育组织;宗族;乡约。从地方教育组织来看,地方县学、义学、社学、书院等的建设和修缮都有士绅参与其中,或捐资,或管理,或监工,或教学,等等。20世纪初科举制度废除后,新学堂的创办、建设、经营、管理、任教等也自然而然地由士绅阶层来承担。从宗族来看,宗族通常是以士绅为核心的家族集团,为首的士绅或士绅们对宗族的教育起着引领作用,宗族教育在很大程度上体现了士绅阶层的教育理念和教育传统,可以说宗族教育是地方士绅阶层教育体系的一部分,是基层教育教化的一部分。从乡约来看,其在乡村社会发挥重要的教化和维持秩序的作用,作为乡村文化垄断者的士绅阶层,是乡约的组织者和教化者,通过对乡民说教、示范或者惩罚等方式,在乡村社会树立儒家思想的社会道德规范。地方教育组织、宗族、乡约有机结合,共同构建了清代江南士绅行使地方教化职责的有效平台。

  第四章系统阐释了清代江南士绅在承担地方慈善救济职责中的行为模式及其内在机理。慈善事业是地方社会治理衍生出的重要方面,关系地方社会的稳定以及长治久安。在慈善事业上,地方官员主导的慈善组织的有效运作离不开士绅的参与,士绅也通过参与慈善事业提升了自身的社会地位、地方权威或在宗族中的地位及权威。本章系统阐释了清代江南士绅在参与地方慈善组织开展的慈善活动、宗族内部的慈善救济以及地方的官方赈济活动中的行为模式及其内在机理。在清代中前期,慈善组织开展的慈善活动以及宗族救济主要由地方官主导,士绅参与其中,在田地、资金、管理、协调等方面发挥重要的辅助作用。咸同兵燹之后,慈善组织和宗族遭遇了不同程度的破坏、损毁甚至毁灭,地方政府遭受重大打击,无力像以前那样掌控慈善组织。因此,在重建慈善组织的过程中以及之后的管理中,士绅都成为主导力量,官府退为辅助力量。除善会、善堂等慈善组织外,宗族救济也是地方社会慈善的一部分,只不过它将慈善救济的对象限定在宗族内部。宗族慈善救济的经济基础是宗族义庄,宗族慈善救济的方式通过赡族规条等形式体现出来。地方慈善救济还有自然灾害发生时的地方赈灾活动,江南在历代赈灾救灾的过程中,形成了稳定的荒政体制,其形式有设粥厂赈济和设仓备荒。设粥厂赈济是针对灾荒发生时的应急性赈济措施。除应急性赈济措施外,官方还有常规的备荒组织,即仓储体系。对于各类粮仓粮食的出入管理,地方士绅则起了非常重要的作用。

第五章系统阐释了清代江南士绅在承担地方公共服务职责中的行为模式及其内在机理。清代没有公共服务的概念,不过这不代表清代社会不存在与公共服务相关的领域,只不过没有称其为公共服务而已。相应地,士绅在公共服务上的职责也没有明确的范围。根据现代社会对公共服务概念的界定,前文所述的教育、慈善等都属于政府公共服务的范围。然而,清代传统社会并没有现代社会这般复杂,公共服务领域要简单得多,将公共服务加以具体化和细化,更有助于理解江南士绅与地方社会基层管理之间的关系。由于江南以水乡闻名,河渠纵横交错、如麻如织,有水的地方必有津梁,而津梁之间又常有互换,江南津梁之多亦不可胜数。本章所述的公共服务指的是士绅参与的桥梁、河渠以及庙宇等与基层社会生活相关的建设、修缮等。桥梁、河渠、祠庙等是地方社会重要的基础设施,各自为地方社会发挥着不同的作用,可以说,是地方社会治理不可或缺的重要组成部分。然而,它们又不属于民间私人所有,也不直属于官方,却又关乎地方官、士绅、百姓等社会各个阶层的利益。正因为如此,桥梁、河渠、祠庙实际上属于地方公共事务,其兴建、修缮是地方社会共同的职责。本章通过系统阐释清代江南士绅在承担地方公共服务职责中的行为模式,力求揭示士绅、地方官以及百姓在各自参与地方公共事务中的方式及其互动关系。

第六章系统阐释了清代江南士绅在承担地方诉讼职责中的行为模式及其内在机理。源远流长的息讼思想影响着清代统治者,其将教化视为比刑罚更加行之有效的治国之术,例如雍正帝就致力于传达"诉讼伤和""良民不告状"的价值观念,从而使百姓产生一种对诉讼行为的厌恶感,进而打造出一个息讼,乃至无讼的民间社会,实现所谓"清明之治"的最终目的。本章以江南健讼为例,通过分析认为,"江南健讼"的历史书写表面上看似与朝廷竭力宣扬的"息讼"思想有所矛盾,实际上仍旧体现着朝廷对于百姓纠纷的不以为意,以及对其诉讼行为的反感厌恶。历史书写中将讼师视为教唆百姓健讼的罪魁祸首,因而制定各类律例严加惩治,试图通过严禁生员干讼,起到遏制"江南健讼"现象出现的作用,进而达到息讼的最终目的。因此,在清代的熟人社会中,人们在纠纷产生的第一时间并不会提出诉讼,寻求官府进行裁决,往往听由地方上较有公信力的士绅、族正等人从中调和解决。因此即便在当事人向官府提出诉讼之后,地方官员也常常先批令士绅、族正等进行调解,自己只给予大方向上的指导意见。可以看出,虽然没有来自官方正式赋予的政治权力,"在野"的士绅阶层仍旧承担着"调争解纷"的重要职责,甚至比知县裁断的纠纷更多,从而在根本上维持着地方社会的安宁,保障着整个国家秩序的稳定。

结语部分对全书的主要内容进行了总结提炼。通过对士绅承担地方社会治理职责中的行为模式及其内在机理的考察,本章指出士绅阶层介于官民之间,他们虽无法如同官吏一样直接参与国家政治、决策地方政务,但又常常协助官府,充当着地方事务的实际经理人,与此同时,他们通常在当地百姓之间拥有极高的威望,可以将民意诉求及时传达给官府,是官民沟通往来的重要桥梁,也是惟一能合法代表当地社群与官吏共商地方事务的阶层。本章系统梳理了清代士绅与地方社会治理之间关系的动态变化过程。在地方社会治理中,清代江南士绅管理事务的方式与地方社会关系密不可分,也与士绅自身的社会关系十分紧密,而士绅家庭、宗族、乡邻等社会关系会影响其在各种社会关系中的地位、权威、影响力。正因为如此,各类士绅在地方社会管理中的职责、权威和作用会有所不同,参与地方社会管理的行为模式及其内在机理也会各有特色。新时代,作为乡村振兴发展重要的参与者,新乡贤是扎根乡村、传承农耕文明的重要群体,具有传统的治理智慧和内生性的文化力量。挖掘乡村治理资源、培育新乡贤文化、发挥新乡贤作用,对于深入推进乡村振兴战略具有重要的意义。

第一章　清代江南士绅的形成与流变

"绅""士"在历史上是两种不同的身份指代,由此而来的"乡绅""缙绅""绅士"等词在不同的历史文本中,其涵义略有差异。至清代,"乡绅""缙绅"主要指在任或居乡的本籍官员,后来扩大到包含进士等群体;"绅士"指代的群体逐渐与"绅衿"趋近,即包括已入仕为官者和尚未入仕但已有功名或学衔者。瞿同祖所定义的士绅阶层主要包含两个群体,一是"绅",主要指现职、退休以及被罢黜的官员群体,通过捐买等渠道获得官衔和官阶的群体也被囊括在内;二是"士"或"衿",主要指有功名或学衔的群体,其中包括文武进士、举人、贡生、监生和生员等。他认为这两个群体的区别主要在于官吏与非官吏、官绅与学绅之间的差异。① 从影响力上来讲,官绅不仅在地方上拥有权力、权威,还是财富的坐拥者,较学绅而言,对地方社会的影响更为广泛。

明清时期的士绅阶层是一个极其特殊的社会群体,他们拥有知识,占有功名,享有国家赋予的政治特权,在地方社会治理中扮演着多重身份角色。士绅阶层介于官民之间,他们虽然无法如同官吏一样直接参与国家政治,决策地方政务,但又常常协助官府,充当着地方事务的实际经理人,与此同时,他们又通常在当地百姓之间拥有极高的威望,可以将民意诉求及时传达给官府,是官民沟通往来的重要桥梁。士绅阶

---

① 参见瞿同祖《清代地方政府》,范忠信、晏锋译,何鹏校,法律出版社2003年版,第288—291页。

层通常被认为是唯一有特权可以代表当地百姓与官府共同商议地方政治事务的群体。① 有鉴于此,想要真正厘清清代的江南地方社会,士绅阶层不仅是无法规避的存在,还是探明江南地方的基层行政管理、教育教化、慈善救济、公共服务、诉讼法治等问题之关键。

士绅阶层的诞生与科举制度的成熟发展密不可分,功名、学品、学衔、官职等都是判断士绅身份的重要标准。士绅阶层对皇权政治有一种天然的依附性,即便他们有着"在野之官"的美誉,也依旧不可能脱离被国家权力所裹挟的命运。因此,讨论士绅阶层在江南地方社会中所扮演的社会角色、承担的社会功能等具体问题之前,有必要先将其放入整个时代背景中进行分析与考察,以便对士绅阶层有一个清晰的整体认知。

第一节 明朝的江南士绅

清军入关之初,乃是打着为明朝崇祯皇帝复仇,"灭流寇以安天下"②的口号来讨伐李自成势力。入主中原后,清廷也基本沿袭了明朝的诸多政治体制,以此来尽快稳定动荡的政治格局,早日建立稳固的政权王朝,这就是所谓的"清承明制"。因此,想要正确认知清朝的江南士绅阶层,需要先对明朝,尤其是明朝中晚期的江南士绅阶层进行简单回顾。

一、士绅的风气排场

明朝的江南地区,经济上是帝国重心,且税赋沉重;文化上科举兴盛,且官绅密集,是国家利益与地方利益相互博弈交锋的主要战场。明朝中后期,苏州地方连乡官进县问安,都需要有六七顶黄伞,且他们居家期间,皆会向府县衙门讨要夫皂差使,即便官府屡屡禁止,这种现象

---

① 参见王先明《近代绅士:一个封建阶层的历史命运》,天津人民出版社1997年版。
② 《清世祖实录》卷4,顺治元年四月己卯。

也没有停止,如若府县衙门不给,这些乡官便会"谤议纷然",称衙门是在"蔑弃朝廷纪纲"。实则所谓的朝廷纪纲在最初只是元老致仕之时,朝廷为了优贤,才规定每年拨给夫皂的政令,所拨人数也不过两人而已,而且必须要皇帝下特旨之后才能拨给。发展到明万历年间,不仅优贤的对象从元老扩大到了乡官,所拨人数也从两人扩大到:皂隶二名、轿夫四名、直伞一名,共七名。所以时人感叹,如若某地有乡官五十名,那便和再添一处兵饷也没什么区别。① 这些隐退乡间的缙绅元老排场之大、威风之足,可见一斑。

显然,这种排场、威风背后是对当地府县衙门的巨大压力。以至于彼时的地方官员宁愿得罪朝廷,也不愿意得罪官长,宁愿得罪升斗小民,也不愿意得罪当地巨室。得罪朝廷,甚至可以博一个敢于直言犯上"批鳞之名",得罪升斗小民,也可以通过其他手段来掩盖弥补,但如若得罪了官长和巨室,那便是"朝忤旨而夕报罢矣"。在此情形之下,当地的吏治怎么可能好得起来呢?② 这些巨室除了指缙绅之家以外,也包括一些地主富豪,他们之间往往有着错综复杂的关系网络,交织组成了江南地方社会中的"著姓望族",有着让地方官员宁肯得罪朝廷、百姓,也不敢得罪他们的地方权势。③

明朝的缙绅往往"威权赫奕",他们获取威权的主要途径,自然是通过科举考试。一旦科举得中,就会有持着短棍的报录人从门口打入厅堂,将门窗全部砸毁,美其名曰为"改换门庭",随后便会有工匠跟上进行修整,且"有通谱者、招婿者、投拜门生者,乘其急需,不惜千金之赠,以为长城焉"。缙绅出门时通常会乘坐大轿,有持扇盖仪仗之人在前引导,就连生员也有"门斗张油伞前导"。如若恰逢婚丧嫁娶之时,绅衿不仅不会和百姓同坐一处,还需要特别为其另开一间房,名为"大宾堂"④。可见读书人"一登科甲,便列缙绅",有了让人不敢冒犯的威权地位。⑤

---

① 参见何良俊《四友斋丛说》卷35《正俗二》,中华书局1959年版,第318页。
② 参见谢肇淛《五杂俎》卷13《事部一》,中华书局1959年版,第394页。
③ 参见吴仁安《明清时期的江南望族》,上海出版社2019年版,第1页。
④ 顾公燮:《消夏闲记摘抄》卷上《明季绅衿之横》,《涵芬楼秘笈》第2集,第5—6页。
⑤ 参见叶梦珠《阅世编》卷4《士风》,上海古籍出版社1981年版,第83页。

待到缙绅辞官致仕,退居乡里,他们虽然在名义上已经没有了官僚身份,但是私人关系上与现任官员还是有着千丝万缕的密切联系,所以他们仍然在地方享有崇高的威望和话语权,乃至地方大事"诸兴革,必集儒绅耆彦议"①。常熟县的钱谦益、瞿式耜二人就曾被人控诉在居乡期间"不畏明论,不惧清议,吸人膏血,啖国正供,把持朝政,浊乱官评",其权势之大甚至可以直接影响到整县的"生杀之权""赋税之柄"②。

此外,即便科举中式的功名之士中有相当一部分人并不能谋得官职进入真正的国家权力系统,但他们通过"师生年谊"及地缘、亲缘等种种关系构建出庞大的社会网络,加之官府给予的一些特权,让他们同样能够干预地方政事。士绅对地方政事的干预主要表现在以下方面:

(一)好持公论

明朝士绅承袭元末文会遗风,早有举办文会的习惯,但直至嘉靖、万历朝以后,举办文会方才蔚然成风,大量文社不断兴起,即便是在穷乡僻壤的地方召开文社,也有多人闻风而至,足见其盛行之风。士绅阶层通过结社会文的形式交流往来,联络人际关系、畅谈清议。当时有江西省的举人艾南英、南京的解元杨廷枢、翰林张溥、吴伟业、周钟,以及生员周立勋、孙淳,随后还有兵科的陈子龙、吏部的夏允彝、举人徐孚远以及浙西的进士吴昌时,举人朱一是和贡生范骧、陆圻等人都通过文社活动而声名显著。③

早期这类集会中,居乡缙绅可以为地方官员分享经验、提供意见,一定程度上对官员处理地方政务有所帮助。他们召开雅集文社,围坐一起讨论时事、针砭时弊,如若耳闻当地有作奸犯科之事,或直接向地方官员当面指出,或写公函条议提出,官员也会虚心采纳缙绅意见,所以上下渠道畅通,不仅百姓得益,恶人也会因为有所忌惮而不敢贸然犯事。④

---

① 张国维:《吴中水利全书》卷25《陈瑄太仓州大东门闸记》,《景印文渊阁四库全书》第578册,第934页。
② 参见《张汉儒疏稿》,见《虞阳说苑甲编》第5册,虞山丁氏1918年铅印本,第1页。
③ 参见张履祥《杨园先生全集》卷38《近鉴》,清同治十一年刻本,第17b页。
④ 参见陆文衡《啬庵随笔》卷4,清光绪二十三年刻本,第9a页。

至于生员,虽然早在明太祖时就有《禁例十二条》明确规定:"军民一切利病,并不许生员建言。"且州县生员除非碰见大事牵涉自己家中,方可允许"父兄弟侄具状入官辩诉",如果不是大事发生,那生员理应"含情忍性",不可以轻易前往公门。① 但到明中叶以后,由于生员数量大增,且入仕艰难,导致大量生员沉滞于乡村,"卧碑之禁"逐渐形同虚设。其中尤以吴下士子,喜欢"好持公论",一旦知晓官府之中有贪赃枉法之人,便会汇集一处提出倡言,"为孚号扬庭之举",而主事者也往往会采纳他们的建言。

可见彼时生员建言曾对朝廷统治起到过积极作用,然而发展至明朝后期,生员们动辄便会呼朋唤友,卖弄口舌,枉自非议官府长短,将评判是非视作己任,却未曾考虑过正当言论尚且"犹戒出位",更何况是胡乱非议呢? 所以时人评论说:"秦之坑焚,汉之党锢,唐之清流,宋之卷堂,皆此辈激成之。"② 明季生员甚至还常常"摇笔端以造歌谣而撼官府"③,以造歌造谣的方式来控制舆论,通过对话语权的掌控达到干预地方事务的目的。

沈德符在《万历野获编》的"苏州谑语"中便记载了苏州文人嘲讽官长的案例。万历三十五年(1607),官至左中允的刘城在北京去世,因为刘城在家乡苏州的名声不甚好,特别是他的儿子花面十分蛮横,正值他家请僧人诵经之时,有人趁夜于他家大门上贴了一副对联:"阴府中罗刹夜叉,个个都愁凶鬼到;阳台上善男信女,人人尽贺恶人亡。"待到天亮之后,路过之人皆是哈哈大笑,方才抹去。类似这样的事情不少,嘲笑对象虽以地方守令居多,有时也涉及卿士大夫等。这些讽刺的歌谣谑语对仗工整、巧妙,常常令人捧腹大笑,因而得以广泛流传。④

除苏州外,江南各地也多存在以歌谣、时文来讥讽官长的现象。如吴江知县:

> 祝邻初名似华。初到以风力自命,时南浔董氏有田数万在吴

---

① 参见《大明会典》卷78《礼部三十六》,明万历十五年刻本,第5a页。
② 陆文衡:《啬庵随笔》卷3《时事》,清光绪二十三年刻本,第4a、14b—15a页。
③ 郭子章:《蠙衣生蜀草》卷9《杂著》,《四库全书存目丛书》集部第154册,第699页。
④ 参见沈德符《万历野获编》卷26《诸谑》,中华书局1959年版,第668页。

江,祝立意苦之,未几以暮夜得解。又为一诗曰:"吴江劲挺一茎竹,才逢春雨便叶绿。青枝一夜透千梢,登时改节弯弯曲。"竹谓祝姓,董礼部号青芝,用事沈医生号春宇,叶六则心腹书办也,又吴俗呼现钱为梢,故谑语云然。此辛卯年事,皆其邑中游冶来述之。①

除吴江外,松江、嘉兴、无锡等地都不乏类似情况,甚至发展到对地方长吏稍有不如意,便会用恶语戏谑的现象。明代小说中更是认为秀才最为可恨,因为他们一旦稍有不合,便会用"造歌谣,投揭帖"等方式来抹黑对方。②

因为官员名声最初都是起于书院学堂之中,面对此种舆论情形,郡邑官员如想要获得好名声,便不得不讨好生员,通过施以各种小恩小惠加以笼络。生员学徒则通过掌握公论的话语权,以此来要挟地方官员,借机攫取利益,如能够获利,便沾沾自喜、喜形于色;如未能获利,便面露怒色,而后在背地里对地方官员悄悄诟病,进行舆论攻击。有的生员甚至妄称:上之贤否由于我。③ 可见当时风气之恶劣。

(二)藐视官员

万历十五年(1587),南京兵部尚书凌云翼乃太仓人,因为在家居期间殴打生员,引得群情激奋,当地士子进京在宫门前大诉冤情,不仅凌云翼本人被下旨严惩,贬削官职,他的义子也因行凶而被发配充军。经此一役,太仓当地的青衿士子气焰逐渐高涨,动辄便"以秦坑胁上官",甚至发展到"至乡绅则畏之如虎子"的地步。以至于当地如有富豪百姓想要办理宴席,都必须要邀请一两位庠生在上座,以防发生意外。至于民间有词讼官司之时,各家各户也都会请相识的儒生到公堂上为自己辩护。因此吴地人在争吵骂人时便有了"雇秀才打汝"的时语。④ 可见当时生员在地方社会中的地位。

时人认为自万历十五年之后,士林风气逐渐变差,生员动辄以罢学

---

① 沈德符:《万历野获编》卷26《谐谑》,中华书局1959年版,第669页。
② 参见梦觉道人、西湖浪子辑《三刻拍案惊奇》第23回,燕山出版社1987年版,第316页。
③ 参见王以旂《王襄敏公集》卷3《赠大京兆黼庵柴公考绩序》,《四库全书存目丛书》集部第68册,第85页。
④ 参见沈德符《万历野获编》卷22《督抚·海忠介抚江南》,中华书局1959年版,第556页。

要挟上官,后来甚至发展到了公然与地方官员为难的程度。不仅太仓一地如此,浙江、直隶各地都常有类似情况发生,如苏州诸生仇视凌尚书,嘉兴诸生攻讦万通判,长洲诸生抗拒江大尹,镇江诸生侮辱高同知等。① 可见南京兵部尚书凌云翼一事并非个案,在整个江南,乃至直隶地区都屡有发生。

在苏州,周之夔任苏州府推官,与复社领袖张溥、张采等人意见相左,展开论战,双方互生龃龉,故引得复社生员不满。甚至有生员将城隍像抬至府署之中,借此驱逐周之夔。周之夔被迫改任吴江县知县,但复社生员再次聚集在吴江县,逼迫他不得不引咎辞官:

> 先是,生员科试旧例,府州县官录送宗师,而后宗师录优者送院。之夔署府篆,考生童,惟凭请托,竟不阅卷。案出,各邑孤寒虽才高望重,俱落孙山。由是各学沸然,甚至抬城隍神像坐府署诅之;则诸生即非复社中人,亦恨之深也。至是年四月朔,乘之夔下学,诸生噪而逐之。之夔惭忿,申文两台,惟自劾,不敢及诸生;以为首皆权要之子弟故也。因杜门谢职。两台欲和解之,姑令署吴江篆以远避焉。之夔至吴江,则复社生徒再聚沈初馨家,复噪逐如郡城时。②

在无锡,"隆庆元年,邑令韩锦川,应元,以某事不厌众心,致诸生大哗而加唾骂。韩多力,以手搏之,诸生七十余人,皆披靡而退。是年,常州知府李为五邑诸生合击,几毙于市"③。发展到崇祯十五年(1642),无锡诸生甚至因为生员的免粮银未能及时发放,而发难要求驱逐当地知县庞昌胤:

> 明季,无锡诸生每岁免粮银五钱。无田可免者,则与之银,谓之"叩散米"。待士可谓厚矣。时知县庞昌胤,字尔祚,号再玉,四川顺庆府西充县人,崇祯丁丑进士。米不时发,诸生杜景燿等,约

---

① 参见范濂《云间据目抄》卷2《记风俗》,《笔记小说大观》第13册,江苏广陵古籍刻印社1983年版,第114页。
② 陆世仪:《复社纪略》卷2,国学保存会1908年版,第5b—6a页。
③ 黄印:《锡金识小录》卷4《司牧·手搏诸生》,《中国方志丛书》,台北成文出版社1983年版,第207页。

同学舁昌胤出西门。故事，县令出西门，即不得复入。时诸生将纸大书云：逐出无锡知县一名庞昌胤，不许复入。用朱笔傍竖，粘于芦席，为牌擎之。将吏役答散，扶昌胤出，即闭城。①

最后庞昌胤无奈被调任为嘉定县县令，离开无锡，闹事的诸生却仅有五六人被革去功名，其余人则并未受到重罚。时人计六奇感叹："此虽庞令之过，而诸生之横亦太甚矣。"②当时生员的蛮横程度可见一斑。

（三）横行乡里

明朝士绅不仅出入公门，掣肘地方官员，对地方百姓的利益也多有损害。嘉靖年间，内阁首傅徐阶的子弟家奴在乡里横行霸道，致使当地百姓深受其害，如生活在水深火热之中，苦不堪言。③ 南京礼部尚书董其昌不仅家中"膏腴万顷，输税不过三分，游船百艘，投靠居其大半"，对家中的三个儿子也素来不曾管教约束，其中尤以二儿子为甚，另有仆人陈明父子二人，更是仗势欺人、肆意妄行，引得乡人早有不满。④ 甚至连苏州乡绅徐廷禄家中的家僮，都能在当地置办下丰厚的家产，横行乡里，使得乡人"畏之如虎"⑤。

万历年间，赵南星曾言及乡官之害。他指出地方上的官员最大不过守令而已，但乡官缙绅中却多是原任官职大于守令之人。如果乡官欺凌百姓，肆意掠夺地方财富，假使地方官员稍加制止，乡官便会"明夺暗害"地施加报复，无所不用其极。⑥ 常熟知县谭昌言也曾指出，吴中地区的士大夫接受乡民投献诡寄，避徭役赋税，名下田连阡陌，拖累乡里，待其去世之后"子孙为流庸者多矣"⑦。吴县进士伍袁萃乃万历八年

---

① 计六奇：《明季北略》卷18《附记·无锡诸生逐令》，中华书局1984年版，第337—338页。
② 同上书，第338页。
③ 参见伍袁萃辑、贺灿然评《漫录评正》，《北京图书馆古籍珍本丛刊》第70册，书目文献出版社2000年版，第543页。
④ 参见曹家驹《说梦》，《清人说荟初集》，上海扫叶山房1913年版石印本，转引自范金民《鼎革与变迁：明清之际江南士人行为方式的转向》，《清华大学学报（哲学社会科学版）》2020年第2期。
⑤ 沈瓒：《近事丛残》卷1，转引自冯贤亮《明清江南士绅研究疏论》，《中国高校社会科学》2014年第6期。
⑥ 参见赵南星《赵忠毅公文集》卷19《敬循职掌剖露良心疏》，《四库禁毁书丛刊》集部第68册，北京出版社1998年版，第569页。
⑦ 钱谦益：《牧斋初学集》卷53《山东青登莱海防督饷布政使司右参政赠太仆寺卿谭公墓志铭》，上海古籍出版社2009年版，第1332页。

(1580)进士,他曾总结道:吴县在正德朝以前尚且民风淳朴,至万历年间之后便世风浇漓,乡间多有恃强凌弱、小人欺负君子、后辈侮辱先达的现象出现,至于互相谦让的礼义之风则已经十分鲜见,且"又有势家豪族、宗党奴隶横行闾阎,如狼如虎,奌然搏噬,小民无以自存,缙绅间亦不免。适乐土乎,歌芣楚乎?噫!"①

通过上述讨论不难看出明朝士绅的豪横、嚣张程度。故时人刘宗周指出:

> 江南冠盖辐辏之地,无一事无绅衿孝廉把持,无一时无绅衿孝廉嘱托,有司惟力是视,有钱者生。且亦有衅起琐亵,而两造动至费不赀以乞居闲之牍,至转辗更番求胜,皆不破家不已。甚之或径行贿于问官,或假抽丰于乡客,动百盈千,日新月盛。官府之不法,未有甚于此者也。②

士绅对地方政务的干涉,自然导致地方官员在施展拳脚时受到种种掣肘,双方矛盾长期存在。百姓则更深受其害,不仅有地方官员的"私派横征",苦不堪言,还有退居乡间的缙绅仗势欺人、以强凌弱,百姓被视为鱼肉,任人宰割。地方官与缙绅等上下勾结相护,使得百姓控诉无门。③

二、士绅的优免特权

明朝江南地区商品经济的不断发展,让该地区成为国内首屈一指的富庶之地,同时也带来了沉重的赋税负担。据学者统计,明洪武年间,江南苏州、松江、常州、嘉兴和湖州五府田地 32676074 亩,全国占比 3.8%,税粮 5935805 石,却在全国占比超 20%,尤其其中苏州、松江二府,承担了将近全国 1/7 的税粮。到明万历年间,"天下财赋,东南居其半,而嘉、湖、杭、苏、松、常,此六府者,又居东南之六分,他舟车诸费又

---

① 伍袁萃:《林居漫录》畸集卷1,《续修四库全书》第1172册,上海古籍出版社2002年版,第204页。
② 刘宗周:《刘子全书》卷17《文编·责成巡方职掌以振扬天下风纪立奏化成之效疏》,道光四年刻本,第52—53页。
③ 参见赵翼《廿二史札记》卷34《明乡官虐民之害》,上海古籍出版社2011年版,第704—705页。

六倍之,是东南固天下财赋之原也"①。整个明代,江南地区需要每年上缴的税粮超过606万余石,其中苏州、松江二府上缴的税粮为342万余石,占比超过整个江南地区赋税的56%。毫无疑问,江南地区赋税沉重,而其中之最,则当属五府中的苏州与松江二府。②

与江南沉重的赋税相矛盾的是,明朝廷赋予了士绅极大程度的优免特权。

首先是免除徭役。早在洪武年间,因为"凡士非建功名之为难,而保全始终为难",便在洪武十五年(1382)规定:从今往后,凡是内外官员中致仕还乡之人,都要"复其家,终身无所与"。除了免除税役之外,明朝廷还给予了致仕官员充分的尊重,规定当其居乡期间,只在宗族之内按尊卑为序"如家人礼",在其外祖及妻家,也按照尊卑为序;若是设席筵宴,则应当单独设座,不可坐在没有官身之人的下方;如果是与同样致仕的官员聚会,则按照以前的官爵来排序,如果官爵相同,则按照年龄排序;当其与异姓且并无官身之人相见,可以不必答礼;庶民则仍旧应当"以官礼谒见",如果有胆敢对其凌侮之人,则按律处置。③ 不仅如此,未任官的民间子弟俊秀,只要年满十五以上,入国子监学习,即可"听复其身",免除徭役。④ 同时府州县学的廪膳生、监生等,除本人之外,还可免除户内二个成丁的徭役。至宣德年间,增广生员也可比照廪生优免差徭,"宣德三年定,增广生员,在京府学六十人,在外府学四十人,州学三十人,县学二十人,照例优免差徭"。嘉靖十五年(1536)又下诏书规定,凡是各地学校的廪膳生员,若有因家中老人无人照料而自愿告假回家侍奉亲老之人,可以允许其在老人过世后重新复学;若有屡试不中且又年满五十岁以上自愿告退归闲之人,则可以给予其"冠带荣身",并照旧免除自身的杂差徭役。⑤ 可以看出,有明一代对于士绅的徭役优免,不仅在其本人,还可惠及家庭。

---

① 《明神宗实录》卷176,万历十四年七月己酉。
② 参见朱声敏、范金民《钱粮博弈:明到清前期江南减赋呼吁及其效果》,《史林》2018年第4期。
③ 参见《明太祖实录》卷126,洪武十二年八月辛巳。
④ 参见《明太祖实录》卷53,洪武三年六月癸未。
⑤ 参见《大明会典》卷78《礼部三十六》,明万历十五年刻本,第2b页。

其次是赋税优免。嘉靖二十四年(1543)对优免事例进行了十分细致的规定:一品的京官,可以优免税粮三十石,人丁三十丁;二品京官,优免税粮二十四石,人丁二十四丁;三品京官,优免税粮免粮二十石,人丁二十丁;四品京官,优免税粮十六石,人丁十六丁;五品京官,优免税粮十四石,人丁十四丁;六品京官,优免税粮十二石,人丁十二丁;七品京官,优免税粮十石,人丁十丁;八品京官,优免税粮八石,人丁八丁;九品京官,优免税粮六石,人丁六丁。皇帝的内官和内使,可以享受京官待遇;外地地方官员,则按照京官标准减半。除此之外,教官、监生、举人、生员也可以各自享受优免税粮二石,人丁二丁的优待。杂职的省祭官、承差、知印、吏典等,也都可以各优免税粮一石、人丁一丁。以礼致仕的吏员,可以免除7/10的税粮,闲住吏员,则可优免1/2。当然,"犯赃革职"的吏员无法享受优免特权。如若官员名下的税粮和人丁尚未满足规定的数额,则只优免实际数额,且不管是粮少丁多,还是粮多丁少,二者的优免数额都不可以相互冲抵。以上标准都只按照官员自己名下的丁粮照数进行优免,如若已经分门各户,或是远房亲族,不可以混淆等同。①

此次规定,主要是依据官员、士绅的品级来确定优免额度,并依据现任、致仕、闲住官的身份划分优免份额。该政策一直沿用至万历年间,一条鞭法推行之后,因均徭杂役摊入田亩,且不再征收人头税,原有的优免政策不再适用,于是万历十四(1586)年重定《优免新例》,将原来的"论品免粮"改为"论品免田":"京官一品免田一千亩,免丁三十丁,二品免田八百亩,免丁二十四丁。以下递减,至九品免田二百亩,免丁六丁。外官减半。举人、监生、生员免田四十亩,免丁二丁。致仕乡官免十分之七。万历三十八年,干脆将免丁计入免田,在原有基础上'加倍常额',修订新例,规定京官一品免田一万亩,二品八千亩。以下递减,至八品免田二千七百亩。外官减半。"此外,如果是尚未入仕的举人,则可以免田一千二百亩,贡生则可以免田四百亩,监生和生员也能够免田

---

① 参见《大明会典》卷20《户部七》,明万历十五年刻本,第19b—20a页。

八十亩。如果是已经致仕的乡官,也仍旧可以免除原来 6/10 的田亩。①士绅阶层优免田亩之多,可见一斑。

此外,士绅阶层还有一定的司法特权。在洪武二十年(1387),常州府宜兴县丞张福生曾经犯法,按罪当死,但是洪武帝认为进士和国子生都属于朝廷培养的人才,若在刚刚步入仕途的时候就因犯错而处死,那他们即便想要悔改也来不及,于是下令,进士与国子生"凡所犯虽死罪,三宥之"。张福生便因为其国子生的身份而得到宽宥。② 虽然度过明初朝廷急需用人的时期之后,该条例便不再施行,但后期在碰见生员犯法的时候,地方官员仍不可以直接对其进行刑罚,必须要先告知学校,褫革生员衣衿之后才可以判罚。如果生员犯下的不是重罪,那便不过是告知学校,微加责备便罢了。③ 且因为士绅之间尤其重视"师生年谊",关联紧密,凭借其强大的关系网能做到在平素和人稍微龃龉之时,便可以嘱托巡按前去捉拿,甚至连士绅门下的仆人在官府与人对簿公堂,即将要被行刑的时候,只要士绅前去呼唤,便会被立即扶出去,有司官员也无可奈何。至于其他的词讼官司,即便是士绅理亏,"亦可以一帖弭之"④。

无疑,明朝士绅阶层享有国家权利给予的徭役、赋税优免特权,乃至部分司法特权。一方面,士绅相应份额的徭役、赋税并不会因政策优免而消失,只不过是被转嫁给了平民百姓,因而造成了江南重赋地区庶民阶层的沉重经济负担。尤其士绅阶层还常常凭借自身优免特权,接受乡民的投献诡寄,以便其借机免除差役与赋税。曾任南京刑部侍郎的徐陟在奏疏中写道:"奸民违法,臣惟投献诡寄及夥计等项之弊,南京士民往往有之。"这种诡寄现象不仅出现在南京,而且在各个府、州、县内都有频繁发生,往往是让普通百姓"或以十分之四五当十分之差,或以十分之六七当十分之差",而那些将田地诡寄出去的奸民则得以通过

---

① 参见姚宗仪《常熟私志》卷3《赋役·优免新例》,转引自张显清《论明代官绅优免冒滥之弊》,《中国经济史研究》1992年第2期。
② 参见《明太祖实录》卷181,洪武二十年三月丙辰。
③ 参见吴晗《明代的新仕宦阶级,社会的政治的文化的关系及其生活》,《明史研究论丛》1991年第2期。
④ 顾公燮:《消夏闲记摘抄》卷上《明季绅衿之横》,《涵芬楼秘笈》第2集,第5—6页。

士绅阶层的庇护来逃避税役、安享富贵。长此以往,只会导致巨室兼并的田产越来越多,百姓名下的田产则越来越少。①

田产大多集中在能够享受赋税优免的士绅阶层,而实际纳税的庶民阶层则被转嫁沉重的税赋,这种矛盾现象在士绅频出且又税赋沉苛的江南地区格外凸显。到明末,江南地区的投献诡寄现象越演越烈,顾炎武曾感叹:"圣祖数凉国公蓝玉之罪,亦曰:'家奴至于数百。'今日江南士大夫多有此风,一登仕籍,此辈竞来门下,谓之投靠,多者亦至千人。而其用事之人,则主人之起居食息,以至于出处语默,无一不受其节制。有甘于毁名丧节而不顾者,奴者主之,主者奴之。嗟乎,此六逆之所由来矣。"②

另一方面,优免特权的滥用致使士绅阶层囤积财富、侵占国家税额现象的出现,在极大程度上损失了国家利益。有明一代的国家赋税,主要是仰仗东南地区,其中苏、松、常、镇四府占据份额超过半数之多。明朝廷认为这些地方虽然土地肥沃,但民间风气却十分浮薄、飞诡百出,管粮同知职权轻微,没有办法镇压当地豪族士绅,即便有稍微严厉的地方官员,也会被当地的"豪猾大姓"联合起来排挤离开,所以才导致了"奸弊滋长,国赋不登"③的现象出现。陆世仪在《复社纪略》中也写明:

> 每见青衿中朝不谋夕者有之,一叨乡荐,便无穷举人。及登甲科,遂钟鸣鼎食,肥马轻裘,膏腴遍野、大厦凌空。此何为乎来哉?嗟嗟!财聚则民散,财散则民聚。今之财,苟其在下也,今日输税赋,明日输加徵,犹有入之之日。即其在上也,今日发内帑,明日发京库,犹有出之之时。独至侵夺于缙绅之家,则何日得其出而流通于世乎!不独不出也,彼且产无赋、身无徭、田无粮、产无税,其所入正未有艾也。即或有时出焉,非买科第,即买田宅,买升转,而出一无不获百者。况出而世世买科第,则世世以一获百矣。夫天下

---

① 参见徐陟《徐司寇奏疏·奏为恳乞天恩酌时事备法纪以善臣民以赞圣治疏》,《明经世文编》卷356,中华书局1962年版,第3829页。
② 顾炎武:《日知录集释》卷13《奴仆》,岳麓书社1994年版,第496—497页。
③《明世宗实录》卷334,嘉靖二十七年三月丙子。

有数之财,岂能当此永聚不出,而使永获入者乎? 又何怪乎朝廷匮,闾阎空乎?①

可见缙绅之家的财富通过"买科第、买田产、买升转"等手段不断增值,实现"出一无不获百",让士绅阶层的财富不断囤积,只进不出。且因为优免特权的存在,缙绅名下拥有"华屋园亭、佳城南亩,无不揽名胜、连阡陌",但这些家产大多是他的门生旧吏在代为经营,并非全都是由自己出资购买。发展到后来甚至"一邑一乡之地,挂名童仆者,什有二三"②。

至明晚期,士绅阶层的价值观念因为受到了商品经济潜移默化的影响而发生了显著变化。士绅敛财的行为不再因受限于文人气节而遭人唾弃,反倒成为了时下受人追捧的风尚。明末的陈邦彦曾指出,在明嘉靖、隆庆朝以前,士大夫们尚且十分重视名节,在其游宦归家之后,若是有客人询问其财产几何,必定会被唾弃斥责。到了明末,上至大夫,下至百官,全都在公然比较财富多寡,且丝毫不加以掩饰,如有官员被任命到富庶之地,众人便会互相庆贺,若被任命到贫瘠之地,则会互相吊慰。待到官员任期结束之后,若他空手而归,便会受到众人嘲笑,视为无能。读书人在求学之初,若是被问及为何读书,"皆以为博科第、肥妻子而已"③。

这种"博科第、肥妻子"的想法直接表现了当时文人社会的"治生"理念,也在侧面凸显了功名背后所隐含的巨大经济利益。文人一旦取得功名,其门下前来投献诡寄之人自是络绎不绝。即便一名贫困儒生,在其科考得中后,便可以向州县衙门"干请书册",迅速包揽亲戚、门生以及故交的田地,将之投充到自己名下。假如该儒生名下原本只有一百亩左右的田地,即便在他名下诡寄至两千亩的田地,也只需缴纳税银三百两。待到官府结算之时,甚至该儒生只需要缴满九成,即银二百七

---

① 陆世仪:《复社纪略》卷3,国学保存会1908年版,第7页。
② 顾公燮:《消夏闲记摘抄》卷上《明季缙绅田园之盛》,《涵芬楼秘笈》第2集,第6—7页。
③《陈岩野先生集》卷1《奖廉让》,转引自吴晗《明代的新仕宦阶级,社会的政治的文化的关系及其生活》,中国社会科学院历史研究所明史研究室编《明史研究论丛》第5辑,江苏古籍出版社1991年版,第15页。

十两即可,官府便也不会再追缴。按照一名秀才取得科举出身后便可享用免税田二百亩来计算,只要有十名秀才科举得中,州县便会失去两千亩的田赋收入。① 以此类推,便可以想象士绅阶层对国家赋税所造成的损失之大。

清初士人在评价明朝生员时,也将矛头直指其暗中隐匿赋税的行为:明朝廪生,每年享受官府发给的膏火银一百二十两。若其三次科举不中,便会被罚为吏。五等生员也会被罚为吏。待到五年期满,由巡抚长官主持考选后,分别按照等次将其任命为八九品等未入流小官,且仍准其参加乡试。若有贫困生员无力缴完赋税,也可以奏销豁免,所以生员中有些不安分的人,便会在每月初一、十五时前去县衙递交恳准词,美其名曰为"乞恩"。此外,生员还会将当地富户的钱粮田地隐匿于自己名下,所以生员有"坐一百走三百"②的谣谚。可以看出,明代生员不但自身偷税漏税,还将富户钱粮巧立于自己名下隐吞。

顾炎武在反思明亡经验时,也将矛头直指生员,认为"废天下之生员","官府之政"便可以清明,"百姓之困"便可以复苏,"门户之习"便可以废除,"用世之材"便可以出现"③,足见其对生员恶劣行径的深恶痛绝。顾氏还将生员与乡宦、吏胥一起并称为"天下之病民":

> 今天下之出入公门以挠官府之政者,生员也;倚势以武断于乡里者,生员也;与胥史为缘,甚有身自为胥史者,生员也;官府一拂其意,则群起而哄者,生员也;把持官府之阴事,而与之为市者,生员也。前者噪,后者和;前者奔,后者随;上之人欲治之而不可治也,欲锄之而不可锄也,小有所加,则曰是杀士也,坑儒也。百年以来,以此为大患,而一二识治体能言之士,又皆身出于生员,而不敢显言其弊,故不能旷然一举而除之也。④

当然,并不能简单粗暴地将明朝灭亡的原因归咎于生员、乡宦和胥

---

① 参见范廉《云间据目抄》卷4《记赋役》,上海进步书局校印本,第4页。
② 顾公燮:《丹午笔记》,江苏古籍出版社1999年版,第69页。
③ 顾炎武:《亭林文集》卷1《生员论》,《顾亭林诗文集》,中华书局1959年版,第2页。
④ 同上书。

吏之害,但士绅阶层的结党营私、投献诡寄、隐匿钱粮、侵吞赋税等行为,确实在相当程度上造成了晚明时期的吏治崩坏。康熙年间的张履祥曾总结,明朝士人一旦身着官服,便无人不去"广交游、谈社事",如此时间一久,其笔舌威力胜过戈矛,就连亲戚之间也势如水火。只要有数十人四处鼓动,便会有数千万之人随风跟随,拉帮结党、争强斗胜,国家朝廷无不深受其害。所以政事之乱始于此,官邪之败始于此,人心沉溺、风俗凋敝也都始于此。① 可见晚明政务的混乱与崩坏确实与士绅阶层的不良风气脱不开干系。

第二节 清前期的江南士绅

所谓"清承明制"并不意味着清朝对明朝意志的全部接纳与承袭,在诸多制度细节、治世理念方面,清朝都有其独特的时代烙印。明清两朝的差异,自然也映射在士绅阶层的诸多方面。

一、清初江南三大案

明清易代、政权更迭,对士绅阶层而言,无疑是改天换地的巨变。他们中的一部分人以明朝遗民自居,不入城、不结社、不赴讲会,以消极的行为表现出自己对新政权的反抗。扬州因为曾惨遭清兵屠戮,故常有不入城之人避居此地。② 另一部分人却在短暂迷惘之后,便开始追逐新朝功名,力图在新政权内谋取或继续维系士绅阶层的特殊身份与地位。顺治二年(1645),苏州元和、长洲、吴县三学共有九人中式,"然群心不甚歆慕,非若往常新孝廉之隆重",待到顺治五年(1648)时,就已经"尽出而应秋试"了。③ 不过,因为前朝时的张扬作风以及江南地区抗清斗争的频发,清初中央政权对待江南士绅的态度

---

① 参见张履祥《杨园先生全集》卷16《纪交赠计需亭》,清同治十一年刻本,第25页。
② 参见王汎森《清初士人的悔罪心态与消极行为:不入城、不结社、不赴讲会》,《晚明清初思想十论》,复旦大学出版社2004年版。
③ 佚名:《吴城日记》卷中,《丹午笔记·吴城日记·五石脂》,江苏古籍出版社1985年版,第219页。

常常充满着警惕与打压。

顺治十四(1657)年,丁酉科场案案发,给事中任克溥向顺治皇帝参奏李振邺、钱开宗等考官受贿舞弊之事。《社事始末》中提及"江浙文人涉丁酉一案不下百辈,社局于此索然,几几乎熄矣",可见江南士绅被牵连之广。不仅如此,清廷对待涉案南北文人的态度也大有不同,北闱中受到牵连的大多为南方士人,而"南闱之荼毒则又倍蓰于北闱"。北闱仅有两名房考官被罚,虽然有司法官将其拟罪重判,但经皇帝特旨后又改为轻判,且遵循"杀之三,宥之三"的惯例;至于南闱,皇帝则下特旨改为重判,并追责有司法官,其中两名主考官被斩决,十八房考官中除了已经去世的卢铸鼎外,活着的人全被判处绞决。也就是说,南闱全体考官皆被判死罪,其妻小也皆被流放。① 北闱流放之人,多不过在辽宁尚阳堡,南闱流放之人,则要远徙宁古塔,差异明显。江南士绅在清初受到的打压,远不止于此,最具代表性的就是被并称为清初江南"三大案"的通海案、奏销案和哭庙案。

一是通海案。顺治十六年(1659)六月,郑成功率军队由崇明入江,破瓜洲,围镇江,到七月时,已经直簿金陵,谒孝陵。江南地区的一些士绅移民,似乎又看到了匡复明朝的希望,"时江宁重兵移征云、贵,大半西上,城大守备空虚。松江提督马进宝(改名逢知)不赴援,阴通于寇,拥兵观望。成功移檄远近,太平、宁国、池州、徽州、广德、无为、和州等四府三州二十四县望风纳款,维扬、常、苏旦夕待变。东南大震,军报阻绝"。② 但很快郑成功兵败,清廷随即开始以"通海"为由,对江南士绅进行清算,并借机立威,不仅缉拿判刑那些确实"与郑部下曾通声气"之人,还广开"告密之门",凡有仇家或好事之人,伪造反叛名册,将某人的名字写上,那么对方便立即会被逮捕并判处极刑,家属也会被连坐问罪,或死,或充为官奴。这种形势下,整个江南地区都深受荼毒,到处都有缙绅遭到祸害,常常有不过是"偶与海客往来"的士绅被有司衙门指

---

① 参见孟森《科场案》,《心史丛刊(外一种)》,岳麓书社1986年版,第51—53页。
② 魏源:《圣武记》卷8《海寇民变兵变·国初东南靖海记》,中华书局1984年版,第333页。

责为"通寇"后抓捕而去,全家人只得"引颈就戮",毫无辩解机会。① 显然,江南士绅因通海一案遭受重创。

二是哭庙案。此案实则缘起于钱粮奏销之事。顺治十七年(1660)十二月,山西人任维初新任吴县县令。初一日,他前去拜见上峰苏州知府余廉征,因姿态傲慢,不愿下轿步行,而被余廉征取笑为"呆子"。任维初回到衙署之后:

> 开大竹片数十,浸以溺,示人曰:"功令森严,钱粮最急,考成殿最,皆系于此。凡国课不完者日日候比,不必以三、六、九为期也。"初二日晚间,即出堂比较。欠数金者责二十;欠三星者亦如之。责稍轻,反责隶。有痛而号呼者,则怒,令隶扼其首,必使无声。故受责者,皆鲜血淋漓,俯伏而出,不能起立。自是以后,代仗者逡巡不敢上。乡民践更者,皆自诣公庭。居无何,而一人杖毙矣。合邑之民,无不股栗。②

初二日,其实是任维初开始正式办公的第一天,便出台如此严苛的政令催缴钱粮,完全不顾彼时苏州正处荒年。不仅如此,任维初还擅自取用常平仓仓米,引得"三尺童子皆怀不平",更何况是在明朝时便一直喜欢介入地方事务、畅谈清议的江南士绅。

二月初一日,顺治帝驾崩的消息传至苏州,府堂设幕,哭临三日,江宁巡抚朱治国、按臣张凤起等官员以及府、州、县、郡的缙绅、孝廉俱在,正是底层士绅们表达自身政治诉求、提倡抗粮的绝佳时期。于是,初四日,薛尔张作文,丁紫洄、倪用宾等人在教授处拿到文庙的钥匙后,打开文庙大门进去哭泣。陆续有百余人生员聚集在文庙内,击鼓鸣钟,趁着抚、按官员都在,跪着递上揭帖,控诉任维初滥用私刑、预征课税。随后甚至有千余人号哭前来,试图驱逐知县。③ 然而朝代更迭,参与这次哭庙案的生员们,已远没有明代时无锡县驱逐知县的诸生幸运。参与哭

---

① 参见佚名《指严笔记·红花铺》,《康雍乾间文字之狱(外十二种)》,北京古籍出版社1999年版,第104页。
② 顾公燮:《丹午笔记》,江苏古籍出版社1999年版,第155页。
③ 参见上书,第156页。

庙的诸生中,有十一人被当场拘捕,后有七人因公开同情而被捕入狱,共计十八人。

经朱国治与满洲侍郎叶尼等人会审之后,上疏称:倪用宾等秀才,他们平时不来状告知县任维初,偏偏等到初二这天遗诏刚到之时,便纠集众人在本该哀痛帝王驾崩的公所,想要殴打知县任维初;跪递揭帖乃是匿名;且击鼓鸣钟,召集数千人之多,引得人心摇动,聚众倡乱,有违法纪。虽然律文中没有相关条文,但所犯事情确实事关重大。① 经议政王、九卿科道等会同商议后,最终在顺治十八年(1661)六月二十日正式批复:

> 倪用宾、沈玥、顾伟业、王仲儒、薛尔张、姚刚、丁子伟、金圣叹八名,俱着彼处斩决,妻子家产籍没入官;张韩、来献琪、丁观生、朱时若、朱章培、周江、徐玠、叶琪、唐尧治、冯郅十名,俱着就彼处斩讫,免籍没。②

这十八名秀才无一幸免,全部被处以死刑,另外还有多人牵连受难。时人陆文衡哀叹:江南的绅士为何如此多灾多难?顺治十四、十五年,有丁酉科场案;十六年,海舟宗内又有士绅投贼一案,即通海案;十七年,有溧水欠粮案;十八年,又有吴庠生员攻讦县令案,即哭庙案。因为这些案件而先后被逮捕、罢黜、斩杀、充军、抄家、株连的人累计不小于一千,其惨状着实让人"不忍见闻"③。

三是奏销案。上一小节中已提到,明朝时江南士绅多存在隐匿钱粮、侵吞税额的现象,这种现象并未因清朝新政权的成立而即刻得到矫正,拖欠钱粮的情况仍旧持续存在,特别是江南一带因为税赋繁重,已将长年累月地拖欠钱粮一事视为平常,士绅阶层所欠的钱粮尤其多,当地县官皆无可奈何。④

顺治十三年(1656)起,广东、福建等地区就陆续出现兵饷告急、军

---

① 参见《辛丑纪闻》,转引自陈飞《关于金圣叹与"哭庙案"的两点辨正》,《华南师范大学学报(社会科学版)》2018年第6期。
② 同上书。
③ 陆文衡:《啬庵随笔》卷3《时事》,清光绪二十三年刻本。
④ 参见曾羽王《乙酉笔记》,收入《清代日记汇抄》,上海人民出版社1982年版,第24页。

心不稳的情况,清廷迫切需要整顿全国财政。顺治十六年时,始定条例规定:凡绅衿之中若有欠缴八九成钱粮之人,则革去名籍,枷号两月,责打四十大板,并照旧追缴未完纳的钱粮;欠缴三四成钱粮之人,则革去名籍,责打二十大板,但可以免受枷号之刑。① 虽然朝廷新增了该条例,但长久以来早已形成的拖欠钱粮的习惯并不可能一夕改变,士绅阶层仍旧我行我素,并未将新例放在心上。直到顺治十七年冬,嘉定县的乡绅生员中有数十人因为拖欠钱粮而被兵备道擒拿,并关押在尊经阁之中,这才让远近的士绅大骇,意识到问题严峻。② 自此,清廷对拖欠钱粮的大规模催缴拉开了序幕。

顺治十八年正月二十九,上谕吏部、户部:

> 钱粮系军国急需,经管大小各官须加意督催,按期完解,乃为称职。近览章奏,见直隶各省钱粮,拖欠甚多,完解甚少,或系前官积逋,贻累后官;或系官役侵那,借口民欠。向来拖欠钱粮,有司则参罚停升,知府以上虽有拖欠钱粮未完,仍得升转,以致上官不肯尽心督催,有司怠于征比,支吾推委,完解愆期。今后经管钱粮各官,不论大小,凡有拖欠参罚,俱一体停其升转,必待钱粮完解无欠,方许题请开复升转。尔等即会同各部寺酌立年限,勒令完解。如限内拖欠钱粮不完,或应革职,或应降级处分,确议具奏。如将经管钱粮未完之官升转者,拖欠官并该部俱治以作弊之罪。③

为了解决"军国急需"的钱粮问题,清廷规定对拖欠钱粮的有司官员进行惩处,如有欠粮,经管各官员一律停止升转,只有完纳钱粮之后,才可以提请开复。清廷认为仅凭对官员的约束还远不能解决积年拖欠的钱粮问题,直隶和各省之所以拖欠钱粮如此之多,征比困难,都是由于绅衿藐视法规、"抗粮不纳",加之地方官员"瞻徇情面",没有尽力征比钱粮所导致的,因此是年三月又谕户部:"嗣后著该督抚责令道府州县各官,立行禁饬,严加稽察,如仍前抗粮,从重治罪。地方官不行察

---

① 参见曾羽王《乙酉笔记》,第24页。
② 参见上书,第24页。
③ 《清圣主实录》卷1,顺治十八年正月己卯。

报,该督抚严察,一并题参重处。"①显然,清廷将钱粮征比困难的原因归咎于士绅的"抗粮不纳"与地方官的"瞻徇情面",并再次申令该管官员严加稽查,对抗粮不纳的绅衿从重治罪。

自明至清,江南地区作为经济中心,一直便是税赋重地,正所谓江南赋役,百倍于他省,而其中又要属苏州、松江二府尤重,其征税名目更是五花八门,"迩来役外之征,有兑役、里役、该年、催办、捆头等名,杂派有钻夫、水夫、牛税、马豆、马草、大树、钉麻、油铁、箭竹、铅弹、火药、造仓等项,又有黄册、人丁、三捆、军田、壮丁、逃兵等册",因此江南地方常常处于往年的旧赋尚未缴清、新饷便已迫近的状态,积年累欠的税赋常高达数十万之多。②

江宁巡抚朱国治认为当前的兵饷已经到了极其缺乏的程度,但下属各地区拖欠钱粮如旧,陋习毫无改善,对那些"未完绅衿、衙役诸人,若不严加惩处,恐无以儆将来",于是他将江南地区拖欠的钱粮划分为宦欠、衿欠、役欠三大类,分别造具欠册并注明所欠数目、姓名,于顺治十八年四月十五日题参。③

经户部查核,苏州、松江、常州、镇江四府以及溧阳县没有缴纳完钱粮的文武绅士共计13517名。文武乡绅中有张王治等1755名,生员史顺哲等9475名尚余4成以下钱粮未纳;有乡绅许元弼等250名,生员黄文辉等1219名,尚余5至7成钱粮未纳;有乡绅姚宗典等166名,生员顾如升等652名,尚余8成以上钱粮未纳。户部将这些人逐一分类造册,移送吏部、礼部、兵部,要求各部按定例议处,并要求这些文武绅士在正式公文送到之后的两个月内全数缴清,以满足军需。④

面对13517名拖欠钱粮的文武绅衿,清廷并未考虑法不责众之情,反而下旨:"绅衿抗粮,殊为可恶。该部照定例严加议处。"⑤经过户部、兵部等相关部门议复后,才又重新奏准:"这拖欠钱粮武乡宦、进士、举

---

① 《清圣主实录》卷1,顺治十八年三月戊午。
② 参见董含撰,致之校点《三冈识略》卷4《江南奏销之祸》,《申报馆丛书·掌故类》,第10b页。
③ 参见韩世琦《抚吴疏草》卷10《十七年三欠续完疏》,清康熙五年刻本,第45b—46a页。
④ 参见上书,第46a—46b页。
⑤ 《清圣主实录》卷3,顺治十八年六月庚辰。

人、生员等,旨到之日该抚即提解来京,从重治罪。旨未到前完纳钱粮的,免提解。余依议。"①可以看出,此案判定士绅是否拖欠钱粮的标准是以圣旨到达当地的时间为准,只有在圣旨到达之前及时完纳钱粮,不再拖欠,才可免受牢狱之灾。但是短时间内完纳钱粮,对大部分底层士绅而言,绝非易事:

> 自是而后,官乘大创之后,十年并征,人当风鹤之余,输将恐后,变产莫售,黠术□□。或一日而应数限,或一人而对数官,应在此失在彼,捍吏势同狼虎,士子不异俘囚。时惟有营债一途,每月利息加二加三,稍迟一日,则利上又复起利。有雷钱、月钱诸名,大都借银十两加除折利,到手实止九两,估足纹银不过八两几钱,完串七两有零。而一时不能应限,则衙门使用费已去过半,即其所存完串无几,而一月之后,营兵追索,引类呼群,百亩之产,举家中日用器皿、房屋、人口而籍没之,尚不足以清理,鞭笞縶缚,窘急万状,明知其害,急不择焉。故当日多弃田而逃者,以得脱为乐,赋税之惨,未有甚于此时者也。②

从此段引文中不难看出,当时催征欠粮的时间紧迫、方式粗暴。彼时的士绅为了能在短时间内完结所有欠粮,而不得不背负雷钱、月钱等高利贷。虽然高利贷让部分士绅免受牢狱之苦,但也无异于饮鸩止渴,最后不得不走向"弃田而逃"的悲惨结局。

作为亲历者的苏州吴江士绅陆文衡认为,对于当时的士绅而言,再没有比拖欠粮税更大的罪行。即便只是挂欠一分一毫的钱粮,一旦被记入奏册之中,那便会被革职提审,以至"身家立破"。因为士绅名下的田产大部分是由"亲友诡寄、蠹役飞洒",州县衙门一旦开报欠粮名册之后,便绝不会让各户知晓,而是"掩袭而取",待到官府差役上门后士绅方才知晓,却是为时已晚,控诉无门。而且官府在追缴过程中不会因某个士绅所欠钱粮不过毫厘便有所优待,而是"概以大法绳之"③。可以看

---

① 韩世琦《抚吴疏草》卷10《十七年三欠续完疏》,清康熙五年刻本,第47b页。
② 叶梦珠:《阅世编》卷6《赋税》,上海古籍出版社1981年版,第137页。
③ 参见陆文衡《啬庵随笔》卷3《时事》,清光绪二十三年刻本。

出虽然清廷官方的正式批文中按照所欠钱粮的多寡对士绅进行了登记造册,但在实际执行层面,士绅初时并不知晓欠册中登记的具体数额,即便知晓,也时常有并不待士绅补足所欠银钱就直接进行抓捕现象的存在。不仅如此,实际过程中还有不少冒名诬陷、错开失销的情况出现,最为人熟知的便是"探花不值一文钱"的故事。

叶方蔼,江苏昆山人,乃是顺治十六年进士,因欠款一文钱而被照例降职调用。叶方蔼本人在奏疏阐明,他得中己亥科一甲进士后,任官已有三年,虽然身羁职守,但一直严格督促家人按规定完纳税赋,名下共有"三斗七升五合官田三顷二十九亩六分零八厘六毫",本应纳银钱四十四两六分。经核对他家中纳完银钱后的印票,发现已完纳四十六两一钱五分五厘,并没有任何拖欠。谁料有"奸书徐宁宇"作假为其多开报了"欠银一厘"。① 一厘银,在当时不过是一文钱而已。明明已经及时完纳税银四十六两有余,却唯独留下欠款一文不还,此事显然并不符合常理,但叶方蔼仍旧被照例降职。当时催缴钱粮的严厉程度可见一斑。

总之,在官府紧迫的追缴之下,这一万余名绅衿陆续完纳了所有欠粮。据学者统计,在第一次便完纳欠粮的绅户共有 1924 人,生员共 10548 人;第二次完纳的绅户有 131 人,衿户 124 人;第三次才陆续完纳的有 349 名;降旨后方才完纳的绅衿还有 97 人;表面上没有完纳钱粮的仅有 8 人,其中还包括已故和被正法的 3 人,以及 1 名无名氏,也就是说,实际上仅有 4 人没有按照要求完纳所有欠银。这 4 人分别为溧阳县的衿户彭位寿、吕清伯,以及宜兴县的衿户吴允元、吴国型。②

以上便是江南地区轰轰烈烈的钱粮奏销案。"奏销"一词,本是指各州县衙门将每年征收、起运、留存、逋欠的钱粮情况报部奏闻的一种财政制度,但本案中"凡绅衿欠粮者,无论多寡,一概奏请褫革,名曰:奏销"③,可见也暗含有士绅阶层被奏请褫革官职及身份的含义。

奏销案除江南外,至少还涉及福建、陕西、浙江、广东、山东、江西、

---

① 参见韩世琦《抚吴疏草》卷 6《叶方蔼欠粮疏》,清康熙五年刻本,第 45b—46a 页。
② 参见付庆芬《清初"江南奏销案"补证》,《江苏社会科学》2004 年第 1 期。
③ 顾公燮:《丹午笔记》,江苏古籍出版社 1999 年版,第 155 页。

安徽等七省,但只有江南的苏、松、常、镇四府,以及江宁府的溧阳县才在认真施行,其中影响最大的莫过于是苏、松二府,不仅牵连士绅最多,催征举措也相当严厉。① 此处留有一个值得深思的问题就是,同样是钱粮奏销,为何其余几省却并未出现如此大规模打压士绅的情况,钱粮催征力度也远不如江南的四府一县严厉,难道仅仅是因为江南地区所欠钱粮数额最多吗?

时人将奏销案中江南士绅遭受到的惨痛归咎于巡抚朱国治的处理不当,认为与他的刚愎自用不无关系:

> 时司农告匮,始十年并徵,民力已竭,而逋欠如故。巡抚朱国治强愎自用,造欠册达部,悉列江南绅衿一万三千余人,号曰"抗粮"。既而尽行褫革,发本处枷责,鞭扑纷纷,衣冠扫地。如某探花欠一钱,亦被黜,民间有"探花不值一文钱"之谣。夫士大夫自宜急公,乃轩冕与杂犯同科,千金与一毫等罪,仕籍学校,为之一空。至贪吏蠹胥,侵没多至千万,反置不问。吁,过矣!②

但是,除了人为的偶然因素外,清廷看似以经济为目的的奏销行为背后,实则隐藏着更深层次的政治目的,即收服江南士绅的人心。

诚如孟森先生所言,清廷当时不过是在有意地加害江南缙绅,故意为难江南士大夫,不断斥革处罚,"横加鞭扑",才造成如此凄惨的局面。将积年累月拖欠的钱粮在一朝之间全部追缴,这种做法"本非正体",而"清廷有意与世家有力者为难"的真正目的乃是为了借此"威劫江南人",通过对江南士绅的打压来维系南方政局的稳定。③

二、明清士绅的转变

明清易代,江南士绅在这场剧烈的社会变革中也不得不迎来转变。相较明代的江南缙绅,清代江南缙绅在为官时没有那么张扬,声势也没有那么显赫,与此同时,他们在参与地方官府和地方政务时的影响力也

---

① 参见伍丹戈《论清初奏销案的历史意义》,《中国经济问题》1981年第2期。
② 董含撰,致之校点:《三冈识略》卷4《江南奏销之祸》,《申报馆丛书·掌故类》,第10b页。
③ 参见孟森《心史丛刊(外一种)》,岳麓书社1986年版,第3、9页。

比明代江南缙绅要小得多。① 具体表现在以下几个方面：

（一）对土地田产态度的变化

明末时士绅凭借自身特权，诡寄隐匿田产的行为十分普遍，这些田产在清前期已不再是财富的来源，反倒因为奏销案发时需要在短时间内补纳积欠已久的高额赋税而成为了负担。加之清朝的士绅阶层不再享有明朝时那般特殊的赋税优免特权。虽然顺治五年（1648）时曾颁布《官儒优免则例》，继续沿用嘉靖二十四年（1545）时明朝廷制定的优免条例，但清廷很快便废止该条例，明确表明"无论士民，均应输纳"②，并规定"绅衿只许优免本身一丁，其子孙族户冒滥及私立儒户、宦户包揽诡寄者，查出治罪"③。

时人曾作诗文描绘清初士绅、百姓为田所困的局面："昔日田为富字足，今日田为累字头。拖下脚时成甲首，申出头来不自由。田安心上长思想，田在心中虑不休。当初只望田为福，谁料田多叠叠愁。"④江苏太仓人黄与坚也认为"自早征之法严行以来"，没有人不家破离散，将田地视为祸根，急迫地想要将之卖掉。田地，原本应该是安生立命之本、竭力争取的对象，如今却迫使人这样轻易地舍弃掉，实在是贻害无穷。⑤可见当时田赋压力之大，清初的士绅阶层不再竭力谋求占据土地田产，反而以田为累。

曾有人总结明中期至康熙初年的田价：自从万历中期嘉定折漕开始，连年丰收，田价骤然上涨。到崇祯年间大祲，就算将田地的空白契约送给旁人，也无人接受。有人悄悄将田契丢弃在地上，如果有路人捡起，原主便会向路人追讨粮饷。到了清朝顺治初年，因为棉花丰收，花价上涨，那些将田地送给旁人的人则又纷纷翻赎，甚至为了争夺田地而打起词讼官司。待到康熙初年，恰逢灾荒连年，地方邑令比粮又十分严酷，以前所买的田地，即便买家想免费归还给原来的卖主，也无人愿意

---

① 参见范金民《鼎革与变迁：明清之际江南士人行为方式的转向》，《清华大学学报（哲学社会科学版）》2020年第2期。
② 《钦定学政全书》卷32，清嘉庆十七年刻本，第2页。
③ 《清朝文献通考》卷25《职役五》，商务印书馆1936年版，第5073页。
④ 褚人获：《坚瓠丁集》卷4"咏田字"条，清康熙十九年刻本，第29b—30a页。
⑤ 参见黄与坚《忍庵集》文稿一《三吴田赋议上》，日本内阁文库影印本，第27页。

接受。① 可见田价的波动除了与灾荒相关以外,与赋税比粮的严苛程度也相关。

（二）赋税观念的变化

奏销案的发生,让江南士绅阶层意识到侵占赋税的严重后果,号召有田之家钱粮必定要尽早缴纳,纳完后必定要亲自检查,只有自己"时刻经心",方才能避免灾祸发生。② 甚至出现了"富厚之家,踊跃急公,输将恐后"③的情况。太仓县王时敏更是将"早完国课"写进了家训之中："方今田赋,功令最急,苟有逋悬,祸亦最重",虽然"此天下皆然",但"江南为甚",因此务必要在秋收之后,核算所有收成,积少成多,及时向官府捐输纳粮。至于家中的日用开销,人情应酬,凡事都应该节俭,不可轻易动用租税。虽然生活上"箪食瓢饮、衣穿履决",但是"身心轻快,魂梦俱安",比起那些日夜担心害怕因拖欠税赋而惹祸上身的人而言,究竟谁得到的更多呢？如果不这样的话,一入秋冬便将租税随手花光,待到新一年两手空空,花费数月为了应付征比税钱而疲于奔命,最终"粉骨难支,必至败坏不可收拾矣"。而且既然拥有田地,那便理应缴纳税赋,这本就是"臣民通义",不可以延缓拖欠。眉公先生曾说："士大夫居乡,以早完国课为第一义",这乃是应时刻铭记在心的至理名言,"虽力有不及,而心窃自勉者也"④。以太仓王氏为个案,可以看出奏销案对江南士绅所造成魂梦难安、日夕惊忧的恐惧心理,令他们决意将"早完国课"视作士绅退居乡里的第一要义。

受到康熙后期较为宽松的政策影响,钱粮拖欠问题逐渐复发,江南士绅阶层"早完国课"的赋税思想短暂松懈。和顺治朝一样,江苏各属地虽然财富甲天下,与之相应的拖欠钱粮问题也比他省更为严重,"役侵民欠,弊窦多端",直至雍正年间的大规模清查整顿之后,江南士绅,特别是那些"奸胥玩户"才有所警惕,再次意识到完成国课的重要性,拖

---

① 参见咸丰《紫堤村志》卷2《风俗》,《上海乡镇旧志丛书》第13册,上海社会科学院出版社2005年版,第47页。
② 参见陆文衡《嗇庵随笔》卷3《时事》,清光绪二十三年刻本。
③ 参见乾隆《元和县志》卷10《风俗》,《中国地方志集成》,江苏古籍出版社1991年版,第108页。
④ 王时敏：《奉常家训》,收入《苏州家训选编》,苏州大学出版社2016年版,第240页。

欠钱粮的风气也有所缓解。直至乾隆十四(1749)年，江南的绅衿大户中，凡是已经踏上仕途之人，没有人不遵奉功令，带头输纳钱粮，只有一些"名列衿监"以及"捐职家居"之人，才敢仗着"持有护符"，而将能够拖欠钱粮视为能事。① 可见在乾隆年间，大部分士绅阶层已经养成了率先输纳钱粮的习惯。

（三）参与地方政务积极性的变化

明末时江南士绅阶层喜好畅谈清议，干预地方政务，甚至到了"无一事无绅衿孝廉把持，无一时无绅衿孝廉嘱托"的地步。顺治初年，明末遗风尚存，在哭庙案中，苏州士绅便曾试图如同明季时无锡县生员聚众驱逐知县一样，强行驱逐知县任维初，但未能如愿。面对此情此景，乡绅顾予咸叹曰："此何时候，可讦县官耶？"可见此时士绅的地位早已大不如前。加之清前期曾有"乡绅与现任官不许接见"的禁令，于是上自督抚大员，下至郡邑地方官，皆和乡绅之间"不相闻问"。② 可见士绅参与地方政务的渠道在清朝受到了较大限制，而经过清初朝廷的一系列打压，缙绅阶层不仅在为官期间行为收敛，退居乡里后也不敢轻易同地方官吏结交，与明代士绅把持乡里的风气大有不同。

至康熙年间，士大夫在当官之时，大多能够"清正自守"，退居乡里之后，也尽量"不事干谒"，摒弃华服车舆，低调生活。③ 乾隆年间的苏州《元和县志》亦记载：

> 明季士大夫好持清议，敦气节，重名义，善善同清，恶恶同浊，有东汉党锢诸贤之风，其小人亦慷慨慕义，公正发愤，然或时捍法网。本朝初载，遗风犹存。近数十年来缙绅先生杜门扫轨，兢兢自守，与地方官吏不轻通谒，或间相见，备宾主之礼以去。学宫士子多读书自好，鲜履讼庭。④

可见，清前期的江南士绅都在竭力规避清议政事，也不再积极介入

---

① 参见《乾隆十二年江苏清理积欠史料》，《历史档案》1995年第1期。
② 参见董含《三冈识略》卷10《官绅接见有禁》条，《申报馆丛书·掌故类》，第7a页。
③ 参见嘉庆《松江府志》卷5《风俗》，《中国方志丛书》，台北成文出版社1983年版，第166页。
④ 乾隆《元和县志》卷10《风俗》，《中国地方志集成》，江苏古籍出版社1991年版，第108页。

地方政务,力图明哲保身,这种趋势直至清中后期才又重新抬头。但概而言之,与明朝相较,清朝江南士绅对地方政治的影响确有明显减弱。

(四)士绅地位的变化

明代江南士绅好持公论、藐视官员,在地方具有极大的话语权和地位。至清前期,江南士绅与地方官员的地位则明显产生了置换。据董含记载,清初时苏松某乡绅宴请总兵马逢知,"珍奇罗列,鸡鹅等件率一对为一盆,水果高六七尺,甘蔗牌坊下可走三四岁儿",其场面之奢华可见一斑。然而"视明季,直土硎土簋耳。前朝缙绅,类能自重,当事亦接之惟谨",可以看出明朝主事官员对待缙绅时的慎重,隐含着官弱绅强的局面。至清朝时,则是"士大夫日贱",而"官长日尊",可见今时不同往日,士绅阶层地位陡降,早已转变成了官强绅弱的形势。于是士绅阶层不仅不再藐视官长,反而对在位官长曲意奉迎,极力奉承讨好,甚至"厚礼献媚,立碑造祠",并且争相效仿,毫不觉耻。长此以往,官长的气焰也就越发嚣张,将士绅的恭顺视为理所当然。①

至康熙中期,这种现象并未改善。据桐城戴名世记载,康熙二十七、二十八年(1688,1689)之后的十余年,"江南缙绅之体陵夷极矣"。祸端最初始于一两家缙绅恃势横行,以致被处以重罪,随后其他地方也开始纷纷效仿。官吏将挫辱士大夫视为能事,借此来曲意逢迎上官,进而得以拔擢晋升;就连街巷中那些依靠诈财为生的奸民,也不再欺诈百姓而是专找缙绅,因为缙绅不敢与其抗辩。一旦缙绅真敢与其抗辩,那他们就便会控告到官府衙门,到了官衙,缙绅遭受的折辱更甚,甚至"不啻奴隶"。连缙绅面对恶意敲诈,都不敢抗辩,至于普通生员则更是被官吏视之为草芥。然而生员中彼此尚且"自相矜重",有些人在遇到挫辱后,还会效法明代生员,或群起告讦,或前往文庙哭诉,或互相约定集体不参加科举,但今时不如往日,诸生不仅未能取得胜利,反倒被"斥逐者累累",因此死伤之人也不在少数。难怪戴名世每每听闻有诸生同有司官员闹事时,都会感叹其"不识时务也"②。可见当时官员对待士绅阶

---

① 参见董含《三冈识略》卷6《三吴风俗十六则》,《申报馆丛书·掌故类》,第20b页。
② 戴名世:《戴名世遗文集》,王树民等编校,中华书局2002年版,第130页。

层的严苛程度。

戴名世还记载了士绅甚至需要冒充百姓,才能在县衙打赢官司的现状。康熙三十一年(1692),戴名世自京城返回故乡桐城,入北峡关,看见墙上贴有一则知县告示:"示谕生员、监生人等知悉,嗣后有假冒百姓者,察出重究。"他十分惊讶,追问乡里人。乡里人说:"生员等与百姓打官司,无论是非曲直,必定是百姓胜诉。于是有些生员在两造对质时便隐瞒自己身份,假装成普通百姓,果然获得胜诉。后来县官知道了有生员冒充百姓的情形,于是才发布了这个告示。"①该县令本人乃是由举人起家,仍旧如此行事,可见康熙年间对士绅阶层打压已经矫枉过正,有失公允。

这种趋势发展至雍正年间,雍正帝甚至不得不颁布上谕:"绅士居乡倘有违理肆行之处,令有司约束劝导之者,无非欲其同归于善,并非令地方官有意摧折之也。尔等莅任后,于绅士之品行端方者,则当加意敬礼,以树四民之坊表;其小有过愆者,则劝戒之,令其悛改;其不可觉悟、不可宽宥者,则置之于法,以警其余。"②号召官员对待有德行的士绅应该加以礼遇,对待屡教不改、犯下大错的士绅才应该依法严惩。

(五)士风排场的变化

明朝时期退居乡里的两榜缙绅,出入必要乘大轿,并有门下和皂隶在后跟随,其中五名轿伞夫都必须身着红背心,头戴红毡笠,与现任官员的体统如出一辙;至于那些只是得中乙榜而未能步入仕途的士绅,则乘肩舆;贡监生员等所谓的新贵在拜客时也要乘肩舆,虽然平日里不乘,但遇到下雨、暑天,也必定有侍从为其撑盖,且伞盖还是使用的锡顶,与普通百姓有所不同。③但清朝自奏销案之后的江南士绅则"大都以名义自处",即便是高登两榜或官至禁林的缙绅,也大都"安贫处困"。有些士绅出入皆是徒步,亦从"不自矜炫",坊间那些"狡猾不逞之徒"见到士绅不仅毫无畏惧之色,甚至还会对士绅加以凌轹。面对凌轹,士绅

---

① 戴名世:《戴名世遗文集》,王树民等编校,中华书局2002年版,第130—131页。
② 《世宗宪皇帝圣训》卷13《用人》,《景印文渊阁四库全书》第412册,第195页。
③ 叶梦珠:《阅世编》卷4《士风》,上海古籍出版社1981年版,第85—86页。

无可奈何之下也只得俛首忍受。这便是明清士林"风俗之一变也"①。

至康熙前期,无论是缙绅、举人还是贡士,皆是乘肩舆出行。士子在暑天时不再撑伞盖,雨天也是由自己撑伞。虽然对于贫困的儒生而言,可以节省下用于仆从的开支,相较往昔而言有所便宜,但实则士绅的体统早已荡然无存。② 随着康熙后期政治环境逐渐宽松,明朝的奢靡之风曾短暂复苏,"至本朝康熙年间,尚有此风,捐职州同,亦坐大轿、持扇盖,传以为笑"。直至雍正帝时期整纲饬纪之后,方才一改往日的奢靡之风,绅衿也都"皆知敛迹,非公不至",且再没有乘大轿之人。③ 可见经过雍正朝的风气整顿,江南士绅的奢靡之风再次得到了有效控制。

概言之,经过清朝初年哭庙案等大案的系列打击,江南士人对待田产的态度、缴纳赋税的观念、参与地方政务的积极性、社会地位、士风排场等方面都发生了显著变化。

第三节　清后期的江南士绅

一、扩张的绅权

通过上一节的讨论可知,清前期皇权政治对士绅阶层的打压,在极大程度上限制了士绅的权力,随着清政权的逐步稳定,皇权逐渐放松了对江南士绅的戒心,江南士绅也开始忘却了初期的惨痛经历,重新参与地方政治。与清前期相比,清中后期的江南士绅在地方社会治理中的权力逐渐复苏增强,他们参与地方教育、经营地方慈善、介入地方基层管理甚至在地方法治中也拥有了不小的话语权,当然这时候的士绅权力仍旧受到清政权的各种限制,早已不复明朝时候的荣光。直至晚清时期,国际格局陡然变化,官方正统的官僚体系已经不能及时应对时刻变幻的时局环境,尤其是太平天国运动的爆发,让清政权在"外患"与

---

① 光绪《昆新两县续修合志》卷1《风俗占候》,《中国方志丛书》,台北成文出版社1983年版,第32页。
② 参见叶梦珠《阅世编》卷4《士风》,上海古籍出版社1981年版,第86页。
③ 参见顾公燮《消夏闲记摘抄》卷上《明季绅衿之横》,《涵芬楼秘笈》第2集,第6页。

"内忧"中捉襟见肘、无所适从,不得不将手中的权力下放给地方士绅阶层。缘于此,士绅阶层的权力获得了官方的认可与支持,并在皇权日渐式微的背景下,在财政、军权的下沉中得到了迅速扩张。作为地方社会治理中非正式权威的士绅阶层,在这场与皇权关系旷日持久的博弈中,重新占据了有利地位。江南士绅权力的扩张,主要表现在以下几个方面:

(一)控制团练

团练的广泛兴起,无疑是源于鸦片战争前后爆发的太平天国运动。在外患内忧的夹击之下,清朝廷在地方社会的统治秩序逐渐崩坏,不得不开始将权力移交给代表地方非正式权威的士绅阶层。咸丰六年(1856)五月二十七日,朝廷颁布上谕:

> 现在湖北、湖南、江西、广西、河南、安徽、江苏、浙江或被贼窜扰,或逼近贼氛,自应赶紧举行团练。其河南之归德、江苏之徐州等属为捻匪出没之区,及直隶、山东要隘处所均应一律举行。著各该督抚各就地方情形,酌量办理。司道府州既各有团练之责,固当择贤而任。至州县为亲民之官,团练起于州县,民心之向背视州县之贤愚,亦非碌碌庸才所能胜任。该督抚等办理此事,当以得人为先务。著将拟办章程先行具奏。①

要求各省自行兴办团练。据统计,至咸丰五年(1855),清廷先后委任湖南、江西、安徽、江苏等14省共300来名士绅为"团练大臣",希望士绅能够利用自身熟悉地方情形且素来在乡间具有高声望的优势,协助地方官尽快将绅民动员和组织起来,以阻止太平天国向基层社会的蔓延和渗透。②冯桂芬曾言及"军兴以来,各省团练民勇,有图董,有总董,大同小异,顾行之转视保甲为有效,然则其故可思也。地保等贱役也,甲长等犹之贱役也,皆非官也。团董绅士也,非官而近于官者"③,充

---

① 《寄谕各省督抚各就地方情形酌量办理团练保甲事宜》,《清政府镇压太平天国档案史料》第18册,社会科学文献出版社1995年版,第441—442页。
② 参见崔岷《咸丰初年清廷委任"团练大臣"考》,《历史研究》2014年第6期。
③ 冯桂芬:《校邠庐抗议》卷上《复乡职议》,上海书店出版社2002年版,第12页。

分肯定了士绅阶层在团练中的这种非官却又近于官的特殊地位。

理论上,团练是一种由官府监督、士绅操办的地方武装,但实际上官府对于团练的监督十分有限,甚至规定"一切章程,具由各州县传谕各绅士察看,各乡情形,斟酌尽善,不限一例",官府只要求"各州县无不团结之乡,各乡无不团结之户",以期百姓不被贼匪所扰害,并非故意增设烦苛,故而要求"尔等绅民,宜各体谅苦衷,善自为谋,及时兴办,各宜懔遵无违"①。可见团练的实际话语权被牢牢掌握在地方手中。章开沅先生曾指出:"嘉庆年间,官绅结合乃是绅为官用,团练由地方官府直接控制,并由官府提供一定的经费。清末,团练局的官绅结合则是官为绅用,以绅为主。"②名义上团练局的派征必须要由官府同意,但实际上是由地方士绅在自行控制着团练局的武装力量。事实上,自咸丰年间以来,随着绅权的扩大,相当多地区士绅已经插手钱漕征收。从"绅为官用"到"官为绅用"的转变体现了清末绅权的极速扩张。

江苏地方的团练自不例外,主要是由本地士绅所控制。咸丰七年(1857):

> 春二月,自杭州告警,徐君青,有壬,抚军谕各段绅董,增办民团,添募壮丁。两月以来,略有成章。暑臬司朱筱沤钧招六合、上元之流氓,得数百人,名为毅勇,令其登陴守御,而人多强悍不靖,城守兵伍无多,参以余丁粮勇,分置各城门盘查。阊门中市自办民团百余人,胡振甲贰尹统之。③

待到七月,江南士绅季念赠、杨庆麟、潘曾玮、顾文彬、陈克家、殷兆铨、应宝时、潘馥等人均被江北督办团练大臣晏端书委以重任。④ "江苏今日之情事,有可乘之机而不能持久者三,有仅完之地而不能持久者三。一曰乡团。去年各城被据,乡团抵死拒敌,有相持至数月之久者。以苏府言之,永昌徐佩瑗、黄土桥马安澜其尤也。所居在苏州、常熟之

---

① 光绪《湖南通志》卷79《武备志 二》,岳麓书社2009年版,第1751页。
② 章开沅等主编:《中国近代史上的官绅商学》,湖北人民出版社2000年版,第405页。
③《香禅精舍集》卷5《庚申噩梦记上》,《清代诗文集汇编》第691册,上海古籍出版社2010年版,第436页。
④ 参见徐茂明《江南士绅与江南社会(1368—1911年)》,商务印书馆2004年版,第97页。

间,纵横三十里内,水陆勇数千,附近乡团,一呼四应,不下数万。"①显然,士绅阶层通过对团练组织的有力掌控,在地方治理中的身份地位也不断上升,其威望甚至到了"一呼四应,不下数万"的程度。

(二)掌控地方财政

随着团练组织在各州县的大范围组建,经费问题成为困扰清政府及地方势力的首要问题。咸丰三年(1853),雷以諴奉旨帮办扬州军务。当时江苏省军饷开支浩大,且长期短缺,雷以諴无奈之下开始另谋筹款之道,首创征收厘金之法。由于里下河为当时主要产粮区,米多且价贱,雷以諴仿效前总督林则徐的"一文愿之法",派人在扬州城仙女庙、邵伯、宜陵、张网沟等各镇劝谕米行捐厘助饷,每石米捐钱五十文,折算下来每升米仅需捐半文。积少成多,自咸丰三年九月至咸丰四年三月,仅仅这几个镇的米行便捐厘金二万石。雷以諴认为厘金法"既不扰民,又不累商",且确实在筹措资金上行之有效,于是他在咸丰四年三月十八日上奏:

> 臣捐厘之处,仅止扬通两属,其余大江南北各府州县未经劝办者尚多。如果江苏督抚及河臣各就防堵地方,分委廉明公正之员,会同各该府州县,于城市镇集之各大行铺户照臣所拟捐厘章程,一律劝办,以于江南北军需可期大有接济。②

请求朝廷将厘金之法在各府州县范围内推广,以便接济军需。

面对军事上"需饷浩繁"的情形,日渐捉襟见肘的清政府早已无法仅凭官方财力填补缺口,那便"不能不借资民力"。既然雷以諴的捐厘之法可以在里下河一带卓有成效,其他各州县的情形想必应当也不会相差太远,于是捐纳厘金无疑成为了清政府解决迫在眉睫的军饷问题的希望。故在收到雷以諴上奏请求推广厘金法奏折后的当月,便颁布上谕:

> 著怡良、许乃钊、杨以增各就江南北地方情形,妥速商酌,若事

---

① 《吴县志》卷66《列传四·冯桂芬传》,《中国方志丛书》,台北成文出版社1983年版,第1202页。
② 中国第一历史档案馆编:《清政府镇压太平天国档案史料》第13册,社会科学文献出版社1994年版,第305—306页。

属可行,即督饬所属,劝谕绅董筹办。其有应行变通之处,亦须悉心斟酌,总期于事有济,亦不致滋扰累,方为妥善。雷以諴折单,均著钞给阅看。将此由六百里各谕令知之。①

随后江南、江北大营相继劝谕绅董筹办,开始在各县设卡抽厘。厘金由一种临时性的筹款方法逐渐走向制度化,成为一种长期正式征收的商业税,开始遍行全国各地。

征收厘金,最直接的目的就是为了补充中央财政无力支付的地方军饷,这也就意味着清政府不得不将部分财政权力下放至地方,但同时清政府又忧心兵权在握的统兵大臣会在掌握部分财权后坐大,脱离中央掌控,故为了权衡各方势力,清政府在初期征收厘金时主张"各省水路马头往来货物,非地方官及绅董熟悉情形认真办理,断难收效",并强调各路统兵大臣的当务之急是"身在行间志图灭贼",且他们与地方绅董之间原本并非"联属"关系,因此所有用兵的省份在商办制定抽厘事务时,应当由"各该督抚筹议具奏",而不需要和统兵大臣会同商议。至于征收上来的厘金,则必须全部用于补充兵饷,不准地方官员挪用,以防开启"影射侵渔之弊"②。可见在厘金的草创时期,厘金的实际控制权乃是由督抚州县与地方绅董共同把持,而非是江南大营的统兵大臣。③

同治初年,李鸿章重建江苏厘金制度之时,又进一步将驻军将领和州县官员的厘务控制权整合给厘务委员,并规定:嗣后各属区"办理厘捐一切公事",皆需委员与印官一起会同商办,若印官有耳目不及的地方,则由委员来综合管理,若委员有权利不逮的地方,则由印官给予支持;所有协调商民,催缴捐款等事务都需地方官认真督办,如此才能"源源凑解";如若地方官只是"安坐衙斋"之中"指厘捐为多事,视催缴为具文",一旦遇事,便互相推诿,那么委员便可以单独禀揭,再由藩局及总

---

① 《清文宗实录》卷125,咸丰四年三月癸亥。
② 《皇朝道咸同光奏议》卷37《遵议胜保奏劝谕抽厘助饷疏》,沈云龙主编《近代中国史料丛刊》第34辑,台北文海出版社1966年版,第1986—1987页。
③ 参见徐毅《晚清江苏厘金制度的起源与推广实态考——以1853—1865年为背景》,《历史档案》2006年第3期;任智勇、水海刚《厘金起源胜考》,《中国经济史研究》2022年第3期。

局一起会同查明后,据实禀报。① 这些参与办理"厘捐一切公事"的厘务委员,通常都是由李鸿章的幕僚亲信担任,并在此后一直保持着"厘卡委员,官绅并用"②的情况。

综上所述,江南士绅阶层在厘金制度中扮演着举足轻重的角色。自厘金制度草创之时起,士绅阶层就在清政府的默认支持之下,逐渐掌控了地方社会的部分财政权力。

(三) 议减赋税

江南重赋问题长期困扰着江南士绅阶层,"苏、松、太三属民困重赋最重者,亩税几二斗,较他省多至一、二十倍,较同省之镇江等府多四、五倍,毗连之常州府多三倍。自道光以来,历年缓征分数,苏属全漕一百六十万,有官垫有民欠正供从未足额,至咸丰季年,仅得正额之四"③。随着清后期江南士绅对地方军事权与财政权的逐渐渗透,他们在正统官僚体系中所占据的话语权力也逐渐增大。

同治元年,李鸿章经曾国藩推荐后,署任江苏巡抚,力邀冯桂芬等江南士绅入幕,为之出谋划策。④ 冯桂芬乃是江苏吴县人,曾任翰林院编修,精思卓识,讲求经济,当时正避居沪上。同治二年(1863)四月二十日,时任光禄寺卿的江苏吴县人潘祖荫认为江苏地区的"额赋本重",加之当时战乱频仍,早已引得地方经济残破不堪,以至于漕粮定额势必难以足额征解,因此上奏请求"酌减旧赋,更定新章"⑤。四月二十三日,时任福建道监察御史的江苏山阳县人丁寿昌,也上奏请求裁减苏州、杭州等地方的漕额。但这两次奏请"皆下部未覆奏"⑥。后经冯桂芬、吴云、潘曾玮等江南士绅与李鸿章、郭嵩焘等督抚官员的多番协商后,于五月十一日自上海发出裁减苏松太浮赋一疏。

该疏由冯桂芬撰写,曾国藩、李鸿章一同联衔,正式奏请将苏州、松

---

① 参见《厘局印委会办》(同治四年十月十七日),佚名:《江苏省例》,江苏书局1883年版,第5页。
② 《清朝续文献通考》卷49《征榷二十一》,商务印书馆1955年版,第8045页。
③ 《吴县志》卷66《列传四·冯桂芬传》,《中国方志丛书》,台北成文出版社1983年版,第1202页。
④ 参见李鸿章《李鸿章全集》第1册《奏调冯桂芬等片》,同治元年五月初九日,时代文艺出版社1998年版,第62页。
⑤ 《奏为敬陈因时制赋酌定新章以实京仓等事》(同治二年四月二十日),中国第一历史档案馆藏,军机处录副奏折,档号:03-4846-039。
⑥ 葛士濬辑:《清经世文续编》卷31《户政八》,清光绪二十四年,上海书局石印本,第7页。

江、太仓赋税裁减 1/3,常州、镇江裁减 1/10,"以近三十余年实征旧籍折衷定数,议减三分之一。于虚额,则大减,于实额,则无减。其疏奏有云,不减额之弊在多一分虚数,即多一分浮费,减额之效在少一分中饱,即多一分上供。减额既定,胥吏无权,民间既沾实惠,公家亦有实济"①。五月二十四日,该奏疏获得裁可:

> 著两江总督曾国藩、江苏巡抚李鸿章,督饬司道设局,分别查明各州县情形,折衷议减,总期与旧额本轻毋庸议减之常州、镇江二属,通融核计,著为定额。先自松、太创行,即以此后开征之年为始,永远遵行,不准再有垫完民欠名目。苏州所属,俟肃清后一体办理,嗣后非大水旱成灾,实在荒欠者,并不准捏灾请缓请蠲。至苏、松漕弊,尤莫如大小户等名目,绅户把持州县浮收,种种弊窦,皆出其中,著即永远禁革,所有一切办理章程及应行裁革之浮收、陋规、包户等积弊,均著该督抚悉心妥筹,详细具奏,务期上纾国用,下恤民生,变通尽利,经久可行。用副朝廷恫瘝在抱,嘉惠斯民至意。②

严苛的赋税,对江南地区的人民而言是沉重的经济负担,对江南士绅阶层而言更是一种精神负担。顺治年间奏销案的严酷,对江南士绅造成的打击之深,已无需笔者赘述,因而即便此次朝廷议减的赋税不过是部分虚额,在实额上并无多大差异,但对整个江南地方社会而言,无疑也是一件大喜之事。一时之间,不论朝堂民间,均是一片赞扬之声,将"减赋之举"称为"荡平东南第一德政",将冯桂芬等人的疏词称为同治中兴以来的"第一文字"。③ 时人笔记中记载,在减赋诏书下达之后,"江浙百姓欢声雷动,五百年民困一旦以苏。自是奠定三吴,肃清两浙,兵燹残黎得以休养生息,含餔鼓腹者,李公之力也。主圣臣贤,千载一

---

① 《吴县志》卷66《列传四·冯桂芬传》,《中国方志丛书》,台北成文出版社1983年版,第1202页。
② 中国第一历史档案馆编:《咸丰同治两朝上谕档》第13册,广西师范大学出版社1998年版,第245页。
③ 参见盛康辑《皇朝经世文续编》卷37《户政九》,沈云龙主编《近代中国史料丛刊》第84辑,台北文海出版社1980年版,第3885页。

会"①,可见当时人心之激动。

需要注意的是,同治二年时并未最终确定减赋的具体额数,后经户部与江南地方势力的反复博弈,直至同治四年方才最终定下江苏减赋额数:原额征的本色米为2029174.73石,减赋后新定为1486048.19石,约占原额的73.23%。其中,苏州的额赋最重,共减去原额的37.22%,松江减去27.26%、太仓27.95、常州10%、镇江10%。②

除了上述三方面以外,士绅阶层身份地位的上升,也迫使他们承担起更多的社会责任,例如在动乱平息之后组织平粜粮价、抚恤难民、经理义仓等社会救济活动,兴办新式学校、组建义学,培养人才等社会教化活动。然而士绅阶层权力、地位的不断增长背后,也潜藏着不少隐患,"绅强官弱"的地位差异导致地方官员办理政务时常常被士绅阶层的意见左右,甚至出现地方官员"不能无绅士而有为"的情况。此外,一旦有不良士绅违法乱纪,官府也无力管束。江苏巡抚丁日昌就曾言及"绅董之不自爱,其弊甚于书差。何则?书差尚惧官为之钳制,绅董则内结衙门,外通土豪,可以为所欲为,即有认真办事之民牧,欲绳以法,以惧撼之不动,反为所伤,往往隐忍优容,酿成大变"③,足见其隐患。

二、最后的士绅

近代国际关系格局风云变幻,原科举制度中依据八股取士标准选拔出来的功名之士,已经没有办法满足时代的需求。无奈之下,清朝廷终于决心在光绪二十七年(1901)进行科举改革,第一场考中国政治史事论,第二场考各国艺术策,即考察关于外国政治和技术相关的知识,第三场才考《四书》《五经》等传统经学。然而即便科举取士标准有所调整,但仍旧无法与新式学堂教授的知识内容相互兼容,呼吁减少科举中式名额乃至废除科举的呼声越来越高。

光绪三十一年(1905)八月初二,袁世凯等人上奏,要求立即废止科

---

① 陈其元:《庸闲斋笔记》,中华书局1989年版,第141页。
② 参见周健《同治初年江苏减赋新探》,《近代史研究》2017年第4期。
③ 丁日昌:《抚吴公牍》卷47《委查邳州墟董戴锡玲等勒派墟捐由》,《丁日昌集》上册,上海古籍出版社2010年版,第787页。

举，促进开办新学堂，"前奉谕旨，递减科举中额，期以三科减尽。十年之后，取士概归学堂。固已明示天下以作新之基，而徐俟夫时机之至。所以为兴学培才计者用意至为深远。臣等默观大局，熟察时趋，觉现在危迫情形，更甚曩日"。然而只要科举制度还存在一天，在旧有教学体系下成长起来的读书人便"有侥幸得第之心，以分其砥砺实修之志"，进而保持观望态度。这种形势下选择开办私立学堂之人自然很少，而想要大范围推广新式学堂，仅凭孱弱的政府财力远远不行。即便立即废止科举制度，由官方督办改设新式学堂，等到真正能培养出可用人才，也至少需要花费十余年时间。若等到十年之后再"甫停科举"，那便至少要到二十年后才能有得用的人才。然而如今"强邻环伺，钜能我待？"①可见废除科举一事已迫在眉睫。

八月四日，清廷正式颁发了一份上谕：

> 袁世凯等奏请立停科举以广学校并妥筹办法一折，三代以前，选士皆由学校，而得人极盛，实我中国兴贤育才之隆轨。即东西洋各国富强之效，亦无不本于学堂。方今时局多艰，储材为急，朝廷以近日科举每习空文，屡降明诏。饬令各省督抚，广设学堂，将俾全国之人，咸趋实学，以备任使，用意至为深厚。前因管学大臣等议奏，已准将乡会试中额分三科递减。兹据该督等奏称，科举不停，民间相率观望。欲推广学堂，必先停科举等语。所陈不为无见。著即自丙午科为始，所有乡会试，一律停止。各省岁科考试，亦即停止。其以前举贡生员，分别量予出路。及其余各条，均著照所请办理。②

至此，清廷正式宣告终结了绵延中国历史一千余年的科举制度。科举制度的废除，意味着传统士绅阶层养成机制的废止，再也无法源源不断地产生新的士绅。随着最后一代士绅的逐渐离世，整个士绅阶层也逐步走向衰亡。面临着如此惊天巨变，被裹挟在时代洪流中最后的士绅们，他们是如何调试自处的呢？他们所找寻的出路与寄托又是什么呢？

---

① 《清朝续文献通考》卷87《选举四》，商务印书馆1955年版，第8455页。
② 《清德宗实录》卷548，光绪三十一年八月甲辰。

(一) 新式教育

在正式废除科举制度之同时,清朝廷下令地方督抚抓紧时间设立新式学堂,力图广开民智:

> 是在官绅申明宗旨,闻风兴起,多建学堂,普及教育。国家既获树人之益,即地方亦与有光荣。经此次逾旨后,著学务大臣迅速颁发各种教科书,以定指归而宏造就。并责成各该督抚实力通筹,严饬府厅州县,赶紧于城乡各处,遍设蒙小学堂,慎择师资,广开民智。其各认真举办,随时考察,不得敷衍瞻徇,致滋流弊。务期进德修业,体用兼赅,共副朝廷劝学作人之至意。①

在此种导向之下,光绪三十一年十月初二的《申报》上也迅速刊载了朝廷劝励士绅广设小学的文章,明谕各地的督抚学政要切实督促地方官员开展劝谕各地绅士开办小学堂的事务,并削减官府部分不急需的开支,捐募士绅及富豪之家与官府通力合作,并指出兴办新式"普通教育"时"尤以普通课本为最要"②。光绪三十二年(1906),又有《奏定各省教育会章程折》记明:"教育之道,普及为先。"中国幅员辽阔、人口众多,如果仅仅依靠地方官吏"董率督催"就想推动教育普及,那几乎是不可能的事情,必须要官民上下联动、官绅通力合作,借助士绅阶层的力量来弥补官府之不足,这样才可以让地方学务真正得到普及发展。③清廷对于新式教育的推崇,似乎给了最后的士绅们一条新的出路,因此在科举制度废除之后,各地士绅中都出现了不少"热心教育,开会研究"之人,④大量有志士绅从旧式科举中走出,转而投身入新式教育的浪潮。

1905年,南通士绅张謇在上海成立江苏学会(即"江苏学务总会"),在通州首创官绅合作的学务公所,此后多年一直专意于实业、教育二事。据统计,张謇一生创办的各种学校仅在南通就有:初等小学

---

① 《清德宗实录》卷548,光绪三十一年八月甲辰。
② 《学务处奏覆劝励绅商广设小学折》,《申报》1905年10月29日。
③ 参见学部总务司编《学部奏咨辑要》,沈云龙主编《近代中国史料丛刊三编》第10辑,台北文海出版社1986年版,第95页。
④ 参见《清学部奏酌拟教育会章程》,《东方杂志》第3卷第9号。

(300多所)、中学、师范学校、女子师范学校、盲哑学校、幼稚园、纺织专门学校、医学专门学校、农业专门学校、商业学校、蚕桑讲习所、工商补习学校、艺徒学校、女工传习所、保姆传习所、伶工学社、法政讲习所、巡警教练所等不下几十种。① 这些学校每年所需花销的教育经费自然不可小觑,其主要资金来源都是张謇所兴办的实业。《南通师范学校十年度支略序》中记载:

> 其所取资一唯謇所得于纺厂之俸给。不足,则其叔氏退翁为之助,仍不足,则负债,不敢以累国家,不敢以累地方,诚惧言之无效,徒伤感情,而转为吾进行之累也。回顾人世,曷禁欷歔。今十年矣,汇其收入支出之总数,以示诸生,以告一国。教育实业,未易言也。立之有本焉,行之有方焉,次第之尤有序焉。易曰,履之而后知,及之而后艰。若謇者颛蒙凡陋,盖不足言,不足言。②

当时学堂的实际出资人都是如同张謇这样的士绅,个中艰辛,不言自明。

江苏学务总会的议长王同愈,苏州元和县人,也陆续筹办了高等小学堂、第一中学堂、师范传习所等新式学堂。常熟县的丁祖荫、曾朴等人也成立"常昭学会",吸纳会员270余人,并且先后筹办了师范传习所、民立两等小学、竞化两等女学等学校。③ 当时常熟有不少志士都因时势紧急,推广新式教育刻不容缓,而相继个人出资在当地创设小学堂"以为作育人才计"④。1905年前,常熟地区新式学校共11所,截至1911年,新式小学堂数量已增至71所,⑤可见常熟士绅阶层办学热情之高。

新式学堂数量的增加,相应地增加了对教职人员的需求。原有士绅阶层中接受或接触过新式学堂教育,或者有留洋经历的人,才是

---

① 参见戴亦明《张謇的实业教育思想》,《宁波大学学报(教育科学版)》2003年第4期。
② 张謇:《张季子九录·教育录》卷3《南通师范学校十年度支略序》,台北文海出版社1979年版,第1637页。
③ 参见江苏教育总会编辑《江苏教育总会文牍》第3编(下),中国图书公司1907年版,第111页。
④ 丁祖荫、徐兆玮:《重修常昭合志》卷7《学堂》,上海社会科学院出版社2002年版,第310页。
⑤ 参见徐茂明、胡勇军《清末兴学与常熟士绅的权力嬗递:以〈徐兆玮日记〉为中心》,《史林》2015年第6期。

新学堂教师的最佳人选,但是大量人才缺口并非一朝一夕便可弥补,于是因科举之路断送而不知所措的大量传统士绅,也摇身一变进入新式学堂担任教职,开始在传统骈四俪六的文章之外,学习并传播新科学。

最后的士绅们一部分转向教育,为开民智而创办新学堂,另一部分则转向实业,为振兴中华而创办各类工厂。

(二)兴办实业

传统中国社会一直维系着士农工商的等级秩序,但是随着晚清重商主义的兴起,各类经济实业、买办商行的发展壮大,商人地位大大提升,四民社会之间的等级秩序逐渐被打破,出现了"近来身列仕途者,不可不兼明经商之道"①的情况。时人郑观应还提出来"商握四民之纲"的主张:

> 商以贸迁有无,平物价,济急需,有益于民,有利于国,与士、农、工互相表里。士无商则格致之学不宏,农无商则种植之类不广,工无商则制造之物不能销。是商贾具生财之大道,而握四民之纲领也。商之义大矣哉!②

随着类似观念的发展,一个特殊的社会阶层也应运而生——绅商阶层。绅商阶层,顾名思义,他们通常身兼士绅与商人的双重身份。狭义上的绅商,是指那些拥有职衔或者功名的职业商人;广义上的绅商,则是在新旧时代之间官僚、士绅和商人的身份逐渐接近重合而形成的一种过渡性社会阶层。③

实则在科举制度废除之前,绅商阶层已经开始逐渐形成,尤其是在江南地区,呈现出较为明显的"绅""商"合流现象。这种流动一般分为两个方面,一方面是由商向绅的流动。其流动途径主要可以分为两条,一为传统的读书登第,通过科举正途来获得士绅身份。二为异途,即通过捐纳来获得功名或官衔。清末时,政府迫于财政空虚,不得不广开捐

---

① 《论居官经商》,《申报》1883年1月25日。
② 郑观应:《郑观应集》上册《盛世危言·商务二》,上海人民出版社1982年版,第607页。
③ 参见马敏《官商之间:社会剧变中的近代绅商》,华中师范大学出版社2003年版,第91页。

例,在各省遍设捐局,公开卖官鬻爵。彼时无数商人便凭借钱财资产得以捐纳官衔,正所谓"今之国子监生遍天下,皆由纳粟而入"①。不过商人捐纳所得多为监生等虚衔,并无实权。如昆山的绸缎及钱庄商人李庆钊,光绪四年(1878)捐纳监生,光绪二十七(1901)年,加捐州同衔。② 绸缎商人张庆镛,曾任苏州盛泽商务分会首届总理,光绪十六年(1890)在江苏省筹捐局报捐监生、布政司。光绪十九年(1893)又加捐五品衔候选光禄寺署正。③ 鞋商黄驾雄,也在宣统元年(1909)捐得监生衔。④

另一方面是由绅向商的流动。自鸦片战争以来,西方用坚船利炮打开中国国门后,迫使清廷开设各处通商港口,通过倾销各类商品从中国市场上攫取了巨大利益。在此过程中,时人逐渐改变了商业属于末流的传统观念,开始认识到发展商业的重要性。清朝廷也开始"重视商政,亟宜破除成见,使官商不分畛域"⑤。在这种政治导向之下,江南地区出现了不少"弃士经商"的现象。如前文提及的南通商人张謇,于光绪二十年(1894)高中状元,在次年便奉张之洞之命创办大生纱厂,成为名扬一时的大绅商。1896年苏州元和县的状元陆润庠曾任国子监祭酒,后来也奉命创办苏纶纱厂。

科举制度废除之后,江南的士绅阶层被迫舍弃原有追逐功名、入朝为官的志向,迫于生计之下开始另谋出路,他们中的一大部分人进入新式学堂担任教职,传播新科学,培养新人才;另一部分则成为绅商,为中国近代工商业的兴起和发展作出了极大贡献。以1912年为例,彼时全国绅商阶层至少22000余人,其中江苏、浙江、广东人数最多,约占比38.58%。江苏省绅商约2578人,占比11.71%。苏州城乡的绅商总数大约200人,主要任职于商务总会、商团、各业公所,约占苏州城绅士总

---

① 盛康辑:《皇朝经世文续编》卷14《治礼七》,沈云龙主编《近代中国史料丛刊》第84辑,台北文海出版社1980年版,第1657页。
② 参见《苏州商会档案丛编(1905年—1911年)》第一辑,华中师范大学出版社1991年版,第141—142页。
③ 参见《清末苏州商会档案》第4卷"盛泽分会选举职员衔名清册"。
④ 参见苏州市政协《文史资料选辑》第九辑,第125页。
⑤《商务官报》第二册,第19期。

数的10%。同时,苏州辖下吴江、震泽、昆山等市镇地区商业也较为发达,也有较多绅商有据可考。当然,类似苏州这样商会总会、分会几乎清一色绅商的情况,在全国范围内并不多见。①

本章小结

明朝时期,士绅阶层拥有朝廷赋予的免除徭役、赋税优免,乃至部分司法特权等种种优待,他们通过由"师生年谊"等地缘、亲缘的关系建构出一张庞大的社会网络。至明末,江南士绅的风气愈盛、排场愈大,不仅常蔑视官员、横行乡里,更是利用自身特权结党营私、投献诡寄、隐匿钱粮、侵吞赋税。所以顾炎武在总结明亡经验时,将生员、乡宦、吏胥并称为"天下之病民"。

明清易代之后,清初丁酉科场案、通海案、奏销案和哭庙案等一系列大案的接连发生,对江南士绅的打击极为沉重,致使江南士绅的豪横气焰被扑灭,在对待田产的态度、赋税的观念、参与地方政务的积极性以及士风排场等方面都发生了极为显著的变化。但随着清政权的逐步稳定,江南士绅逐渐忘记初年的伤痛,重新投身地方政治,他们介入地方基层行政管理、参与地方教育、经营地方慈善,甚至在地方诉讼中也重新拥有不小的话语权。尤其是在晚清国际格局风云变幻的时期,逐渐式微的皇权已无法单纯依靠传统的官僚体系维系政局运转,在外患内忧的困窘之中,被迫将手中权力下放给士绅阶层。在这一时期,士绅阶层的权力得到了急速扩张,表现在控制团练、掌控地方财政、议减赋税等诸多方面。

与此同时,传统科举的八股取士早已无法满足时代需求,为国家提供所需人才,随着科举制度的废除,传统士绅的养成渠道机制被断绝。这批裹挟在时代洪流中最后的士绅们,或投身新式教育,或兴办实业转为绅商,继续为中国近代教育业和工商业的兴起与发展作出极大贡献。

---

① 参见马敏《官商之间:社会剧变中的近代绅商》,华中师范大学出版社2003年版,第102—104页。

第二章 江南士绅在地方治理结构中的嵌入

中外学者在对"绅士""乡绅"等词所包含群体的解读上略有差异。①尽管如此,学者们普遍认为,绅士是社会中受过一定教育并通过一定级别科举考试的群体。随着研究的深入,学界开始并较为普遍地使用"士绅"一词来指代乡绅、绅衿等群体。根据清代官员回避制度,江南籍官员通常在外地任职,卸任返乡后为地方乡绅,而在江南任官职的人则为外籍官员。从清代地方政府的建制来讲,政府机构及人员设置只到州县一级,州县以下的地方基层为政府权力真空带,在江南任职的外籍官员与地方基层管理基本无直接关联。从情感上来讲,乡绅对家乡福祉的发展普遍有一种强烈的责任感,或间接或直接参与地方社会的基层管理,学绅更是直接参与地方社会的基层管理。如此,与江南地方社会基层管理密切相关的士绅应为江南籍人士,一类是在外地任职的江南籍官员或卸任在乡的江南籍官员等官绅,一类是江南地方学绅。

另外,清代的官府由于是纵向的政治组织体系,在这种体系下,其

---

① 相关概念界定,请参见常建华《士大夫与地方社会的结合——清代"乡绅"一词含义的考察》,《南开史学》1989年第1期;王先明:《近代绅士——一个封建阶层的历史命运》,天津人民出版社1997年版;费正清:《美国与中国》,商务印书馆1971年版;徐茂明:《江南士绅与江南社会(1368—1911年)》,上海世纪出版集团、中西书局2021年版;马敏:《官商之间——社会剧变中的近代绅商》,社会科学文献出版社2022年版;徐祖澜:《近代乡绅治理与国家权力关系研究》,南京大学法学院2011年博士学位论文。

权力触角只延伸到县一级,县级以下的社会基层则为官员的权力真空地带。在这个权力真空地带,士绅扮演着非常重要的角色,具有管理地方事务的非正式权力,并用自己的方式行使着非正式权力,其作用非官员所能比拟。于是,士绅与官员共同组成管理地方事务的精英阶层,属于同一个权力集团,两者既协调合作又彼此有矛盾。整体而言,清代士绅在地方上的领导地位和权力几乎没有动摇。士绅阶层在形成过程中伴随复杂的个体和群体关系的生成,同时又有盘根错节的士绅组织的形成,这些关系和组织是士绅参与基层行政管理的重要支撑。学界对士绅与基层行政管理之间的关系有诸多不同角度的研究,①不过对背后支撑士绅参与基层行政管理的社会关系仍缺乏系统的宏观阐释,本章就此进行初步探讨。

第一节　士绅与江南地方社会关系

在地方社会基层管理中,士绅管理事务的方式与地方社会关系密不可分,也与士绅自身的社会关系十分紧密。地方社会关系涵盖范围较为广泛,比如家庭、乡邻等人际关系,宗族等群体关系。家庭是社会的基本单位,清代社会中的宗族在一定程度上也构成了一种有影响力的单位,宗族组织对于基层管理来说具有举足轻重的影响。就士绅的社会关系而言,既有个体关系,也有群体关系,由此组成了个体与个体、群体与群体、个体与群体之间复杂交错的社会关系。由于士绅之间有身份、地位和权威的差别,所以士绅在各种社会关系中的地位、权威、影响力等有所不同。官绅整体上要比学绅的社会地位高,而官绅当中,官

---

① 参见徐茂明《明清时期江南社会基层组织演变述论》,《社会科学》2003年第4期;杨茜:《从地方到国家:晚明江南士绅丁宾的行政实践与社会活动》,复旦大学历史系2012年未刊硕士学位论文;冯贤亮:《明清江南的州县行政与社会控制》,《江南大学学报(人文社会科学版)》2014年第13卷第3期;杨茜:《丁宾与嘉善:晚明江南士绅的权力运作与地方维护》,《浙江学刊》2016年第2期;王杨:《传统士绅与次生治理:旧基层社会治理形态的新考察》,《浙江社会科学》2020年第2期;郑卫荣:《经营地方:明清时期的南浔士绅社会》,《湖州师范学院学报》2020年第42卷第11期。

职越高,其社会地位就越高,影响力也就越大。在学绅当中,进士、举人、贡生、监生和生员的社会地位依次降低,其影响力相应依次减弱,影响范围也依次变小。正因为如此,各类士绅在地方社会管理中的职责、权威和作用会有所不同,参与地方社会管理的方式也会有所不同。分析士绅与江南地方的社会关系,将有助于理解各类士绅与江南地方社会管理之间的互动。

一、个体社会关系

士绅个体社会关系有不同的分类依据。从血缘关系出发,有家庭或家族等;从地缘关系出发,有乡里等;从科考关系出发,有老师、门生、同年等;从政治秩序出发,有绅宦关系,即士绅与官员的关系……这些关系都影响着士绅的社会行为模式。就家庭关系而言,士绅所享有的地位、威望和特权,通常可以共享给亲属,官绅可以将其官员的身份通过封赠制度扩展至他的父辈、祖辈,其妻子、母亲或祖母等人也可以获得"夫人"等封号。这种情况在地位较高的官绅家庭中非常普遍,下文以清代江苏泰州陈氏家族为例。

江苏泰州陈凝祉[①]为顺治五年(1648)拔贡,顺治八年(1651)举人,得授山西汾州府推官,后历任都察院经历、户部四川清吏司员外郎、户部广东清吏司郎中、湖广督理湖南驿盐粮务道按察使司佥事。凭借陈凝祉的官位,元配杜氏诰封宜人、晋赠太宜人,而副配李氏赠太宜人,副配蒋氏赠太宜人,其父母"并赠如其官"[②]。不仅如此,陈凝祉家族后世子孙也有诸多元配、继配获得封赠。陈凝祉第三子陈远臻[③]乡试落第后就国子监教习,任期满后科考又落第,不得已到选拔官吏的部门,例掣得贵州省缺,后历官贵州永宁知县、云南新兴州知州、文林郎、奉直大夫、刑部贵州司员外郎、刑部广西司正郎、浙江道监察御史、巡察直隶顺德等处、协理山东道、稽察刑部衙门等,元配刘氏诰赠宜人,继配曹氏诰

---

① 陈凝祉(1608—1684),字懋吉,号荼菴,江苏泰州人。
② 上海图书馆编,陈建华、王鹤鸣主编:《中国家谱资料选编 传记卷》,上海古籍出版社2013年版,第397页。
③ 陈远臻(1666—1730),字以渐,号竹屿。

封宜人。① 宗族同辈陈忠靖②为顺治四年(1647)进士,获授中书科中书舍人,第二年擢升刑科给事中,期间屡劾权贵和贪墨之人,因秀才窝逃之事而被迁谪河南怀庆府,后托病解组归里。陈忠靖元配易氏为饬赠孺人,沈氏为敕封孺人。③ 陈厚耀④为清代以来陈氏家族的第三代,康熙四十五年(1706)进士,通天文算法,历儒林郎、奉直大夫、内廷纂修、内府中书科中书舍人、翰林院编修、国子监司业、詹事府左春坊左谕德兼翰林院修撰,戊戌科会试同考官,元配朱氏为饬赠安人、晋赠宜人,继配徐氏为敕封安人、晋封宜人。⑤

宗族几代为官,妻子、母亲或祖母因丈夫、子嗣官职而受封赠的现象在江南不少见,再以苏州彭氏家族为例。先祖彭学一自明初迁居苏州,五传至彭时,乃"耆儒高隐"⑥,下一代彭天秩为嘉靖四十年(1561)举人,自此以下皆有登科者,算当地士绅家族。彭天秩之子彭汝谐为明万历四十四年(1616)进士。彭汝谐子嗣中,彭德先为明代贡士,赠文林郎,其妻蔡氏赠太孺人;彭行先为明代荐授知县,未入仕。彭德先之子彭珑顺治十六年(1659)进士,任广东长宁知县,因彭定求贵而封承德郎。彭珑之子彭定求⑦康熙十五年(1676)会试及第,殿试中状元,后入翰林院,官至侍讲,"崇祀乡贤,长鬐特建专祠,载入《大清一统志》"⑧。彭定求之子彭正乾为考授州同知、乡饮大宾,累赠光禄大夫、礼部右侍郎加一级。彭正乾之子彭启丰⑨雍正五年(1727)进士,历官翰林院修撰、左春坊左中允、翰林院侍讲、翰林院侍读、右春坊右庶子、翰林院侍

---

① 参见上海图书馆编,陈建华、王鹤鸣主编《中国家谱资料选编 传记卷》,上海古籍出版社2013年版,第501—503页。
② 陈忠靖(1621—1686),字尔位,号念共。
③ 参见上海图书馆编,陈建华、王鹤鸣主编《中国家谱资料选编 传记卷》,上海古籍出版社2013年版,第428—429页。
④ 陈厚耀(1648—1722),字泗源,号曙峰。
⑤ 参见上海图书馆编,陈建华、王鹤鸣主编《中国家谱资料选编 传记卷》,上海古籍出版社2013年版,第472页。
⑥ 上海图书馆编,陈建华、王鹤鸣主编:《中国家谱资料选编 传记卷》,上海古籍出版社2013年版,第478页。
⑦ 彭定求(1645—1719),字勤止,号访濂,晚号止菴。
⑧ 上海图书馆编,陈建华、王鹤鸣主编:《中国家谱资料选编 传记卷》,上海古籍出版社2013年版,第600页。
⑨ 彭启丰(1701—1784),字翰文,号芝庭,江苏苏州人。

读学士、右通政、左佥都御史、浙江学政、通政使、刑部右侍郎、吏部右侍郎、兵部左侍郎、吏部右侍郎、吏部左侍郎、经筵讲官、兵部尚书、京察等,期间充任云南乡试主考官、会试同考官、江西乡试主考官、山东乡试副考官、顺天乡试同考官、江西乡试副考官、顺天乡试主考官等,1768年致仕,同年冬授总督命主管紫阳书院。

从彭珑到彭启丰,"并诰赠光禄大夫、礼部右侍郎加一级,妣俱封一品夫人"①。彭启丰子嗣中,彭绍谦②为乾隆十二年(1747)举人,历任阳谷县知县、平度州知州、茌平县知县、新城县知县、章丘县知县、曹州府桃源同知等,妻子缪氏敕封孺人、例晋赠宜人③;彭绍观④为乾隆二十二年(1757)进士,历官庶吉士、翰林院编修、国史馆纂修官、赞善、日讲起居注官、侍讲、侍读、侍讲学士、文渊阁直阁事、侍读学士等,妻子蒋氏封淑人;彭绍咸为增贡生,"诰赠中宪大夫、刑部奉天司郎中兼翰林院编修、提督贵州学政加二级"⑤,先卒。

彭绍咸长子彭希濂⑥乾隆四十九年(1784)进士,历官刑部主事、文渊阁详校官、浙江司主事、直隶司员外郎、奉天司郎中、贵州学政兼翰林院编修、刑部湖广司郎中、内阁侍读学士、鸿胪寺卿、光禄寺卿、刑部右侍郎、福建按察使等,妻子张氏"覃恩晋赠一品夫人"⑦;次子彭希洛⑧为乾隆五十二年(1787)进士,"出翰林院侍读德树堂先生房,座师为太傅大学士王文恪公、刑部尚书姜度香先生、礼部侍郎瑞芝轩先生"⑨,后历官兵部武选司行走、马馆监督、京察一等、武选司员外郎、职方司郎中、

---

① 上海图书馆编,陈建华、王鹤鸣主编:《中国家谱资料选编 传记卷》,上海古籍出版社2013年版,第554页。
② 彭绍谦(1725—1775),字济光,号蔚林,江苏苏州人。
③ 参见上海图书馆编,陈建华、王鹤鸣主编《中国家谱资料选编 传记卷》,上海古籍出版社2013年版,第554—557页。
④ 彭绍观(1728—1791),字颙若,号镜澜,江苏苏州人。
⑤ 上海图书馆编,陈建华、王鹤鸣主编:《中国家谱资料选编 传记卷》,上海古籍出版社2013年版,第606页。
⑥ 彭希濂(1757—1819),字溯周,号修田,江苏苏州人。
⑦ 上海图书馆编,陈建华、王鹤鸣主编:《中国家谱资料选编 传记卷》,上海古籍出版社2013年版,第603页。
⑧ 彭希洛(1758—1806),字景川,号瑶圃,江苏苏州人。
⑨ 上海图书馆编,陈建华、王鹤鸣主编:《中国家谱资料选编 传记卷》,上海古籍出版社2013年版,第607页。

福建道监察御史等,妻子陶氏"诰赠宜人、晋赠恭人"①。

简言之,士绅的社会地位往往影响亲属所共享的地位、特权和礼遇,士绅地位越高,其亲属的地位就越高、特权也越大。同一家庭内,其成员所共享的地位、特权和礼遇等方面,也会因为与士绅本人的亲疏关系而有所不同,比如士绅的父亲在共享威望、特权等方面,通常位于前列,官员母亲、妻子也是位列封赠对象的前列。所以,官绅的地位代表了整个家庭乃至整个家族在地方社会中的地位。

基于在地方社会中的地位、特权和威望,士绅通常在乡里关系中处于领导地位,并为乡里百姓所尊敬和忌惮,又由于基层社会没有正式的官僚机构管理地方事务,于是士绅成为调解纠纷、解决诉讼、组织公共建设、开展慈善活动等与地方社会利益相关的事务的实际负责人。实际上,士绅管理地方事务是古代社会在发展中形成的坚固模式,即使在现代也仍然残留着古代社会调解地方纠纷模式的痕迹,即村一级的地方纠纷(尤其是地产纠纷)依赖耆老从中调解。不过,随着村民的代际更迭,过去的耆老渐渐离世,取而代之的是村委会或者村干部,而新生代的村委会或者村干部对于历史渊源较深的地产纠纷往往束手无策,导致同样的矛盾纠纷反复发生。

回到清代,在上述地方事务中,有些士绅是直接参与其中,有些士绅则是通过影响地方官员的决策或者上级官员的决策,进而间接影响地方事务的发生和发展。前者多发生在地方学绅身上,后者多发生在官绅身上。因为在地方社会尤其是乡村地区,生员等功名级别低的学绅,常常只能通过直接参与的方式来发挥自身的影响力,官绅或进士等功名级别较高的学绅,可以通过影响地方官员的决策来作用于地方社会。这些士绅会因为自身政治地位的不同,而在不同范围内产生影响,有的士绅在整个省内都有影响力,而有的士绅的影响力仅限于府、州、县甚至本乡区域内。此外,士绅的人脉关系也决定着士绅影响力的大小和范围以及士绅影响地方社会的方式。除家庭、家族关系外,人脉关

---

① 上海图书馆编,陈建华、王鹤鸣主编:《中国家谱资料选编 传记卷》,上海古籍出版社2013年版,第608页。

系还包括科考关系以及科考之后的绅宦关系。

在科考关系中,士绅的社会关系在很大程度上受制于科举考试制度衍生出来的特殊关系,即老师、门生和同年等。通过考试的考生就成为主考官的学生,主考官则成为考生的老师,即老师和门生的关系,在同一年科考中式者成为同年,他们在官僚体系中是联系紧密的群体,而且这种关系会终身伴随。科考关系在清代已成为一种有组织的人际关系,是士绅发挥影响力的重要渠道。因此,已离职的官员可以通过这个组织关系继续发挥影响力。① 在绅宦关系方面,地方官和士绅本质上同属于官僚集团,或为正式官僚,或为候补官僚。地方官员有正式的权力,控制社会的公共领域,而士绅拥有非正式的权力,控制社会的私人领域,两者以各自的方式履行不同的社会和政治职能。② 不过,地方官和士绅又有社会阶层的差异,地方官属于统治阶层,而士绅中的学绅既不属于统治阶层,又不属于被统治阶层,而是属于统治与被统治之间的中间阶层,士绅中的官绅则属于统治阶层。例如,陈凝祉任职户部期间,得大司农梁清标赏识,并经由大司农将有关家乡水患的建言闻于皇帝。这是官绅通过影响上级官员乃至皇帝的决策,进而影响江南地方的赈灾策略。③

在政治地位上,士绅能获得地方官的礼遇,其礼遇程度和级别依其在士绅阶层中的社会地位而定,官职高于州县官的士绅,其地位甚至比州县官员还高,其他官绅与进士、举人等学绅,其地位可与州县官员平齐,这些士绅可以直接造访州县官员,生员、监生等较低级别功名获得者,其地位要比州县官员低,不能直接造访州县官员,且受地方官的监督和控制,但他们的地位要高于农、工、商等平民。在法律特权方面,士绅享有诸多特权,拥有特别的法律保护。例如,官绅不受地方司法的管控和限制;州县官员不经允许,不得鞭笞审讯生员、捐监生、捐贡生

---

① 参见瞿同祖《清代地方政府》,法律出版社2003年版,第300页。
② 参见上书,第283页。
③ 参见上海图书馆编、陈建华、王鹤鸣主编《中国家谱资料选编 传记卷》,上海古籍出版社2013年版,第397页。

等;在某些情况下,士绅可以赎金抵杖责。① 在社会礼仪方面,士绅享有与平民不同的生活方式,比如穿戴某种有身份标识的头冠或袍子,婚丧嫁娶遵循有特权意味的礼仪。绅宦双方利益不一致时,则会导致双方关系紧张,不过这种紧张关系仅限于士绅与官员个人之间,而不是士绅群体与官员群体之间的关系,因为后者在整体上是利益趋同的。

士绅的个体社会关系以家庭或家族、乡里、科考和绅宦关系为主,士绅的个体关系与其参与地方事务的方式、影响地方事务的程度及范围都有密切的联系,由此也与士绅管理地方之间有着密切的关联。官绅更多的是通过影响地方官甚至是顶层统治者来间接影响家乡的事务。各类家谱资料显示,官绅的妻子通常是官绅之女,本身是有一定地位的人,官绅于是可以凭借姻亲关系结交更为广泛的绅宦关系,不一定每位官绅都能借此为参与家乡事务服务,但是至少存在这么一种扩大人脉的途径,继而存在或者增加借此途径服务家乡的机会。科考关系和官宦关系对官绅服务家乡的影响也是如此。举人以下的低级别士绅更多的只能是直接参与地方事务,地方上的纠纷、诉讼、慈善等活动更多的是这些士绅在参与。

二、群体社会关系

士绅群体关系的重要表现形式之一为宗族,这并不表示所有士绅都有宗族关系,但宗族对社会的影响是非常值得关注的,对民人而言是自养自卫的组织方式,对政府而言是御民之道。如张海珊在《聚民论》中所谈:

> 今者强宗大姓所在多有,山东西、江左右以及闽广之间,其俗尤重聚居。多或万余家,少亦数百家,其耳目好尚衣冠奢俭,恒足以树齐民之望而转移其风俗。今诚能严土断之禁,重谱牒之学,立大宗之法,以管摄天下之人心。凡族必有长,而又择其齿德之优者以为之副。凡劝道风化以及户婚田土争竞之事,其长与副先听之,而事之大者方许之官,国家赋税力役之征,亦先下之族长。族必有

---

① 参见瞿同祖《清代地方政府》,法律出版社2003年版,第295—297页。

田以赡孤寡,有塾以训子弟,有器械以巡徼盗贼,惟族长之以意经营,而官止为之申饬其间。凡同氏谱之未通者,则官为通之,单丁只户不成族者,则以附于大族。游寓之家,其本族不能相通者,则亦各附于所寓之地。凡某乡几族,某族几家,某氏附某族,某族长某人,岁置簿以上于官。夫使民返其所自生则忠爱出,因乎其同类则维系固。以族长率同族则民不惊,以单户附大族则民各有所恃,讵非其自然之势至简之术乎! 夫以乡遂聚民者聚于人也,以宗族聚民者聚于天也,聚于人者容或有散之日,聚于天者固无得而散之矣。语曰:百足之虫,至死而不僵。斯固民所以自卫之方,而即所以卫上之道也。①

一般而言,宗族在乡村地区得到最充分发展,其定居之地多为乡村中的某个点,可以发展成一个村落。"虽然乡村聚落并不总是家族定居的产物,但是族的出现总会带给它们高度的凝聚力,比其他元素可能做到的都高"。正是因为乡村在很多地区以宗族为社会组织模式,所以宗族对清廷而言是控制乡村地区非常有用的工具,可以说是清廷统治的基层社区单位。清代宗族组织大多数由缙绅创立,以血缘关系为基础,用宗族条规等规范族内人际关系、权利和义务,同时兼及族内的赈济。

清代初期"宗族制度不健全,施行不力;雍乾时期宗族开始发展,且与官府密切结合;嘉道时期颇具兴旺气象,同光时期保持着发展的趋势,但官府对它的控制力随着国势的虚弱而有所减轻"②。整体上,清代宗族有三大特点:"宗族的绅衿平民化与民众性,宗族与政权紧密结合,宗法制度不断完善与不能成功实行的矛盾。"③江南聚族而居的宗族非常普遍,由此而产生的宗族组织也普遍化和民间化了。绅衿是农村和城镇社会力量的主宰,宗族就是其主宰社会的途径之一。

宗族的发展情况在很大程度上取决于其士绅成员,宗族中的人不可能全部是士绅,但通常是由士绅领导和推进的。诚如某位学者所说,

---

① 张海珊:《小安乐窝文集》卷1,道光十一年刻本,第18—19页。
② 冯尔康:《18世纪以来中国家族的现代转向》,上海人民出版社2005年版,第83页。
③ 同上书,第30页。

"既然共祖群体(宗族)包括了同一远祖传衍下来的所有家庭,它就包括了不同的社会阶层:有富裕和地位突出者,也有贫穷和地位低下者,因为个别家户的财产情况有别"①。在宗族内部,年龄、辈分、才能、社会地位、经济实力等是当选宗族领导的重要条件,在普遍贫穷的宗族中,年龄和辈分可能是决定性因素,而在贫富差距较大的宗族中,社会地位和经济实力会成为重要的影响因素。不由分说,家族中的官绅通常处于领导地位,会提高、强化该宗族的威望和力量,平民则处于被领导地位,对于宗族名望和力量的增强没有明显的积极作用,江南的名门望族通常拥有官绅成员,江苏泰州陈氏家族以及苏州彭氏家族是典型的名门望族,其族人基本以儒学为业,以科考为奋斗目标,而且数代都有科举中式为官者,辈分和官阶是宗族成员权威高低的重要决定因素。不过,即使是科考世家,到了晚清时期,也有逐步改变志向转而从商的,科举制废除之后更是如此。例如,无锡人窦镇家在庚子事变之后不再追求仕宦之途,并且让"已叙县佐,官于浙"②的儿子窦梁汾弃官从商,并因此家业日旺,为时人所艳羡和佩服。

总之,士绅拥有较高的社会地位和威望,不论各个宗族采用何种方式推选宗长、族长等领袖,大多数情况下这些职位都由士绅担任,他们掌握宗族祠堂、财产等大权,另外还需接济族内贫困者,以增强宗族的凝聚力,扩大和提升自己的威望。关于这方面,历史档案中有相当多的记载。例如,江苏宜兴人蒋永修在1679至1680年家乡患水灾期间斥资接济,"九族三党分俸馈贻,自筮仕讫终,相继无间"③;江苏泰州人陈志纪康熙六年(1667)乞假归里后的三年期间,"三党之戚缓急相济,即橐笥萧然亦必多方措置以将事。美岁将尽时,视其贫者必倾囊以遍给。

---

① Hu Hsien Chin(胡先缙), *The Common Descent Group in China and Its Functions* (Viking Fund Publications in Anthropology, No. 10, 1948), p. 10. 转引自常建华《中国乡村社会史名篇精读》,上海教育出版社 2020 年版,第 231 页。
② 上海图书馆编,陈建华、王鹤鸣主编:《中国家谱资料选编 传记卷》,上海古籍出版社 2013 年版,第 861 页。
③ 同上书,第 417 页。蒋永修(1616—1684),江苏宜兴人,字慎斋,号纪友,其所在家族为当地最早和最大的望族。顺治四年(1647)进士,授湖广德安府应山县知县,后陆续补户科左给事中、贬太仆寺少卿、补江西瑞州府同知、升贵州平越知府、升山东按察使思副使提调学政、补江西提学道、补湖广提学道等。

时岁洊饥，流离载道，粜米麦赈给，连二年，全活颇多。遇祁寒，念狱底逮系者冻馁，人给以草渐，作粥糜食之"①；江苏兴化李柟为官显要，"禄入所余即分给亲族，诫约子孙不得逾尺寸"②；江苏常州人吴镐对聚居在常州的家族"年终必分俸以给其贫，岁饥则计口而授之粟"，尝曰"吾宗子姓蕃衍，吾力薄不能效范文正公置义田，而此九世以下不过数十家，贫者又半之，此之不恤，何以见先人于地下"，如"有以葺墓祠、修宗谱告者"，则自认为负首要责任。③

本质上讲，宗族是国家的附属物，在教化民人方面，宗族的教化权比国家更能发挥作用，因为清廷统治者往往只向百姓征收赋役，而不具体负责改善百姓生活、处理百姓社会关系等与百姓切身利益相关的事情，而祠堂则直接处理与族人切身利益相关的事情。如此一来，百姓一般难以接受官员的说教，宗族若开展有益于族人之事，则族人就会接受并听从宗族的说教。在国家、绅衿、宗族民人三者之间，"绅衿通达官、民两方，处于枢纽地位，其治民之功效，不让于官府。官府倘能处理好与绅衿的关系，绅衿就能发挥协助治民的作用，而允许绅衿掌握的祠堂的发展也使其有了发挥作用的途径，所以官府允许宗祠民众化。这是为了借用绅衿、富民的力量治理民人，而绅衿、富民有了祠堂也得以发展其社会作用，祠堂成了官府、绅衿、富民共同利用的社会组织。它既能体现民众的一些利益和愿望，更能从社会最基层上去维护政权"④。

宗族的这种教化权实际上是对族人的管理权，是一种参与地方社会的管理。宗法族规是宗族管理和规范族人的重要依据，宗族法以祖先名义、祖训遗规、祖宗家法等名义生成，规定了族内成员的尊卑、义务

---

① 上海图书馆编，陈建华、王鹤鸣主编：《中国家谱资料选编 传记卷》，上海古籍出版社2013年版，第444页。陈志纪(1630—1677)，字雁群，别字懿诵，江苏泰州人，陈凝祉长子，顺治十六年(1659)进士，入翰林任庶吉士，后因进言获罪而被谪戍关外，并病死于关外。至去世时，陈志纪有三子，长子陈一臣为附贡生，次子陈一儒为国学生，三子陈一辅尚幼。
② 同上书，第477页。李柟(1647—1704)，字依江，号木菴，江苏兴化人，康熙十二年(1673)进士，历庶吉士、检讨、左右中允、侍讲学士、侍读学士、内阁学士兼礼部侍郎、文武殿试读卷官、工部侍郎、户部侍郎、左都御史等职，康熙四十三年(1704)卒。
③ 参见上书，第706页。吴镐(1807—1871)，字文馨，号伯荫，江苏常州人，在从父(历官光禄寺卿、军机领班)运作下，充方略馆供事，期满后以从九品分发广西候补。
④ 冯尔康：《18世纪以来中国家族的现代转向》，上海人民出版社2005年版，第70页。

及责任等等,涉及宗族族长、宗子、宗祠、族谱、族墓等方面,约束的是整个宗族成员,是宗族管理族人和宗族社区的重要法理依据。宗族法本是为了维持宗族秩序和发展而制定的,当宗族组织被纳入国家基层管理单元后,宗族法的目标及利益与国家基层管理的目标及利益渐趋同化,宗族法也就有了维护国家统治秩序的功能。清统治者利用江南宗族组织的社会功能,在法律上给予宗族组织合法性,赋予其法律权利和地位,使宗族法为国家政权服务。宗族法为国家政权服务的功能体现在如下几个方面:

首先,宗族法重视科举,鼓励族人考取功名。士绅家庭普遍重视科举考试,男子以读书为业,以科考中式进而入仕为目的。对于士绅家庭而言,科考出仕是光宗耀祖和传承家世的主要路径,不少家法族规都有类似的规定。比如常州毗陵胡氏家族的祖训指出,"丕赈家声,首先读书",并引用诸葛亮《戒子篇》的话强调"学须静也,才须学也"。"非学无以广才",《霍光传》为必读之书,不可不读"非静无以成学,故吕成公终日危坐,为其静克有成也"。同时强调,胡氏宗族"虽属乡居,而列名黉序代不乏人,庶乎不坠家声,愿吾子孙勉而行之"①。

这类家法族规"不仅有助于宗族内部秩序的稳定和社会的安宁,而且造就一批以儒家经义见长的正统文人,保持儒学在宗族内的正统地位",由此,"在宗族组织的精心培育下江南社会的思想文化潮流朝着统治阶级期望的方向正常发展"②。此外,宗族法直接或间接建立了儒家思想的统治地位,用其规范族内成员的言行举止。例如苏州任氏家范规定的十大规定"崇孝行""笃友恭""睦宗族""厚姻党""教子孙""严内外""崇礼义""守耕读""远讼狱""戒荒暴"③等都有规范族内成员言行、维护宗族秩序、促进宗族长远发展的作用。

再如,武进辋川里姚氏宗规首先认为"圣谕当遵",希望子孙辈都能谨守"孝顺父母,尊敬长上,和睦邻里,教训子孙,各安生理,毋作非为"这几句做人的道理,为此,于"宗祠内仿乡约仪节,每月朔望族长督率子

---

① 冯尔康主编:《清代宗族史料选辑》上,天津古籍出版社2014年版,第688—689页。
② 朱勇:《清代江南宗族法的社会作用》,《学术界》1988年第4期,第40页。
③ 冯尔康主编:《清代宗族史料选辑》下,天津古籍出版社2014年版,第1725页。

弟齐赴听讲,各宜恭敬体认,其成美俗"。其次认为"闺门当肃。男正位乎外,女正位乎内,圣训也"。希望家风清白,从小教育女性遵循三从四德的原则,禁止妇女聚众结社讲经、春节看春联、跋涉数千里外祈福、搬弄是非等。娶妻则要考虑门第及女子的家教,绝对不能迎娶凶悍、傲慢、长舌之人,遵循"逆家子不娶,乱家子不嫁"①的原则。上述家规宗规将儒家的忠孝、仁义、礼仪等思想贯穿其中,皆有规范家族成员和维护国家统治的作用。

其次,族规对国家法律来说是一种补充,辅助官府治理地方。一方面,在各类家训、家法、族规中,多数都有一些关于家庭、宗族与他族、地方社会等方面关系的内容,如乡邻关系、词讼争斗、赋税缴纳、结党营社、偷盗等,也有部分宗族法规会对违反国法、危害国家的族人进行惩处。如果族人在族外作奸犯科,族长等宗族领袖会通过家法族规对相关族员进行惩处,这间接处理了地方社会的民事和刑事诉讼案件,辅助维护地方社会的治安。宗族通常优先考虑在宗族内部处理各类纠纷矛盾,但并不是说所有与大小家族或宗族有关的民事或刑事案件,都是在家族或宗族内部协调解决,有的案件(如人命关天或难以调解之事)也会交送官府。总的来说,宗族规模越小、宗族经济实力越弱、宗族领袖权威越弱,其内部管理就越松散,由官府出面处理案件的概率就越大。

另一方面,州县官员兼行政与司法,因管辖地域广或人口密度大,或两者兼而有之,知州、知县等无暇审理辖境内全部民事和刑事案件,宗族在这方面就起到辅助作用,通过处理族内各类矛盾纠纷,分担了地方官的司法压力。实际上,清代甲长、保长兼具一定的司法职能,调解一定范围内的民间诉讼,如果一甲、一保或者一乡为某一宗族的聚居地,那么保长、甲长通常由族长、房长等担任,该地域的初级审判权就掌控在族长或房长手中,大部分民事甚至刑事案件都可在宗族内部解决。晚清江南思想家冯桂芬指出:"牧令所不能治者,宗子能治之",因"牧令远而宗子近也",所以族长等能够按照家法族规处理族内争端。②

---

① 冯尔康主编:《清代宗族史料选辑》下,天津古籍出版社2014年版,第1725—1726页。
② 参见冯桂芬《校邠庐抗议》,上海书店出版社2002年版,第83页。

如清代常州《长沟朱氏宗谱》规定,本族内部出现争吵、田产钱债矛盾等冲突时,都应该先去族内祠堂禀明,在宗族内部和解,确实无法和解的矛盾,才告至官府,"若不先呈族长,径自越告者,罚银五两,入祠公用";又规定宗族内部禁止挑起诉讼,如有人一时愤而起诉,则靠族人居中调解,如有"好事之人,乘机唆撮,或图取利,或泄私仇","察明责三十板";还规定族中命案,当"合族公首,到官依律治罪",但悬梁、投河等自杀案件,则只能去祠堂处理,"以示自尽无抵偿之例",捏造虚假人命案件者,"责三十板"。①

有的宗族将重视国赋写入家法族规,督促族人按时缴纳赋税,甚至制定了惩罚逾期缴纳赋税的办法,有族田义庄的宗族在纳赋上更是如此,宗族间接成为催征和完纳赋税的辅助工具,由此支持和巩固了清廷的统治。例如,农历二月到十月赋税征收期间,州县官每月有几天专用于责比,即对"没有加速征收赋税的衙役或没有按时纳税的纳税人进行询问和笞惩"。宗族为了不受责比,通常会在家法族规中加入督促族人按时完粮纳税的条规,甚至有相应的惩罚措施。比如清代常州《长沟朱氏宗谱》规定,"本族花户,钱粮务遵限完纳,每限赴祠验票。若不如限全完,贻累里长受比,或作弊沉搁,每欠一两,罚银二钱"②。常熟丁氏《义田规条》规定:"维正之供,宜先完纳地丁银两。务于二月完半,九月完全。冬漕捡净好米早为输纳,掣串存核。"③江苏宜兴王氏宗谱的家规认为,钱粮乃朝廷重务,必须按时上交,不得恣意拖欠,"如有此等子孙,听宗长、会同房长深为管束,照钱粮数目定罚,严追上纳,不许轻纵。恃强顽抗者送县惩究"④。

除此之外,有的宗族还会用本族义田配合完银纳赋,如光绪年间常熟丁氏《续置书田规条》规定:"此田另立义庄书田办粮户名,与义庄户、书田户有别,以便核完银纳赋。"⑤常熟王氏家乘记载:"张家墅王君雨

---

① 参见费康成《中国的家法族规》,上海社会科学院出版社2016年版,第245页。
② 同上书,第245—246页。
③ 同上书,第251页。
④ 冯尔康主编:《清代宗族史料选辑》下,天津古籍出版社2014年版,第1962页。
⑤ 费康成:《中国的家法族规》,上海社会科学院出版社2016年版,第254页。

岩,推所有附近之田以设义冢,冢计十一亩有奇,以输国课,以备祭扫之需。"①

祠堂则是协助国家统治的工具,清廷允许民间建立祠堂,是希望祠堂成为忠君教育的地方,民众在宗族祠堂教育教化下成为君主的顺民。在宗族组织中,一般由族长、祖贤等人管理宗族及祠堂事务。而祠堂管理人员需具备位尊年高、贤德公正、家庭富有、廉洁富有、能干等条件。此外,建立祠堂本身需要以有一定社会地位和财富的家庭为靠背。故总体而言,绅衿阶层以及平民地主富商是宗族祠堂的建设者和管理者,是宗族大权的掌控者。据冯尔康的研究统计,族长中既有官员、绅衿、监生,也有平民,但不会是一般的贫民。② 祠堂非常重视忠君教育,在祭祀等活动期间由族长宣讲对族人进行教化,有的祠堂还专设宣讲人。祠堂教育教化的内容除四书、族规、乡约、地方官告示等外,圣谕和忠君思想也是重要内容,有的宗祠甚至根据官府要求明确规定讲授《圣谕广训》。

如江苏宜兴王氏宗谱载道:"国有律法则人民不乱,家有条规则子孙循守。要之国法家规可相循而不可悖也。自今以后有犯者,皆乱法之子孙也,宗祠重处不贷。"宗谱同时将圣谕广训内化为家族宗规,认为"治家以风化为先。本宗子孙,敢有淫污浊乱,败坏人伦,以及为盗为窃破案犯法,宗长、房长访确,情真罪实,急缚扭送祖墓坟前,或在宗祠绳以家法"③。常州毗陵王氏的家训则强调忠道,认为修己治人之道以"孝悌忠信礼义廉耻"为不变的核心,并将其转作为家族八训以律己,即"忠有二义,合一中心,内而尽己,外以事君。文正懿敏,世济其勋,后嗣仰止,奕叶流芳"④,强调忠有二义,一为尽己,一为忠君。

在社会治安方面,宗族往往喜欢自己处理族内各类犯罪事件,而不是将其交给官府处置。除了处理好族内各种关系外,还要妥善处理其与地方政权的关系以及乡邻关系。首先,许多宗族族谱中包含如何处

---

① 冯尔康主编:《清代宗族史料选辑》下,天津古籍出版社2014年版,第1885页。
② 参见冯尔康《18世纪以来中国家族的现代转向》,上海人民出版社2005年版,第37—38页。
③ 冯尔康主编:《清代宗族史料选辑》下,天津古籍出版社2014年版,第1962页。
④ 同上书,第1963页。

理乡邻关系的内容,主要是为人谦和、睦邻、恤邻等,以避免发生矛盾冲突,同时在乡邻中获得声望。其次,用经济手段处理乡邻关系,比如"恤邻里",帮助建立友好的乡邻关系。再次,有族人在为官的宗族,部分为官者会告诫族人勿横行乡里、激发民愤。从中国宗族发展史的角度考量,清代宗族的社会层级从贵族、士族、大官僚群体下移到了绅衿平民群体,所以官僚、绅衿、富人为主体的社会组织,比以往任何时期都有更广泛的民众参与其中。清廷统治者认识到宗族在统治地方上的重要作用,遂鼓励宗族团结、顺从、和睦,并对威胁政权统治的宗族进行严厉控制或打击,于雍正年间开始推行族正制,企图通过官方在宗族设立族正一职,作为官方在宗族中的代表,以达到控制宗族的目的。在实际运作中,宗族领袖事实上变成了保甲代理人。不过结果是,清廷很难通过族正达到控制宗族的目的,因为两者在利益上并不一致,甚至宗族在清廷的支持下有可能朝反统治方向发展,使得清廷统治者在利用宗族的同时不得不警惕宗族壮大后可能产生的反统治威胁。因此,宗族一方面是清廷控制乡村的工具,另一方面也会带来社会治安问题。

  从经济角度来看,宗族是一种经济共同体。许多宗族都有义庄、义田等公共经济。义庄原本是宗族所拥有的田产,为族人提供生活保障。通常情况下,义庄系族内个人捐建,这些捐建者有的是官员、生员、监生,有的是地主、商人等。官员则以中下级官员居多,且多是在绅衿身份期间,即做官前和致仕后。江南义庄始于北宋范仲淹在苏州设立的范氏义庄,给本族绅民发放生活补助,"以彰显族人亲亲之谊,使族人免受饥寒"①。在义庄的扶助下,范氏族人基本能够解决日常生活所需。随着宗族组织化的发展,士绅设立义庄的实践至清代在地域上已分布较广,范氏义庄则成为同类组织的模范。清代中期文学家方苞出生于江宁六合县,在《甲辰示道兄弟》中提到了范氏义田以及方氏祭田。范氏义田按人口分发粮食,族人各安其业,不鼓励无故坐收其利者。祭田的余粮用于资助贫穷、鳏寡孤独或废疾者,资助他们的生活、丧葬、读书

---

① 杜家骥主编:《清代社会基层关系研究》上册,岳麓书社2015年版,第30页。

和习业等等。①

此外,义庄支持族人自立谋生,并给予各类相应的资助,以解决谋生者的后顾之忧,比如给予特定开始习业之人"七十串制钱四两",给予经营店铺之人"七十串制钱六两";又如,对于不需要关书费等习业之人,三年习业完成之后"给钱七十串制钱四两,以示鼓励",等等。② 这条鼓励族人谋生自立的族规更是与《圣谕广训》"务本业以定民志"的规定相契合。

义庄是建立在雄厚的宗族经济实力之上的,而经济实力雄厚的宗族在社会中所占比例很小,所以义庄在社会中的比例也很小。义庄的设施和作用在历史长河中有诸多变化,在清代才真正获得发展。以苏州为例,义庄的数量和规模皆盛于清前,太平天国运动失败后,义庄发展更为迅猛,"每年有2个以上的义庄产生",清末"义田大约占了2.6%"。③ 苏州范氏义庄,雍正年间大同知府范瑶置田1000亩,乾嘉时编修范来宗增田1800亩。吴县人州同丁锦心等人建立的丁氏济阳义庄,同县商人陶筱置田1000亩,成为陶氏浔阳义庄的主要部分,无锡田主屈人秀与其孙相继置田,建成拥有千亩土地的屈氏义庄。④

族田和义庄除了有维系和发展宗族的作用,维系宗族集体关系,和睦宗族内部关系,强化宗族法规,还是保证田产在族内传承的重要方式。清代统治者规定义田不得买卖,虽民间有私售义田的现象,但义田地权转让的频率整体上较低,地权流于外姓人之手的可能性相应小很多。而且义田能免除徭役,这对田主是很大的吸引力。此外,义田如租给外族人种植,义庄甚至可以联合衙役胥吏,向佃农催征地租,所得收入被挪补为"漕粮、赡族以及一切公用"⑤。清代的义庄已较少在族内实施普遍救济,而是实行有限救济。

另外,宗族通常利用族田等收益,帮助族内子孙后代读书应试,间

---

① 参见冯尔康主编《清代宗族史料选辑》上,天津古籍出版社2014年版,第513页。
② 李文治、江太新:《中国宗法宗族制和族田义庄》,社会科学文献出版社2000年版,第208—210页。
③ 参见范金民《清代苏州宗族义田的发展》,《中国史研究》1995年第3期,第57—58页。
④ 参见冯尔康《18世纪以来中国家族的现代转向》,上海人民出版社2005年版,第38—39页。
⑤ 范金民:《清代苏州宗族义田的发展》,《中国史研究》1995年第3期,第66页。

接支持和维护了清廷的科举制度,进而有利于地方的管理和维护清廷的统治。江苏苏州府陆氏义庄在资助和奖励族人科举方面也有相关规定。对于无钱读书之人,"每年贴束修七十串制钱三两",16岁以上有志功名、继续读书者,每年资助"膏火七十串制钱六两"。对于参加各级科考之人,提供考费"七十串制钱一两",参加院试的人给钱"二两",入泮者奖励"四两","岁科试二两,乡试八两,中式奖给十六两,会试三十两,中式奖给三十两,殿试点用奖给三十两,恩拔岁副优赏奖给八两,修脯膏火,按季支取考费,临时支给"①。

  清代江南的宗族组织在基层社会具有广泛而深刻的影响,从管理、资助、教化族人和地方百姓,到辅助征缴税收、维护地方治安和国家统治,宗族都有不同程度的参与,在江南基层社会管理中扮演着重要的角色。士绅之所以能在江南地方社会管理中扮演重要角色,一方面依赖于上文论述的士绅个人和群体社会关系,另一方面则依赖于下文论述的士绅与江南地方组织之间的关系。

第二节　士绅与江南地方组织

  为了管理基层社会,清廷统治者设立了里甲制、保甲制、乡约制度,将其与地域行政区划乡、都、图、保等结合起来,并在各地建立社仓、社学等组织,试图将地方士绅阶层纳入这些组织或制度中。不过,在实际推行中,士绅阶层很难真正成为这些制度和组织的规范对象,他们或者不承担其中的责任和义务,或者在这些制度或组织中担任权力阶层,由此又变回地方基层社会的管理者。另外,士绅基于自身拥有的非正式权力以及社会地位、物质实力等,主动扮演着地方社会管理者的角色,在民间成立非官方组织,以辅助官方解决地方社会的各种问题。

---

① 李文治、江太新:《中国宗法宗族制和族田义庄》,社会科学文献出版社2000年版,第209页。

一、士绅与基层官方组织

在基层地域管理方面,清代以都图为基本单位,江南县以下基层区划的格局大致分为乡(或区、场)、都(或保)、图(或保)、圩(或村、镇、市)四级。在州、县及其下辖的村镇,清廷没有正式官府组织,为保证国家赋役的正常征发,统治者沿袭明代的里甲制,并逐步推行保甲制。顺治十二年(1655)开始,清官府实行明代的里甲制,让各道府责令各州县根据旧册厘清本地里甲名册。不过,清初实行的里甲制存留了明代里甲制度的弊端,即人均土地较为均衡且无人口流动。在清代,户口、人口及人均田产皆多寡不均,而且土地买卖、土地兼并、人口流动一直在发生,所以里甲制度很难正常运转,江南这种情况尤其突出。虽然清官府陆续采取了一些措施,以维持里甲制度的正常运转,但都没有取得长久的成效,最终在康熙末年退出历史舞台,这是明代里甲制度进入清代后的衰落过程。与此同时,保甲制也在全国逐步推行,并在清代晚期走向衰亡。

明清鼎革之后,清统治者为稳定动荡的社会局势,在全国范围内实行保甲制度,"置各州县甲长、总甲之役,各府州县卫所属乡村十家置一甲长,百家置一总甲","十户立一牌长(南方称牌头),十牌立一甲长(南方称甲头),十甲立一保长。牌长、甲长任期二年,保长任期一年。每家门口挂一张印信纸牌,上写户口姓名和丁口数"①,绅衿也被编入保甲之中。《圣谕广训》要求"联保甲以弭盗贼","一甲之中,巨室大户,僮佃多至数百,此内良否,本户自有责任"②,即大户人家对自家内部的盗贼匪徒等不良之徒负有责任,将具有士绅身份的巨室大户囊括在内。

至乾隆初年,州县以下基层社会已普遍实行保甲制度,保长、甲长逐步承担起催税催粮、教化地方、调节纠纷、承办救济等职能。按照法律规定,乡绅应和普通平民一样编入保甲,但是他们无需履行巡更和充任保甲长的义务。即使如此,乡绅仍不愿意被编入保甲簿,州县官因此

① 徐茂明:《江南士绅与江南社会(1368—1911年)》,商务印书馆2004年版,第114页。
② 冯尔康主编:《清代宗族史料选辑》上,天津古籍出版社2014年版,第14页。

往往同意将他们单独登记，并且无需悬挂门牌。在监督乡绅上，保甲长实际上无法进入乡绅家中，也就无法监督乡绅，他们处于官府代理人的监督之外。此外，乡绅不参加保甲管理。尽管保甲管理需要乡绅的帮助，但乡绅中的诚实者为避免招惹麻烦，通常不愿意参加这种管理，贫寒者则无暇参加保甲管理，而狡诈者又不可靠。保甲制的弊端在其实施过程中就有显露，统治者因此不断调整制度以设法弥补保甲制的不足。

自康熙四十七年（1708），清廷开始整饬保甲制，然而各地执行结果往往是有名无实。雍正四年（1726），清廷统治者大力推行保甲制，制定了选举"保正、甲长、牌头赏罚及选立族正"①的规定，另外推行族正制，针对保甲不能覆盖的村庄，"拣选族中人品方刚素为阖族敬惮之人"为族正，对于本村有匪类而隐匿不报者，"与保甲一体治罪"②，族正制于乾隆年间被纳入《大清律例》中。雍正年间，清廷赋予族正地方官的职责，对于窝藏匪盗之事，"必赏罚严明，稽察勤密……使保正、甲长、牌头、族正各顾其身家，而不敢始终庇护"③。乾隆二十二年（1757），清廷议准聚族而居且人口众多的村庄，选举族中有声望之人，立为族正，"该族良莠，责令查举"④，将族正制正式纳入保甲条例。正如张望在《乡治》中讨论的，有效的乡治需要理想的里甲、族正、乡约的实现，县治是国家治理的基础，统治者也非常重视县治，在任用县令上都有多重考虑。为使朝廷政令得以贯彻、威惠得以普及，县令不仅需要丞、尉等的辅佐，还需要与里长、乡约、族正等互相配合和互相影响，他们是"县令之耳目股肱备也。县令勤于上，约与正与长奉于下，政令有与行矣，威惠有与遍矣"⑤。在扬善惩恶方面，里长、乡约和族正能更高效地在管辖范围内以儆效尤，县令也可以通过里长、乡约和族正直接了解到自己的政令执行情况。如果县令、里长、乡约和族正等人所用非人，有效的治理就无从

---

① 冯尔康主编：《清代宗族史料选辑》上，天津古籍出版社2014年版，第213页。
② 同上书，第214页。
③ 同上书，第215页。
④ 同上。
⑤ 冯尔康主编：《清代宗族史料选辑》下，天津古籍出版社2014年版，第1983页。

说起。

不过,族正制也不能解决地方上的一些问题,还会带来新的弊病,因此在乾隆三四十年间,朝廷有否定族正制度的讨论。乾隆五六十年间,有否定福建、江西等地族正制的讨论。①尽管有对族正制适行的怀疑和否定,仍有部分地区持续推行族正制。江苏在光绪年间仍在推行族正制,光绪十三年扬州大桥镇刊《徐氏族谱》四修卷一记载:"奸淫为万恶之首,风化攸关,倘有违礼犯规,无论有服无服,灭伦败化者,族正会同族长禀官治,仍削其谱内名行,并子孙永远不许入谱,以示惩儆。"②

晚清时期江苏吴县思想家冯桂芬则认为保甲有自身的局限,这种制度只是形式而没有实际效果,即使发布诏书和宪檄,政令也得不到执行,图董、总董等也大同小异,究其原因,地保、甲长等属于"贱役也","图董绅士也,非官而近于官者也,惟官能治民,不官何以能治民","保甲之法去其官而存其五四递进之法,不亦买椟而还珠乎"。而图董与族正结合有利于地方的治理。结合之法为,"县留一丞或簿为副,驻城各图满百家,公举一副董,满千家公举一正董,里中人各以片楮书姓名保举一人,交公所汇核",得票最多者担任相应的职位,被选之人必须是诸生以上之人。没有官职,没有衙署,没有仪仗,民间如果有争讼,副董和里中耆老会同听讼,副董做最终论断,"理屈者责之罚之",不服论断者送往正董,由正董和族正会同论断,"又不服送巡检,罪至五刑送县"。如果不经过副董或正董,而直接将争讼送达巡检或县衙,则皆为越级诉讼,有相应的惩戒措施。在地广人稀的县,每五千户设立一巡检,"惟以邻郡二三百里内无山川闲阻之地,诸生幕职举荐者为之丞簿,三年一易"。可以举荐闾里有重大贡献、特殊荣誉或功德之人,有过之人则可以随时罢黜,用绅士礼仪面见"令丞簿尉",犯罪惩罚与民同。如此,才能真正亲近民众、治理民众,无事行保甲,有事行团练,风俗教化就会日新月异。③

在地方管理方面,冯桂芬还提出了以保甲为经、宗法为纬的设计方

---

① 参见冯尔康主编《清代宗族史料选辑》上,天津古籍出版社2014年版,第221—227页。
② 同上书,第240页。
③ 参见冯尔康主编《清代宗族史料选辑》下,天津古籍出版社2014年版,第1876页。

案,认为宗法制度是国家养民教民的根本,民众生来并非乱民,而是因为缺乏养育和教育。所谓养育不仅仅指提供衣食,所谓教育也不仅仅是指遍及每家每户,父兄之间是亲而近的,但是有些人"或无父无兄,或兄父不才",民众于是失去了依靠。通过宗法制度,地方官不能治理之处,族长能够治理,族中父兄不能教者,族长能够教之,"宗法实能弥乎牧令父兄之隙者也"。冯桂芬认为可以仿效范文正公的义庄制度,一姓立一庄,庄内分设养老室、恤嫠室、育婴室等,面向鳏寡孤独、疾患等各类族人。宗族首领为族正,副手称族约,"族正以贵贵为主","次举贡生监,贵同则长长,长同则序齿。无贵者,或长长,或贤贤"。族约"以贤贤为主,皆由合族公举"。每庄以 1000 人为上限,超过 1000 人设立分庄,增加一名族约,"单门若稀姓若流寓有力者,亦许立庄",无力建庄者,可以附属近亲义庄,没有义庄可以依附的则"合数百人为一总庄,亦领以庄正庄约"①。如此,通过宗法与保甲的结合,达到养民教民之效。

不过,太平天国运动以后,保甲制度快速瓦解,江南地区保甲编审命令难以执行,如同空文。整体上,社会基层管理呈现自治化倾向。另外,宗族组织化程度提升,逐渐被纳入国家基层管理体系,出现保甲乡约化趋势,宗族与国家在社会基层管理的目标与利益上趋同,宗族管理因此成为社会基层管理的一部分。清朝官府依靠州县地方官府维护地方的秩序,州县则依靠乡都图等基层组织和保甲组织。在有宗族祠堂的地方,宗族维护地方秩序的作用可能大于乡都图和保甲组织。

乡约是一种宣传和贯彻统治者理念、控制地方思想的制度。据杨开道考证,清代约在顺治九至十六年(1652—1659)之间采用乡约制度,其中一部分是沿袭明代的圣训六谕。康熙九年(1670)才颁布了新的圣谕,其中 16 条与乡约有关,内容如下:

> 敦孝弟以重人伦
> 笃宗族以昭雍睦
> 和乡党以息争讼
> 重农桑以足衣食

---

① 冯尔康主编:《清代宗族史料选辑》下,天津古籍出版社 2014 年版,第 1877 页。

尚节俭以惜财用
隆学校以端士习
黜异端以崇正学
讲律法以儆愚顽
明礼让以厚风俗
务本业以厚民志
训子弟以禁非为
息诬告以全良善
诫窝逃以免株连
完钱粮以省催科
联保甲以弭盗贼
解雠忿以重身命

至康熙十八年(1679),上述圣谕十六条才被分发各府州县乡村遵行。至雍正二年(1724),清世宗颁布《圣谕广训》,将康熙九年(1670)的圣谕十六条加以修饰,《圣谕广训》从此成为乡约宣讲的正本。① 清政府规定在直隶州、县、乡各地分别设立乡约所,推选耆老一人为约正,推荐三四人为值月,每月朔望之际齐集众人宣读《圣谕广训》、钦定律条等。另有文献记载,在雍正七年(1729),清政府将乡村簿籍分为两类,"置德业可劝者为一籍,过失宜规者为一籍"②。每年年末考察各人善过,汇编成册上报地方官,有过者让值月纠之。通过乡约组织来进行政治说教的方式,不管实际执行情况和效果如何,一直持续到清末。太平天国战争后,江苏巡抚甚至将政治说教与各州县官的业绩挂钩。

在里甲、保甲、族正、乡约制度之外,还有官方设立的社学、社仓、义仓等基层组织。社学是乡村基层教化系统的重要组织,清初统治者下令要求每乡设立社学,选举"文义通晓、行谊谨厚者"为社学教师,12岁以上20岁以下之人皆可入社学读书。同治年间,江苏巡抚丁日昌极为重视社学,令城乡村镇各处设法开办社学。社仓和义仓是清代江南基

---
① 参见杨开道《中国乡约制度》,商务印书馆2015年,第187—189页。
② 冯尔康主编:《清代宗族史料选辑》上,天津古籍出版社2014年版,第215页。

层的粮仓,通过贮藏粮食等方式调节粮价、应对饥荒,对稳定地方社会有重要作用。清代统治者非常重视社仓的作用,多次谕令各地办社仓。乾隆时期的社仓大多由知县倡导设立,由绅衿捐赠建设,也有一些由巡抚直接主持建设,由此可见,社仓并非纯粹的民间仓储。嘉庆以后,社仓衰落,被逐渐废弃,义仓则逐渐兴起,并成为清后期主要的仓储形式。义仓原本是民间仓储,主要用于赈济。嘉庆以后,在官方倡导及干预下,大部分义仓的性质由民办变为官绅合办,比如道光时期由陶澍、林则徐创立的"长元吴丰备义仓"。每年秋季,绅耆会加入劝捐行动。

正如徐茂明所说,"官方基层组织是始终存在的社会管理基本框架"①,这些基层组织也在不断发生变化。官方组织解决不了问题时,民间力量便被组织起来。士绅阶层本身就有管理基层的欲望和担当,于是有了官倡民办的乡约或社学的发展,以及善会、善堂的发展。在民间基层组织或者官民合作组织中,江南士绅的权力不断扩展,他们逐步占据主导和控制地位,并且向官方基层组织渗透。

二、士绅与地方民间组织

江南民间基层组织大致可分为两类:善会和善堂;会馆、公所与商会。有学者将宗族和义庄归为民间组织,这有其划分依据,但在本书中,宗族和义庄已归入士绅的群体关系一节,在此不再赘述。清代除延续明代以来的善会,还兴建了大量善堂。善会和善堂都是民间的慈善组织,开展济贫教化一类的活动。相对来说,善会大多没有固定地点,而善堂较为固定,并有专职管理人员,有房产、田地等。② 乾隆至道光期间是善会、善堂兴建高潮期,数量、种类远胜以往,比如惜字会、恤嫠会、清节堂、洗心局等新善会、善堂。统计数据显示,康熙至民国期间,长洲、元和、吴县三地共有93个善会、善堂,其中41个产生于乾隆至道光期间,另有14个年代不详。③

---

① 徐茂明:《江南士绅与江南社会:1368—1911》,苏州大学历史系2001年未刊博士学位论文,第91页。
② 参见陈宝良《中国的社与会》,浙江人民出版社1996年版,第197页,转引自徐茂明《江南士绅与江南社会(1368—1911年)》,商务印书馆2004年版,第145页。
③ 参见徐茂明《江南士绅与江南社会(1368—1911年)》,商务印书馆2004年版,第145页。

善会善堂是清代中期以后官方介入的结果,具有一定的官僚性,而其领导人以底层儒生为主。冯桂芬提议将宗族管理与善堂等地方组织管理相结合,以解决贫民的社会问题,并在《收贫民议》中提到浙江等省已经有善堂、义庄和义学,但未普及,制度也未完善,其他省可能还没有这些设施,主张推广义庄,"更宜饬郡县普建善堂,与义庄相辅而行",由官方制定条规,选择士绅总领事务,设立养老室、恤嫠室、育婴室、读书室。善堂收容"民间子弟不率教,族正不能制者,赌博殴窃初犯未入罪者,入罪而遇赦,若期满回籍者","严教室教之耕田治圃及凡技艺,严朴作教刑之法,以制其顽梗"。以三年为期,到期改正者,族正可以保释。另设化良局,专收妓女,选择诚朴的老妇人教她们纺织,亦可三年保释。对于宗族内 15 岁以下不读书、15 岁以上不习业之人,好的方法是"责成族正稽察族人","仍令入善堂读书习业"。借此希望"境无游民,无饥民,无妓女乃已"①。

会馆产生自明朝,在康熙年间逐渐增多,公所则产生于康熙年间,商会主要产生于晚清。整体而言,江南"会馆主要是地域性的社会团体,公所主要是行业性的社会团体"②,商会是近代工商业者的联合体,具有较为完善的组织和制度的团体。会馆、公所和商会彼此之间没有严格的界限。从会馆到会所的发展过程中,它们与官绅之间的联系非常密切,或由官商合建,或者创建会馆的商人通过捐款获得士绅身份。明清时期的会馆发展成为官方机构的补充机构,"这种机构既为官方所不能为,又颇能补官方统治的不足"③。会馆和公所从事的一项重要活动与善会善堂等组织开展的慈善活动类似,即社会救济,比如恤嫠、施棺埋葬、救济孤寡、开办义学等等。

自第二次鸦片战争后,晚清经历了洋务运动、清末新政等发展近代工商业方面的自强运动,使得中国近代工业有了一定的发展基础,在这个过程中逐渐形成了一批新型士绅阶层,即绅商阶层。19 世纪 50 年代已有绅商的相关文献记载,20 世纪初的报刊文献对"绅商"一词的记载

---

① 冯尔康主编:《清代宗族史料选辑》下,天津古籍出版社 2014 年版,第 1981—1982 页。
② 戴鞍钢著,陈国灿编:《江南城镇通史 晚清卷》,上海人民出版社 2017 年,第 148 页。
③ 徐茂明:《江南士绅与江南社会 1368—1911》,商务印书馆 2004 年,第 147 页。

已相当频繁。至20世纪初,江苏是全国绅商数量较多的省份之一,无锡、苏州等城市更是绅商的聚集之地。江南绅商掌握文化知识、关心政治和社会,是地方文化精英的主要组成部分,对当地社会产生了重要的影响。①

绅商兼具士绅和商人的特征,在从事工商业的同时,一般还具有官员职衔,这些绅商势力发展到一定程度后,新型商人组织商会随之应运而生。清末,商会组织的发展令人瞩目,至1911年,"全国拥有商务总会、商务分会和商务分所约800个,形成一个以东南沿海地区为主、覆盖全国,每遇大事常能互相声援、互为呼应的全国性网络系统"②。商会与已有的会馆、公所等组织在功能方面有异曲同工之处,即维护组织内部成员的利益。不过,晚清商会还多了对抗洋商的作用。另外,商会的组织制度比较完整,在社会职能上突破了以往的狭隘性,不再局限于维护某行某帮的利益,而是转变为振兴中国工商业、使国家变富强。因此,商会的职能从经济延伸到政治、教育、社会公益等广阔领域。③ 由此可见,会馆、公所和商会都是与士绅有密切关联的组织,与基层社会管理的诸多方面都有千丝万缕的联系。

第三节　士绅职能与江南地方管理

士绅在变成具有特定身份和地位的社会阶层的过程中,也逐步生成了与其身份和地位相对应的社会职能,这些社会职能在清代已形成传统,进入士绅集团的人,自然而然地担负起与自身身份和地位相对应的士绅职责。根据瞿同祖的研究,士绅在地方社会中的职责有咨询建议、公共工程和公共福利、教育活动、保甲管理、地方民团等。④ 而根据张仲礼研究的统计,清代士绅担任的传统职责主要有:为慈善组织筹款

---

① 参见沈骅编著《江南文化十六讲》,武汉大学出版社2017年,第92页。
② 参见上书,第94—95页。
③ 参见徐茂明《江南士绅与江南社会 1368—1911》,商务印书馆2004年,第148—149页。
④ 参见瞿同祖《清代地方政府》,范忠信、晏锋译,法律出版社2003年版,第305—314页。

或代管财产、调解或仲裁地方纠纷、组织和指挥团练、为公共工程筹款并主持其事、维护儒学道统、充当官府与民众的中介、为官府筹款(捐输或报效)、设善堂施舍或赈济。① 已有研究对士绅职责的分类似乎众说纷纭,但若仔细条分缕析,就会发现大部分是共有的。

不论担任何种职责,士绅都扮演着特定的角色,为了充分展现士绅与江南地方基层管理的关系,笔者在此将略微述及士绅在地方事务中扮演的角色。从士绅在基层管理中扮演的角色来看,大致可分为四类:一是地方官幕友,为地方官出谋划策等;二是百姓和官吏之间的调停者;三是士绅与地方百姓所组成的利益共同体的代表,通过特有渠道向州县以上级别官吏表达诉求或施加压力;四是社会教化者。根据所搜集的地方志、家谱等资料所展现的内容,结合学界已有的研究,笔者将士绅担任的具体职责概括为纠纷诉讼、公共工程、公共福利(组织募捐、地方赈济)、地方教育教化、地方防务、赋税征收等。值得注意的是,在不同时期和不同地域,士绅行驶职责时的侧重点会有所不同。

一、士绅参与地方管理情况

在州县以下地方事务管理中,官员在很多情况下离不开士绅的辅助,而士绅参与地方行政,或是受命于官方,或是在官方倡导下行动,或是自主行动,参与到地方管理的方方面面当中。以吴县士绅冯桂芬为例,地方诸事务"于国家为大计议,于江苏为大利害"者,冯桂芬"一一资以擘画,民间利病切实请求,有所闻见,即以陈之,当事绅等亲见其孳孳砭砭,朝夕不遑,精力为之交瘁,至若兴水利则开浚河道,端士习则严课书院,以及掩埋、槥流、积谷、恤嫠诸务,苏垣新复之后,乡里公事赖其经营者不可殚述"②。更有甚者,有皇帝直接下令,让族党或让地方官责令族党参与地方人员的管束。《大清高宗纯皇帝实录》卷120记载了乾隆皇帝训导地方官化导游民流民的谕令,其中提到让父兄族党严加管束本族不守本业之人。对于无所事事不守本业之人,地方官或"令父兄族

---

① 参见张仲礼《中国士绅研究》,李荣昌、费成康、王寅通译,上海人民出版社2008年版,第182—185页。
② 冯桂芬:《显志堂稿·崇祀录》,清光绪二年(1876),第2页。

党严加管束",或"令乡保多方化导",使其各有所业,"能耕嫁者服田,能手艺者习工作,知贸迁者从商贾,胜负担者佣工度日",不遵守管束之人获相应惩罚,最终目的是人人自食其力,各谋其生,风俗自然而然归于淳厚。①

士绅与官员的合作程度依官员履职能力而定,如果官员履职能力强,士绅能发挥效用的空间相对就小一些,参与度也相应地浅或窄一些,反之亦然。士绅参与地方行政的重要途径就是为州县官员提供信息、建议。

幕友的产生,有其特定的社会背景。因为科举考试内容以儒家经典为主要来源,对行政、律法等没有硬性要求,所以通过科举进入仕途的州县级别的官员,在处理行政事务方面没有任何知识储备,刚进入仕途的州县官员更是没有任何行政经验,而且州县官员通常在家乡以外的地方任职,对当地社会的基本情况一无所知。此外,州县官通常负责辖区内所有的行政事务,其事务之繁,往往使州县官员在处理行政事务上顾此失彼。为维持行政运转,州县官员一方面选择性处理行政事务,一方面雇佣辅助人员,即幕友,帮助处理公务。雇佣幕友是清代州县官员普遍的做法,幕友需通识律令、熟悉地方情况、熟谙行政管理之道等,并且为人可靠。供职于州县官府的幕友主要有:刑名,协助司法事务;钱谷,协助管理赋税;征比,负责征收赋税;挂号,负责登记事务;书启或书禀,负责通信事务;硃墨或红黑笔,负责红黑毛笔誊录,等等。② 不过,州县衙门并非都配齐了以上几种幕友,而是依据地方情况选择性配备。幕友必须具备一定的文化知识,因此一定是受过教育的人。根据瞿同祖的研究,大部分幕友是秀才(即生员)出身,这是士绅参与地方基层管理的途径之一。部分贡生、举人或候补官员等士绅充当总督或巡抚等高官的幕僚,这与地方基层管理没有太大关联,不属于本书探讨范围,在此不做论述。

士绅具有百姓和官吏之间调停者以及地方社会利益代表者的身

---

① 参见冯尔康主编《清代宗族史料选辑》上,天津古籍出版社2014年版,第61—62页。
② 参见瞿同祖《清代地方政府》,法律出版社2003年版,第159—160页。

份,源自其特殊的社会地位和传统的政治秩序等复杂因素。士绅和官吏在本质上都属于统治阶层,都是管理地方事务的精英,官绅更是与统治阶层有直接的关联,他们在仕途中结识的老师、门生、同年、同僚等官僚网络是他们跻身统治阶层并持续发挥影响力的保障,因此官绅回乡之后仍能在地方上发挥一定作用。在基层社会,士绅与百姓在某些利益上是共同体(比如基层社会的稳定于当地士绅而言是有利的,地方动乱则威胁士绅的利益),而士绅又是唯一有资格与州县级官员互相咨商的阶层,因此州县级官员与基层社会之间的互动或信息传递基本上依靠士绅向州县级官员反映或者靠州县级官员向本地士绅咨询。当基层问题或危机出现并威胁到士绅的利益时,士绅通常会出面在州县官与地方百姓之间进行调停。

干预纠纷诉讼是士绅参与地方行政的重要内容之一,幕友是这类士绅中的重要群体。一般来讲,州县官员每月有特定几天用来受理民事案件,对刑事案件更是没有受理时间的限制。通常,州县官员普遍因为公务繁忙或其他原因而无暇或不愿意投入精力学习法律知识,他们不得不依靠幕友来履行司法职责。在受理案件时,州县官员往往先与幕友讨论案件,甚至让幕友在诉状上代写批。而在审理和审判案件前后,州县官员也常常征求幕友的意见。在需要向上级官员报批的重大案件中,州县官员不能在审理案件后当堂宣判,而是在庭审结束后将案件的相关材料交给幕友,由幕友准备报批的材料。在这个过程中,幕友的职责是"阅览法律资料案卷、起草官批、准备案情摘要、起草上呈报告并给州县官提出法律上的建议"①。因此,这类幕友需熟悉各种法律法典定例条文,以便提出有效意见建议。

士绅参与地方政务的一个重要方面是公共工程的修缮。理论上,州县官员要负责当地河流、水库、堤坝等涉及交通、蓄洪、灌溉方面的水利工程的修筑修缮,然而州县官员没有政府经费来开展这些工程,不得不另行筹谋,州县官员的通常做法是"由州县官自己捐款,或者说服乡

---

① 瞿同祖:《清代地方政府》,法律出版社2003年版,第209页。

绅和富人集资"①。地方水利事关民众的切身利益,是士绅极为关心的问题,士绅常将水利管理视为己任。

公共救助。在自然灾害造成的饥荒赈济中,官方赈济常常不能满足灾民的需求,因此民间常常有施粥房等辅助性赈济。这种赈济的经费主要来自乡绅和富人,或由官方向他们征集或摊派,或由他们主动筹集捐献。在调查、报告灾情以及审核受灾人数等过程中,也会有乡绅参与其中。另有乡绅在为孤寡老人、残疾人士、弃婴等群体提供救助援助的济贫机构,如养济院、育婴堂之类,州县官员通常设立基金,资金由州县官员带头捐献或向乡绅、富民募捐而得,部分育婴堂甚至由乡绅来管理。

地方教育教化。社会和义学一般设置在州县城城区以及辖区乡村,为贫穷儿童及成人提供教育,其经费由州县官捐款或向士绅募捐所得。在正规教育之外,州县官员也负责通过乡约的形式对地方进行教化,以传扬儒家学说,为朝廷安全和社会秩序的稳定提供保障。在乡约中,各州县官员应聚集地方绅民参加这些宣讲活动。在乡村中,主讲人通常为乡绅或官学学生,主讲内容为圣谕或儒家之道等,目的是让百姓守法、勤勉、诚实等。② 不过在实际执行中,很少有州县官员推行乡约制度并监督其执行。

士绅在地方防务方面也扮演着重要的角色,这是由地方政府权力组织体系的特点决定的。一方面,州县官府的控制仅达及治所城市,在治所之外的广大乡村和城镇,官府与百姓很少有直接往来,这些百姓处在官府的直接监督和控制之外,而通过保甲或里甲制监督和控制人们的实际效用还值得进一步探讨。总的来讲,它们的效用非常有限。在这种情况下,身处乡村和治所之外的城镇的士绅,需要凭借自身的力量来自我防卫或保卫家乡。另一方面,这些士绅"作为一个特权阶级,渴望维持现状,抵制任何可能危害既定社会秩序的力量"③。然而,这些地方防务都需要财力和权威来支撑,普通百姓没有能力来担当,地方防务

---

① 瞿同祖:《清代地方政府》,法律出版社 2003 年版,第 262 页。
② 参见上书,第 273—274 页。
③ 同上书,第 312 页。

的任务自然而然落到士绅的头上。地方防务有两大类,一类是在城镇(除治所以外)和乡村组建的自卫团,由士绅指挥,其经费或由士绅承担,或由乡民捐献或摊派,或从特定税目中抽取,或设立特定组织来募集,完全属于地方防卫组织。一类是地方民团,由士绅组建和控制,是政府正规武装的辅助力量,与州县官府武装共同防卫治所城市等。地方民团具有两面性,可能因在稳定地方社会方面有效用而为官府支持和鼓励,也可能因为是地方社会和平稳定的威胁,而成为官府镇压的对象。

晚清团练成风。朱孙诒制定了团练事宜条规,将族长纳入团练组织中:

> 立团总。一乡举一团总,如一县四乡则举四人,多则不过六七人为止,专司替办往来查催。一都举一团长,督办一督。一团举一团正,专办一图,或每图听举团佐一二人协同办理亦可。每团总领数团长,每团长领数团正。若一姓聚族而居,即可以族长兼团正团长。①

就地丁银、漕粮、厘金等赋税征收而言,士绅在其中也扮演了一定角色。地丁银是统治集团的基本财源,一般每年农历二月至四月、八月至十一月征收,在前一征收时段,各地需征足总税额的一半。由于江苏的税率居全国之最,其征税难度相对来说非常大,很少有花户能足额完纳税赋。在州县一级,为迫使花户在限期内交税,全国各州县官员的通行做法是责比,杖责里长、甲长等税赋催缴代办人以及拖欠赋税的花户,而有些赋税拖欠则是因为甲长、里长等代理人没有能力强迫乡绅按时缴纳赋税。在实施责比之前,需清查和统计各地花户交税情况,这个工作常由书吏和幕友来承担,书吏制作"比簿",幕友则对"比簿"进行审查,由此确定受责比的人员名单。② 漕粮等赋税征收情况也类似。太平天国起义爆发后,清政府为筹集军费以镇压太平军而新开设厘金税,即对过路货物征收的税费,由厘金局负责。厘金局的委员由总督或巡抚

---

① 参见冯尔康主编《清代宗族史料选辑》下,天津古籍出版社2014年版,第1974页。
② 参见瞿同祖《清代地方政府》,法律出版社2003年版,第230—231页。

任命的委员掌管,而这些委员通常从现任官员、候补官员或乡绅中招募。如上所述,士绅通过承担州县官员征发赋税过程中的某个职责,参与了地方行政。太平天国起义后,官府在士绅的协助下开征了新税种"厘金",且在早期由士绅控制其征收,后来才转变为由半官方的厘金局控制。

晚清时期,各地鸦片流毒严重,清廷自上而下采取了各种禁烟措施,这些禁烟措施在地方层面主要依靠士绅来实施。比如郭松涛提出,在省一级举荐绅员一人,专责禁鸦片烟一事,以此再责成府、州、县再举荐总办一人、帮办三人,由府绅总其事。地方官及绅民捐资,广泛制造戒烟药物,在各地分发,并"责成各族族长稽查一族,各乡乡长稽查一乡"。如此,督抚能够了解到州县以及各绅员的戒烟情况,绅民在遵守禁烟命令方面也较为自觉。①

总而言之,士绅作为介于官民之间的阶层,没有正式官衔,但有半官方的权威和权力。他们一方面是地方官员的协助者,另一方面是本地社群的代言人,与官员既有利益的一致,又有利益的对立,因此在地方行政事务上与地方官员既有合作,也有分化。

二、士绅功能与地方管理之弊

如前所述,地方政务一方面在很大程度上需要绅宦双方合作才能顺利开展,另一方面,绅宦合作在发挥积极作用的同时,也带来很多弊端。士绅或与州县官员共同合作,前者图谋不法利益,后者趁机贪赃枉法,或与州县官衙中的各类职员勾结,求取利益。身为地方代言人时,士绅会利用自身的优势说服甚至迫使官员接受他们的意见或建议,推行有利于地方社群利益的政务,而这些政务可能会损害官方利益。比如,在参与地方行政过程中,诸多士绅利用其特殊的社会地位和特权为己谋利是常见现象。在士绅能左右地方官的利益甚至官职时,地方官通常会惧怕士绅,不得不降服在士绅的权威之下;某些士绅利用其地方领袖的地位,左右地方事务,将自身的意志强加于地方官身上。

---

① 参见冯尔康主编《清代宗族史料选辑》下,天津古籍出版社2014年版,第1972页。

在赋税征收中，士绅并非全然起着积极作用，士绅包揽赋税征收从而中饱私囊，或者拖欠、偷漏赋税，或者帮助他人逃避徭役等，都是常见的现象，甚至有绅衿公开抵制赋税的征收。在雍正初期江苏地方清查积欠赋税钱粮的过程中，首先需通过地方相关人士按照鱼鳞图册清查图甲等户口及其名下的土地，但是这种清查遭到地方乡宦衿监等人群的抵制，他们"或抗欠钱粮，或窝藏匪类，以及唆讼奸占等"。对此，时任江苏巡抚张楷"对绅衿严加约束，先后革除不法衿监28人，又题参择殷诈富、积恶多端的常熟乡宦前任巩昌知府赵友夔"①。积欠中，"民欠中有官役全侵蚀者，有实欠在民者，而民欠中更多有绅衿积欠者，绅衿之中又多有家富田广竟不完粮者，此系有意抗欠，并非无力穷民可比"②。

士绅还可以通过分割州县官在征收漕粮中的附加费来获利。江苏省有几个县，每县至少有三四百名士绅从州县官员处瓜分漕粮附加费，即漕规。例如，在1805年，江苏吴江县衙财政出现亏空，因为315名监生和生员从知县处瓜分了"漕规"费。另据江苏巡抚陶澍奏报，地方士绅能从漕规费中获利三四百两，而该费总额可达两三万两白银。③

士绅将豁免徭役的特权扩及其亲属，部分士绅甚至与自耕农暗中协作，通过将自耕农土地登记在自己的名下，从而将自耕农的代役钱转至自己囊中。

在常平仓等社仓管理中，士绅管理百弊丛生，常常是"小民不沾实惠，绅衿牙蠹"④。乾隆二年（1737）十二月，上谕中指出"常平仓原为济民而设，但有司奉行不善，其弊遂有不可胜言者，当其出粜之时，惟附城居民就近赴买，而乡民则往返守候，不能遍及，且城中衿户、役户、牙户、囤户与仓书声气相通，捏名报买，而州县之内随丁随役亦乘机暗窃通同盗卖"，这些弊蠹造成的亏额总是通过累民的方式补回，如"秋熟买补还

---

① 张楷：《奏为钦奉圣训据实陈明事》（雍正四年四月二十一日），《雍正朝汉文硃批奏折汇编》第7册，第173页，转引自范金民《国计民生 明清社会经济新析》，江苏人民出版社2018年版，第5页。
② 伊拉齐：《奏为钦奉上谕事》（雍正七年二月十一日），《雍正朝汉文硃批奏折汇编》第14册，第599页，转引自范金民《明清社会经济与江南地域文化》，中华书局2019年版，第85页。
③ 参见瞿同祖《清代地方政府》，法律出版社2003年版，第320页。
④ 田文镜：《钦颁州县事宜》，载《环海指南五种》，第12—15页，转引自张仲礼《中国绅士研究》，上海人民出版社2019年版，第39页。

仓时,于斗秤溢额浮收填补遮盖",买粮补仓之时"往往择其中富户发给银两,令其交谷,有照时价短发十之三者,有银色低潮者或令自运还仓,脚价无出,又或,用斗则以大易小,用秤则以重易轻,更有照粮派买之弊,每处派一买头,总领各户照数交仓"①。

乾隆七年(1742),上谕中称:

> 各省地方每遇歉收,米价昂贵,国家动发仓储减价平粜,乃养民之切务,然有司经理不善,致滋弊端,是以乾隆四年张渠奏请减价平粜,于成熟之年每石照市价减五分,于米贵之年,每石照市价减一钱,欲尽杜奸民贱粜屯积罔利之弊也,朕思寻常出陈易新之际,自应照此例行,若遇荒歉,谷价高昂,非减价一钱可以济穷民之困者,嗣后务将该地方实在情形,必须减价若干方与百姓有益之处,确切奏闻请旨,至于奸民当歉收之年图利囤积,将官谷贱粜贵粜,则惟在州县官严行查拿,倘或疏漏隐匿,该督抚即刻严参,从重治罪,是亦并行而不悖也,钦此,吴江县平粜价无考。②

在司法诉讼中,士绅包庇或袒护亲属,或为了钱财而干预司法,乃常见之事,甚至地方讼棍敢于拘禁知县,《大清宣宗成皇帝实录》卷一三八记载了江苏武进因争夺田地而致人命案:

> 上年(应为道光七年)该地方有争夺地亩伤毙人命一案,该县下乡相验,庄午可即挑唆事主,将该县拘闭祠堂,逼写尸格伤单,并勒盖印信。该县茫无主见,竟照依填写,因未带印信,勒印手模,始能脱身。回署后委员提拘,庄午可抗不到案,该县遂延访教师,并招致窃贼,随同差役潜往。误拿庄午可之弟,致庄午可乘间鸣锣聚众,转将差役缚禁凌虐,并将窃贼扣住挟制。经该役等再四哀求,许还伊弟,始行释放。③

由此案可窥探讼棍庄午可盘踞乡隅、把持公事而知县对其无可奈

---

① 参见乾隆《吴江县志》卷四十五《均田荡赋役》,第12页。
② 同上书,第15页。
③ 冯尔康主编:《清代宗族史料选辑》下,天津古籍出版社2014年版,第1994—1995页。

何之态。

士绅自身利用特权,横行乡里、欺压百姓,也见于文献之中,如掠夺土地、欺压佃农、强抢民女、诓骗钱财等。由于士绅的声望和特权可以与家人共享,甚至官绅的身份可以扩展至他的亲属,比如祖父、父亲、母亲、妻子等,所以士绅的亲属在政治权力、社会地位等方面也有相应的特权或优待。因此,士绅的亲属在自身的圈子中往往也有相应的影响力,这种影响力的强弱大小也是依据士绅的社会政治地位而定。士绅亲属甚至家仆仗势欺人、为非作歹的情况屡见不鲜。虽然有相关法律专门针对士绅亲属危害乡里的情况,但法律的执行情况并不理想,碰到有权势的士绅,州县官员也往往束手无策。

士绅参与地方行政不影响其特权身份和地位,所以士绅尤其是官绅之家依仗其政治权力进行违法或欺压平民,与其参与行政与否没有必然的联系。也就是说,未参与地方行政的士绅也有欺压平民或违法的行为。康熙二十九至三十年间(1690—1691),"苏南各县县民控告徐乾学、徐元文、翁叔元、王掞、叶廷玉、蒋子成等显宦高官或本人,或其兄弟子侄姻亲、或其家奴依势横行、鱼肉乡里的呈状就达三十四件之多,未选刊者不知其数"①,这些士绅往往得到地方司法的庇护。

庚子之乱之后,士绅的思想发生了重大变化,很多人不再追求仕途。比如江苏无锡人窦镇家,生于道光年间,字叔英。庚子之乱后,朝廷有废科举之议,窦镇家于是中止科举考试,援例就教职,"一权江浦教谕,再摄是县训导,并以廉正式士,士风为丕变。鄂湘等省饥,君承檄劝振,辄得巨款,当事知君不仅长文学也,遇捐赈事必属君,前后所救济甚众。庚子乱后,时事日非,君知大局之将殆也,不复求仕进,而自肆于山水间,无远近,寻幽胜,访古名贤高隐并忠臣义士之流风遗迹,恒流连概慕不能自已,或记叙而咏歌之"②。辛亥革命之后,部分士绅归隐。

---

① 吴吉远:《清代地方政府的司法职能研究》,社会科学文献出版社1997年版,第336页。
② 上海图书馆编,陈建华、王鹤鸣主编:《中国家谱资料选编 传记卷》,上海古籍出版社2013年版,第861页。

本章小结

整体而言，士绅的地方社会关系深刻地影响着他们在地方社会基层管理中的角色与作用，这些地方社会关系包括士绅的个体关系与群体关系，前者如老师、门生、同年等科考关系以及绅宦等政治关系、家庭关系等。士绅的科考关系与绅宦关系影响着士绅的社会行为模式，而士绅的社会关系影响其社会地位，进而影响其亲属所共享的地位、特权和礼遇。鉴于在地方社会中的地位、特权和威望，士绅通常在乡里关系中处于领导地位，并为乡里百姓所尊敬和忌惮。又由于基层社会没有正式的官僚机构管理地方事务，于是士绅成为调解纠纷、解决诉讼、组织公共建设、开展慈善活动等与地方社会利益相关的事务的实际负责人。士绅群体关系的重要表现之一是宗族，部分士绅具有宗族关系。宗族一般在乡村地区得到最为充分的发展，宗族甚至可以发展成一个村落。因为乡村在很多地区以宗族为社会组织模式，所以宗族可以说是清廷控制乡村地区的基层单位，组织和管理则是地方基层社会组织和管理的一部分。

清代江南士绅阶层已经拥有稳定的社会职能，这些职能散布在地方决策、公共工程和公共福利、教育教化、保甲管理、地方防务、地方慈善等方面，任何跨入士绅阶层的人会自然而然地担负起其中部分职能。对于州县以下的地方事务管理，地方官员大多需要士绅的辅助，虽然学界对士绅社会职能的划分没有统一定论，但士绅提供的这种辅助有几个方面是类似的，包括但不限于让族党参与地方人员的管束，让士绅担任幕友、参与管理公共工程的修缮、参与公共救助、参与地方教育教化、参与地方防务、参与地方赋税征收、参与慈善组织及活动、调解地方纠纷，等等。在不同时期和不同地域，士绅行使职责时的侧重点是有所不同的。比如晚清时期，因太平天国起义，地方防务成为政务的重中之重，导致地方团练盛行一时，大量士绅参与其中。又如晚清时期鸦片流毒严重，禁烟成为各地重要的政务工作，而禁烟相关建言是由士绅来完成，州县以下的禁烟行动也依赖士绅的参与。不过，士绅参与地方事务的管理并非有利无弊,实际上可以说是弊蠹丛生。比如在赋税征收中,士绅并非全然起着积极作用,通过包揽赋税征收而中饱私囊者大有人在,也有绅衿公开抵制赋税征收。再如在司法诉讼中,士绅包庇或袒护亲属,为私利而干预司法等也为常见之事。在所有的地方事务管理中,教育教化是士绅最重要的职责。

第二章 江南士绅在地方治理结构中的嵌入

第三章　士绅与江南地方教育教化

在清代,士绅阶层是社会中唯一的知识分子阶层,掌握着国家和地方的知识与文化,同时掌握着知识与文化的传播和社会秩序的解释与养成,自然而然成为国家和地方社会教育的主导者,并承担建设和维护社会规范与道德秩序的责任,这种现象是士绅阶层独特的文化优势与国家统治及社会需要之间的历史结合,并在历史发展中变成士绅固定的社会职业。据张仲礼统计,士绅阶层有40%的人从事教育服务[①],乡村社会的文教事业则基本由士绅承担。一方面,在从事教育文化服务事业中,士绅同时承担着教化的职责,将儒家价值体系灌输给普通民众,使地方社会接受并形成符合儒家价值体系的阶级和道德秩序。另一方面,士绅通过在日常言行中践行儒家规范,让民众知晓和意会统治阶层所追崇的价值和道德体系,从而间接地达到教化民人的目的。士绅参与教育的途径大致有三类:一类是地方教育组织,如义学、义塾、书院等学校;一类是宗族;一类是乡约。学界关于江南士绅与地方教育教化的研究非常丰硕[②],但尚未有系统而详细的梳理,本章将根据上述分类对士绅与地方教育教化之间的关系进行整理。

[①] 参见张仲礼《中国绅士的收入》,费康成、王寅通译,上海社会科学院出版社2001年版,第102页。
[②] 参见陈蕴茜、沈熙《清末民初士绅与江南乡镇教育近代化》,《史林》2003年第5期;冯玉荣《明伦、公议、教化——明末清初明伦堂与江南地方社会》,《史林》2008年第2期;李涛:《传统乡村士绅的"嬗变"（转下页）

第一节 士绅与地方教育组织

清代的教育机构分两个层面：国家层面为国子监，是最高学府，且兼教育行政机构的职能；地方层面为府学与县学，三者统称为儒学。县以下的乡、镇等地区，学校组织有社学、义学、义塾、私塾等，属于蒙养学校。除此之外，各地还有私人或官府开设的书院，用于聚徒讲授、研究学问等，另有藏书之所尊经阁，供地方生员研读之用。在这些教育组织当中，江苏士绅参与其中活动者约占1/10强[①]，"地方兴办学务、设馆授徒，修建社学、义学，维修官学校舍、贡院，都是绅士们义不容辞的职责"[②]。因此，地方县学、义学、社学、书院等的建设和修缮都有士绅参与其中，或捐资，或管理，或监工，或教学等等。20世纪科举制度废除后，新学堂的创办、建设、经营、管理、任教等也自然而然地由士绅阶层来承担。

一、教谕与训导

在清代县学中，通常设教谕一员、训导一员，官阶不入流（未到九品）。以吴江县为例，教谕与训导的职掌与明制略同，"教诲所属生员，课士子之艺业而奖励之，凡学政遵卧碑，咸听于提学宪臣，提调听于县，其殿最视乡举之有无多寡"[③]。教谕与训导薪俸相同，"岁支俸银三十一

（接上页）与"疏离"——以辛亥前后江浙地区的"毁学"事件为例》，《江南大学学报（人文社会科学版）》2012年第11卷第3期；陆文龙：《中西之间：清末民初苏州地区士绅家庭教育转型研究》，上海师范大学人文与传播学院2017年未刊硕士学位论文；刘芳正：《徽州近代教育转型过程中的纷争——以徽州近代士绅的教育活动为中心》，《泰山学院学报》2018年第40卷第4期；吕菲、吕迅：《清代士绅家族闺秀女德闺范内的追求与自由——以清桐城麻溪姚氏家族女性文学活动为例》，《淮北师范大学学报（哲学社会科学版）》2020年第41卷第2期；黄湘金：《地方士绅与晚清女学》，《苏州大学学报（教育科学版）》2020年第8期；吕浩浩：《清代怀宁士绅阶层与地方社会教育事业》，《安徽工业大学学报（社会科学版）》2020年第37卷第4期。

① 根据张仲礼的实例分析，江苏参与维护儒学道统的士绅比例约为11.2%，维护儒学道统的内容包括兴办和修缮学校、祠庙等，刊行书籍，以及维持和弘扬名教，这当中以教育为主体内容，据此推算，参与与教育相关的各类活动的士绅在全省士绅总人数中所占的比例大体与此接近。参见张仲礼《中国绅士的收入》，费康成、王寅通译，上海社会科学院出版社2001年版，第182、184页。
② 王先明：《近代绅士：一个封建阶层的历史命运》，天津人民出版社1997年版，第53页。
③ 乾隆《吴江县志》卷十八《官制》，第11页。

两五钱二分"①。顺治四年(1647)后,教谕与训导薪俸按从九品支给。吴江县训导一职有裁设之经历,清初设两员,顺治四年裁撤一员。康熙三年(1664),大县裁撤训导,小县裁撤教谕。康熙十五年(1676),再次设训导。雍正年间,吴江县拆分为吴江县与震泽县后,训导专管震泽县学。

教谕与训导主要由士绅担任,其职责除教诲生员外,兼顾县内所有与文教相关的事务,如修葺文庙祭器、修葺县学。如吴江县学,陈绳舜为顺治三年(1646)举人,顺治六年担任吴江县教谕,"时文庙祭器缺坏,且莫之识,绳舜绘图镌名,使诸生具知之祭之,先一日洗涤祭器,事必亲理,每坛督令一生按图陈设,祭物精洁,拜跪严肃,又捐俸以置器皿书籍,一时为之改观"②。又如修葺学校及相关建筑,如雍正五年(1727)长洲县教谕邹增元与元和知县江之炜、长洲训导孔传爔倡修庙殿。③ 又如昆山县学,"(康熙)二十一年,教谕张其翰修,提学佥事赵仑、邑人尚书徐乾学等皆有助。三十年,邑人编修王喆生倡修启圣祠瀿泮池(自为记)。雍正三年,析置新阳县,遂为昆山新阳二县学。十一年,邑人顾登修尊经阁。十二年,教谕刘方沛率邑人唐德宜等重修大成殿、明伦堂及居仁、由义二斋"④。

教谕、训导等士绅教化民人的方式之一,是修葺当地的学宫、圣庙、祠堂等与教化相关的具有象征意义的建筑物,根据皇帝的意愿随时调整圣贤牌位等。在元和县,康熙五十一年(1712),圣祖仁皇帝崇尚朱子理学,于是下令在孔庙中优崇朱子,将朱熹列为孔庙第十一哲,元和县孔庙先哲排位随之变化。雍正三年(1725),皇帝命令"复祀蘧瑗、林放、秦冉、颜何、郑康成、范宁,增祀牧皮、县亶、公都子、乐正克、公孙丑、万章、诸葛亮、王通、尹焞、罗从彦、黄干、陈淳、魏了翁、何基、赵复、王柏、金履祥、许谦、陈浩、罗钦顺、蔡清、陆龙,其凡二十八人"⑤。雍正五年

---

① 乾隆《吴江县志》卷十八《官制》,第 15 页。
② 乾隆《吴江县志》卷二十三《名宦》,第 21 页。
③ 同治《苏州府志》卷二十六《学校 二》,第 28 页。
④ 同治《苏州府志》卷二十七《学校 三》,第 11 页。
⑤ 乾隆《元和县志》卷五《学宫》,第 8 页。

(1727),"云和县知县江之炜、长洲教谕邹增元和训导孔传煌又募修正殿先师庙五楹,奉至圣先师孔子神位,上悬圣祖仁皇帝御书万事师表及世宗宪皇帝御书生民未有匾额,座前石碑二为圣祖仁皇帝御制孔子赞、四子赞,左右列四配神位,东配复圣颜子、述圣子思子,西配宗圣曾子、亚圣孟子,稍后列十哲神位,东哲先贤闵子、冉子、端木子、仲子、卜子,西哲先贤冉子、宰子、冉子、言子、颛孙子"①。

  清初,江南地方学校多在前代校址校舍的基础上修缮扩建而成,部分资费由绅士捐赠。就官绅而言,通过科举入仕的官绅不论在官还是致仕,许多都惦念家乡的教育,表现之一为费心修葺学校、学宫及相关建筑等。苏州进士彭定求官至翰林院侍讲,为官约四年后辞官在家潜心研究理学,对当地教育贡献颇多,如修葺长洲县学。康熙二十一年(1682),彭定求时任翰林院修撰,力谋复兴长洲县学,"倡捐金钱,在京募于同籍,家居告之当事","自巡抚以下各捐俸,委教谕姚文焱、训导王玢、诸生钮希文重建"两庑及明伦堂、棂星门。至于启圣祠,彭定求通过再次劝募,"荏苒数载,时势多阻",于康熙三十二年(1693)"因视旧址稍缩数武乃克卒工"②。

  康熙四十四年(1705),彭定求"导善士马俊捐金一千七百两,建尊经阁,阁五楹,拟置经籍藏其中,又导建道山亭,古木乔荫,清流潆洄,讲业之余,相与游泳,令人作春风舞雩之想"③。家谱资料整体记载道:

    长洲学宫汙莱岁久,公仔肩倡导,阅二十余年,费以钜万计,而后告竣。殿庑翚如,弦诵有所,规制宏备,视昔有加。又葺文星阁为学宫辅翼。由是先贤祠宇次第鼎新,若文信国、吴文定、徐文婧三祠,皆兴复于豕牢鸡埘之间,诸废坠无不举者。既又祀文文肃、姚文毅、陈文庄三公于乡贤祠,合祀于清端、汤潜庵尚书于府学,宫墙秩祀,俎豆有光。而于先正遗文表章尤亟,若王仁孝先生《俟后编》、周

---

① 乾隆《元和县志》卷五《学宫》,第6—7页。
② 同上书,第6页。
③ 同上。

忠介公《烬余集》,其罪著者。此又公激扬末俗、坊表人伦之至意也。①

彭定求在修学上对当地作出重要贡献,"诸生以其捐倡修学竭蹶经管者三十余年,故白诸上官,于学中建专祠"②,且入祀当地乡贤祠。

再以丹徒县学为例,顺治十三年(1656),"提前金事张能麟允知县张晋请,倡助修学,各官绅捐助外,得诸生复身免役银若干,殿庑堂祠去旧从新,又增修石池外屏墙一座,训导朱臣率耆民戴世荣、盛有道督工成之"③。清代各地方的文庙不仅是祭祀孔子的地方,也是当地的官办学校,地方生员大多数都会在其中学习,文庙中的明伦堂则是参加科举考试的各级学绅获取知识的讲学厅。明伦堂的修缮常有教谕等官绅参与其中,如张廷璐任江苏学政期间,于修缮江阴县明伦堂一议,进士出身的江阴县令蔡澍"实来迆曰,及今不治,后难图也,商诸教谕,旧有伊集邑之缙绅议修,君捐俸首倡,邑人莫不踊跃,材不赋而羡,匠不发而多,越半载而告成"④。

可见,当地官绅是修缮明伦堂等文教事业的倡导者,教谕等地位较低的官绅则是商议者,正如张廷璐所言,"夫数十年之补苴而未逮者,唯贤令之一倡,而人争鼓舞以从之,何其神以速也"⑤,而监督工程的实施以及资金捐助等往往有士绅参与其中。修缮明伦堂等学宫是在空间和建筑上维护儒学的象征物,通过保持儒学象征物的完整、辉煌来展示儒学的光辉,继而借助象征物延续和发展儒学的教化功能。在张廷璐看来,修缮明伦堂是蔡君"励颓靡、化颛蒙"的一种吏治,以劝学先行,从而达到城乡共同教化的目的,正如其所说,"诚合境内之士束身修行,以振励于学宫,则乡里之中耳濡目染,皆圣人彝训,其有不翕然向北者鲜矣,遵斯道也,虽邈绝异党之区,犹将意谕而色授"⑥。学校与地方教化之间

---

① 上海图书馆编、陈建华、王鹤鸣主编:《中国家谱资料选编 传记卷》,上海古籍出版社2013年版,第467页。
② 乾隆《元和县志》卷五《学宫》,第21页。
③ 康熙《丹徒县志》卷二《建置志·学校》,第8页。
④ 乾隆《江阴县志》卷八《学宫》,第15页。
⑤ 同上。
⑥ 同上。

的紧密关系也在其他地方志中多次出现,如《苏州府志》中所说,"五教既敷,学校立矣,礼义不可一日忘,故学校不可一日废也"①。正因为如此,各县教谕、提学佥事以及当地士绅等多少都与当地县学设施的修缮有各种关联,如昆山县,提学佥事张能麟于顺治十五年(1658)修县学,提学佥事简上于康熙十一年(1672)倡修大成殿,教谕张其翰在康熙二十一年(1682)修县学,提学佥事赵仑、邑人尚书徐乾学等提供了协助,邑人编修王喆生在康熙三十年(1691)倡修启圣祠及潒泮池,教谕刘方沛率邑人唐德宜于雍正十二年(1734)重修大成殿、明伦堂、居仁斋以及由义斋,等等。②

就学绅而言,还可以为当地县学的维持贡献才智,据光绪年间《维扬江都卞氏重修族谱》记载,直隶扬州府及江都县"儒学廪增附生员沙九思等"呈请巡按直隶监察御史置买学田获批,"备蒙动支银一千二百两,买到该县民人卞玹田二百四十亩。玹又情愿出田一百亩,与两学供给生员为照"③。

二、创办学校

在儒学中,县学以前没有官方的蒙养学校,童蒙无固定的学养之所,而能延请塾师的人为少数。康熙五十二年(1713),"始令各省州县多立义学,延请名师,集孤寒生童励志读书"④,各州县由此开始筹资创办义学。义学的倡导者为官员,而工程监督以及资金筹措等则与士绅通常有紧密的关系。乾隆年间苏州知府雅尔哈善筹办义学,认为"三代盛时,贤才多而风俗厚,实由小学时早已端其器,识养其德性,非若后世沾沾于文艺之末而已也"⑤,其观点正是统治阶层创办义学的观点的彰显。可以看出,义学的目的除了培养有才之人外,更重要的是教化童蒙,以使社会养成好的风俗。嘉庆年间的谕令更是明确指出开办义学的目的:

---

① 乾隆《苏州府志》卷十六《学校 一》,第7页。
② 参见乾隆《苏州府志》卷十七《学校 二》,第18页。
③ 上海图书馆编、陈建华、王鹤鸣主编:《中国家谱资料选编 教育卷》,上海古籍出版社2013年版,第103页。
④ 乾隆《吴江县志》卷八《学校》,第25页。
⑤ 乾隆《苏州府志》卷十六《学校 一》,第49页。

"至义学导民为善,不在广堂教授,十室之邑必有忠信,宜于一乡一里分设延师,使童子粗识之无,即能诵习《圣谕广训》,并通晓经书大义,庶几变化气质,薰德善良。"①与儒学不同的是,义学的教师一般为低功名者甚至未获得功名的读书人,而儒学的教师则通常为拥有较高功名的士绅。

就苏州府而言,"今郡城入户无虑,百万能延师自课其子弟者,十不得一,岂无所资而游散沦弃,良可惜也"。义学多设于城郭、乡镇等处,通常由当地士绅捐款创办,没有固定的经费来源,因而兴废无常。如苏州府,"郡之六门旧有义学,皆假馆寺院,又无恒产,兴废不常"②。时任苏州知府雅尔哈善"遂倡劝绅士欤赞斯美,好义乐施者,众不劳而交集,爰度地于王府,基居城之中,及间胥盘葑娄斋诸门内建塾凡七,计田庐所入之息,脯修膏火有备,乃慎择塾师,选子弟之秀者从遊其中,立课定规,随时省察,务在讲求古人立教之意与夫嘉言善行,收其放心,化其气质,毋徒事佔毕帖括以缘饰塞责,庶几小子有造,进可备大学之选,退亦不失为闾里之良,由此而四郊远乡闻风兴起,人知向学,其于国家造士育才、化民成俗之道,不有补欤"③。

义学不仅在府一级地点开设,还在郡县以及镇一级的地点创办,如苏州府,吴江县义学"历雍正迄乾隆,屡奉饬行,今邑内先后设义学凡六所,其仰承德意而培植英才者,可谓盛矣"④。六所义学,"一在学宫后松陵书塾,一在盛泽镇充字圩,一在黎里镇染字圩,一在黎里镇作字圩",俱乾隆八年(1743)知府觉罗雅尔哈善建。另外两所义学,"一在盛泽镇西,一在同里镇,俱雍正十三年邑人倪兆鹏建,置田一顷四十六亩,邑人王荫槐置田四十一亩九分六厘九毫"⑤。

吴江县盛泽镇两所义学,一所在充字圩,为乾隆八年知县丁元正奉知府雅尔哈善之令劝捐而建,盛泽镇"汪有光等所捐并县库所移银共一

---

① 冯尔康主编:《清代宗族史料选辑》上,天津古籍出版社2014年版,第685页。
② 乾隆《苏州府志》卷十六《学校 一》,第49页。
③ 乾隆《苏州府志》卷十七《学校 二》,第49页。
④ 乾隆《吴江县志》卷八《学校》,第25页。
⑤ 乾隆《苏州府志》卷十七《学校 二》,第49页。

千二十两四分";一所在镇西庙内,由震泽邑人倪兆鹏于雍正十三年(1735)创建,"按是年兆鹏创设义学于同里镇僧寺及本镇西庙内,又捐田一百二十三亩一分,岁入租以给两学经费,县详宪题照学田例,归儒学经管,乾隆元年奉旨,义学义田仍听本人经理,不可交官收管以致吏胥侵蚀,巡抚顾琮因饬县牒学将原田归兆鹏经理"①。黎里两所义学,一所在染字圩,由里人陈时夏等于康熙五十四年(1715)创建,"周一亩五分,为屋二十余间",知县丁元正将其取名为黎川学舍;一所在作字圩,知县赵轩临封布政使白钟山之令,在原五显庙旧址上改建而成,"黎里绅士典商共捐银三百余两,知县丁元正详宪存典,每年按月收息,为两义学经费,俱归县经理"②。同里镇义学位于富观桥,乾隆十二年(1747)由"知县陈莫纕奉知府傅椿谕创建,周三亩,屋二十间,颜曰同川书院","知县捐俸置地,劝诸绅士捐建,共费银五百四十九两七钱有奇,其膏火之资仍捐俸并支倪兆鹏所捐田租"③。

义学只提供蒙学等基础性教育,很难培养出够格参加科举考试的学生,更不用说培养出科考中式的学生。此外,义学的经费没有固定来源,一般靠当地士绅捐款筹建和维持,经费出现问题的时候就会停办,所以义学也是时办时兴。

对于社学,根据清朝会典,"顺治九年题准每乡置社学一区,康熙二十五年革,雍正元年又覆准照顺治九年例,州县于大乡巨堡各置社学一区,然当时未有建立社学者"④。可见,社学是义学之外,开设在州县以下的乡等一级地方的学校。与义学一样,社学的办学经费通常也由当地士绅捐田捐款资助。

书院是儒学之外的一种学校形式,或为地方官办,或为私人创办,地方官办者往往有士绅的大量捐资,而私人创办者也多为官绅,书院山长都是官绅之类的人物,所以书院管理者通常为士绅,书院学生"选之

---

① 乾隆《吴江县志》卷八《学校》,第24页。
② 同上书,第25页。
③ 同上书,第24页。
④ 同上书,第25页。

四方,拔其尤,然后得入"①,而童蒙不得入。顺治以后,统治者放松了对地方创办书院的限制,在政策宽容的环境中,各地官员和士绅纷纷创办书院,延请名士著述讲学、聚众论学等,教师的延聘需经地方官员与士绅的协商决定。不过,经理地方教育文化机构需要大笔常规经费以及不定时的维护经费,只有具备一定经济资本或一定政治资本的士绅才能够创办私人学校。有一定经济资本的士绅能够直接出资组织创办书院等学校,有政治资本的士绅能够凭借政治关系筹集资金创办书院,有些士绅则是常常为书院的正常运行出资出力。此外,士绅往往直接参与到这些学校的授业解惑中。据张仲礼统计,"上层士绅几乎垄断了书院的所有教职"②,即官绅阶层垄断了书院的教职,不过在私学教师中,学绅则占有一定的比例,到19世纪下半期,官绅与学绅在私学教职中所占比例才趋于平分秋色。

  管理书院的人既要有经理能力又要有文化才能,只有士绅阶层才能在其中提供服务。以苏州为例,清代苏州有紫阳书院、平江书院、正谊书院以及太湖书院,均为官办书院。紫阳书院为江苏巡抚张伯行于康熙五十二年(1713)所建,位于府学内的尊经阁。彼时,康熙倡导朱熹之学,该院以紫阳之学为宗,传授朱子之道,并取名"紫阳书院"。紫阳书院创建后,颇受统治者重视,康熙、乾隆、同治等先后颁给御书,也因为如此,紫阳书院山长的人选都是出类拔萃者,如冯嵩、朱启昆、沈德潜、彭启丰、蒋元益、钱大昕、吴鼐、吴俊等人,都是进士出身。如此,紫阳书院自创建之初,其级别和规格就要高于苏州巡抚以及级别的官员所主创的书院。平江书院原为苏州知府觉罗雅尔哈善于乾隆八年(1743)创建的义学平江学舍,仅为蒙养之所。乾隆二十七年(1762),知府李永书修缮平江学舍,并将其扩建为讲堂,从缙绅中选择"学行完洁者为之师长",吴县、长洲、元和三县考试排名靠前但未入县学者,选十人入平江书院就读,另外让选入紫阳书院但限于名额而不能入读者,也可入平江书院就读。太平天国运动期间,平江书院遭毁,后由长洲知县

---

① 光绪《同治苏州府志》卷二十五《学校 一》,第55页。
② 张仲礼:《中国绅士研究》,上海人民出版社2019年版,第179页。

蒯德模、吴县知县张保衡、元和县知县陶守廉等人主持改建平江书院，遵循"为政之道，首在兴学校，崇祀典"①。书院是士绅精英创办的，书院学生也是当地学生学业优秀者，他们在书院接受的学问通常与科举考试有关，所以还是培养科考士子的地方，而且是当地生员常常设法想要进入的地方。以上是士绅在教育组织的创办中作为筹资人、监工者、捐资者等角色而进行的活动。

三、从事教学

士绅还从事教学的职业，这是他们的社会身份以及自身才能等因素共同决定的解决谋生的体面方式。虽然教学收入与经理其他事务相比较低，但教师是受人敬重的职业，而且能解决生计问题。未能进入仕途的士绅，教学是较为理想的职业，甚至是荣耀的职业，有些士绅在踏入仕途之前都是在各类学校或私塾中担任教师。对于没有能力从事其他公共服务的士绅来说，如果不能出仕，那么教学就是他唯一能从事的职业了，至少走上教师岗位不需要多少经济资本，更不需要政治资本，只凭借士绅身份就可以了。士绅要谋得一份教师职位并不困难，因为其数量相较于想要参加科举考试的学生的数量而言，是供不应求的。"在一个州县中有几千个塾师职位，而在一个州县中大约只有1000名绅士"②，这虽然不能代表所有的州县，但能据此推测其他州县的大致情况与此没有本质的区别。

未取得生员资格的读书人只能在蒙养类的学校或私塾教学，这类塾师的地位是最低的。取得生员资格的士绅则可以在私塾或富裕人家担任塾师，在教书过程中备考科举，这种塾师随后在科举考试中中式的不乏其人，如扬州的焦循、宝应的刘宝楠、江宁的汪士铎等等。只有取得一定的功名，比如贡生、举人或进士等士绅才有资格在书院一类的学校中讲学，这类教师也是等级和地位最高的，如江苏武进进士李兆洛主讲暨阳书院、江苏东台举人翟登云主讲西溪书院，等等。

---

① 光绪《同治苏州府志》卷二十五《学校 一》，第55页。
② 张仲礼：《中国绅士研究》，上海人民出版社2019年版，第284页。

张仲礼指出,"有些士绅既是塾师同时又经理一些地方事务或工程书",而获取这种优势的方法之一"是通过得中了更高的功名、并在当地已有相当权势的学生施加其影响,从而使其昔日的师长擢升到负责地方事务的职位上去"①,而这种师生关系或同学关系"在他们各自所在的地方编织成了有效地控制绅士经理事项的绅士集团"②。可见,对于一部分士绅来讲,教师不仅仅是谋生的来源和身份地位的标记,还是在地方上建立权势网络的一种途径,只不过通过这种方式创建地方权势网络往往需要数年的经营,因为从读书到入仕本身有一个无法压缩的时间过程。此外,士绅的教书过程实际上也是对地方社会的教化过程,将科举考试所要求的纲常人伦灌输给应试的学子以及蒙童,为统治者培养一代又一代的儒学道统的维护者、践行者。

第二节 宗族教育与教化

宗族通常是以士绅为核心的家族集团,为首的士绅或士绅们对宗族的教育起着引领作用,宗族教育在很大程度上体现了士绅阶层的教育理念和教育传统,可以说宗族教育是地方士绅阶层教育体系的一部分,是基层教育教化的一部分。在古代社会,为稳定地方社会,基层社会有蒙养教育,以传扬圣贤之道,灌输仁义理智信等儒家思想,"故古者人生八岁则入小学,教以洒扫应对进退之节,礼乐射御书数之文。每乡于闾门内设乡塾,以教民之子弟"。到了清代,乡校蒙养教育的作用衰弱,乡村家贫者失学情况较普遍,在士绅看来,迨此类失学儿童成年,"非系顽夫即为俗子,目不识诗书,心焉知礼让,必且少陵长、小加大,悖逆犯科,无所不至"③。在这种情况下,宗族教育对于基层教育教化而言

---

① 张仲礼:《中国绅士研究》,上海人民出版社2019年版,第285—286页。
② 陈青:《中国教育史》,第479页,转引自张仲礼《中国绅士研究》,上海人民出版社2019年版,第286页。
③ 上海图书馆编、陈建华、王鹤鸣主编:《中国家谱资料选编 教育卷》,上海古籍出版社2013年版,第341页。

颇显重要。宗族义塾在某种程度上有教化基层民人、稳定基层社会的意义。不过,宗族教育的主要目的是为振家声。而且宗族教育依据年龄而做的分级进阶教育与县学、私塾等应考教育大体一致,可以说是社会教育状态的一种表现,如常州毗陵胡氏宗谱的祖训表示"丕振家声,首先读书",并规定"凡子孙年至六岁,宜送入小馆发蒙习礼。至十二三岁,观其资质志趣,稍可有成,当勉力延师教诲,倘能进步,光耀祖宗为读书者劝。如不足望,即教以务农生理,毋得纵其旷荡,习为不善,致玷祖宗"①。

一、宗族教育的目的和作用

望族和普通宗族都比较重视家族教育。首先,这是提高家族地位的重要前提。科举是家族地位上升的重要通道,要通过科举入仕,则离不开教育。许多家族也是通过成功科举取士而被地方社会所认可,进而成为地方望族的,这些家族往往会延续文化上的成功。重视科举取士,进而接受了清廷统治者的统治思想,在家族教育中必然融入忠君之类的教育。除此之外,在社会上谋生也需要一定的文化基础。其次,官方倡导兴学的推动。例如,康熙年间江苏巡抚汤斌时发告谕指出,要是民风民俗淳朴,最重要的是兴学育才,于是在县城内外以及有200家以上的村镇开设社学,本地8岁以上、12岁以下者达到一定数量,如果家贫无资,府州县为其设立廪谷,巡抚也捐俸相助,然后再进行儒学教育。② 许多家族纷纷响应,把文化教育作为家族大事,采取各种措施助学,确保族内子弟能接受到一定的教育。再次,望族的榜样力量激励了各类家族在教育上的投资。比如范仲淹设义庄、捐学田、办义学,其在宗族教育上所作的贡献一直是苏南家族的榜样,至少"苏南望族都在自己的家谱中明确规定家族必须把对子女的教育作为大事,并要有具体的措施,主要是经济上的保障"③。家族在推动家族教育方面有各类办法,比如:苏南望族总谱在族约、宗规、家训中几乎都有关于教育的内

---

① 冯尔康主编:《清代宗族史料选辑》上,天津古籍出版社2014年版,第688—689页。
② 参见同治《苏州府志》卷三《风俗》,第26页。
③ 江庆柏:《明清苏南望族文化研究》,南京师范大学出版社2016年版,第71页。

容；兴办家族书院或者设置家塾，比如苏州范式宗族广义庄；配有严格的检查和奖惩规则。

光绪年间常熟丁氏义庄《义田规条》明确规定对各级科举考试的奖励政策，族中子弟参加县试给钱1000文，府试给钱3000文，院试给钱2000文，入泮则再给钱3000文。岁试和科试各给钱2000文，乡试给钱7000文，中式则再给钱14000文。会试给钱30000文，中式则再给钱20000文。①丁氏义庄《续置书天规条》对庄内人员追加了应试奖励，每年的膏火以及笔墨等"资钱十二千文"。应试之人，除了义庄规条规定的资钱外，另外再给"县试钱一千文，府试三千文，院试二千文，入泮三千文"，"岁科试各给钱二千文，乡试七千文，中式钱十四千文"，"会试三十千文，中式钱二十千文"②。

江苏的宗族教育以义庄、义塾、族塾为重要形式，该教育形式源自范仲淹创建的范氏义庄。江南宗族仿照范仲淹范氏义庄之法，给本族族人建立义庄，并在此基础上另建义塾，继而有了新的义庄、义塾模范，再为后世所仿效。如扬州徐氏义塾，"文靖徐公承先柱国渔隐公志，拨田千亩为义庄。如范文正公遗法，以赡族人孤孀及婚葬之无赀者，既又广文正所未备，置学一区，曰'义塾'，岁延有学行一人为师，凡族之来学者，资脯膏火皆取给义庄"③。

此后，茫溪许祠"捐积设义仓，凶荒以赈族人"④，并且仿照徐氏在宗族内设义塾。不过，义塾耗资繁多，尽管许氏富甲一方，也不能独自承担义塾之责，义塾往往依靠慷慨好义之人的捐赠。宗族有自己的教育组织义学、义塾等，有这类组织的宗族往往祖上有儒学传统，后世重视宗族内部儒学精神和宗族声望及地位等的传承与发扬，如江苏宜兴马氏宗族，族人马守愚除捐田百亩设义仓之外，又捐田设义塾，以服务族中子弟，《马氏宗谱》中《马家桥谨勒堂义学碑记》记载了先祖中的大儒

---

① 参见费康成《中国的家法族规》，上海社会科学院出版社2016年版，第251—253页。
② 费康成：《中国的家法族规》，上海社会科学院出版社2016年版，第253—254页。
③ 上海图书馆编，陈建华、王鹤鸣主编：《中国家谱资料选编 教育卷》，上海古籍出版社2013年版，第339页。
④ 同上。

以及后世继承先祖儒学之风并创义塾等新业的宏图,介绍了义塾的地址、规模、学貌等具体情况,同时强调义塾不仅是宗族的荣耀,也是为国家建立不朽的基业,强调义塾对于国家统治的意义。①

马氏家族置义塾,不仅能教化族人,使数年后"将见恂恂然得书卷气,彬彬乎为儒雅风,纵属互乡,焉知不变为仁里耶",进而惠泽戚里、服务国家,还能方便族人科举通达,正如《马氏宗谱》《义塾记 一》中所载,"义塾则岁礼名师,驯其气质,复其性天,于以闻道德,能文章,人心正而风俗厚,所为植本而固基者,利泽尤巨"。"孰若一家之中,父诏其子,兄勉其弟,日亲炙于有道之儒,晓然德性当尊,诗书宜沃,将见自强者日进而不已,贫懦者得所藉而奋兴,处为良士,出为良臣,安知不有致身通显,更推泽惠于戚里,视今日措施而益张大之者。义塾为功讵可量哉!"②

由此可见,宗族或家族义庄、义塾主要是为了服务本族民人,以传扬或振兴家族,其次有惠泽里人及服务国家的目的和功用。

二、宗族教育的基本模式

宗族义塾重视蒙养教育。蒙养教育的内容在清前期和中期不外乎识字以及学习儒家忠孝礼义廉耻之道,在晚清除传统的内容外,另有所变化。苏州陆氏庄塾规条认为,《少仪》《弟子职》在人的言行举止各个方面都有说教,所教之道以孝悌、忠信、礼义、廉耻之道为主,人们也常常有机会耳濡目染这些内容,所以古人成才较为容易。而当前的蒙养教育不教授这些,长大之后容易不务正业而致迷途。人一生的成败与幼年的蒙养教育息息相关,所谓"蒙者,物之稚也,物稚不可不养,养正之功,所系甚大"③。可见,蒙养教育的目的是"养正",至成年后有正业而不误入歧途。

宗族庄塾的规条与地方县学规条在本质上是一致的,即维护儒家

---

① 上海图书馆编,陈建华、王鹤鸣主编:《中国家谱资料选编 教育卷》,上海古籍出版社2013年版,第339页。
② 同上书,第341页。
③ 冯尔康主编:《清代宗族史料选辑》上,天津古籍出版社2014年版,第695页。

道德传统和秩序,因此也要在塾中供奉先儒,如苏州陆氏庄塾规定在义塾中设立圣人孔子的神位,其形式与家庭供奉相似,神位两旁设立先儒六位弟子,每天早晨焚香致敬,年龄最大的弟子主领这件事情,每月朔望之时准备好香烛,率领弟子跪拜,礼毕后,坐下读书。①

在教学内容和方式上,陆氏庄塾的规定有笼统的一面,也有具体的一面。笼统地讲,其目标是精通义理。具体而言,需要每天早晨讲授"大义",还要讲第二遍,隔三日再讲第三遍;练习写字需要笔画端正,并且附上写字的日期和写字人的姓名;每月朔望之时,"掌庄察课",每人背诵一节,包括章句和注释。在《人谱》《五种遗规》等先儒格言中,选择一二种放在义塾中,塾师从中选择易于明白且关乎日常人伦的内容,每天宣讲一条,让学生抄写,将字迹最工整的一张"黏于壁间,彼可时时警省"②。

除上述由塾师教授子弟的教学形式外,陆氏庄塾的教学形式还有举行文社,一起切磋文章,另外自光绪十三年(1887)始,添设约课的形式,固定每月两期约课。一期作赋、试贴各一首,也准备其他题材的题目。一期作经文和经解各一篇,也准备策问的题目。"如不作经解者,加作经文一篇"。约课时,子弟能获得一定奖励,"花红三人一名,第一制钱八百文,第二六百,第三五百,以下三百,倘仅两卷,亦发花红一名,五卷发花红二名,八卷发花红三名,依此递加"③。

陆氏庄塾也会定期考察庄塾学生的学习情况,其形式颇似科举考试,名为"会课"。宗族在会课时也会给予子弟补贴与奖励。苏州陆氏义庄条规规定考试时间,朔望参加考试的人,"辰刻赴庄,酉刻交卷,不准继烛",每人只可携带笔砚,不可携带诗文,讲章、诗韵等书则存放在庄内。交卷之后,每人获得"制钱三百文",作为旅资。花红按照名次发放,"如五人,则给三名,七人则给四名,九人则给五名,至十人外,核准两人一名"④。考试时,不能私自外出和随意交谈。

---

① 参见冯尔康主编《清代宗族史料选辑》上,天津古籍出版社2014年版,第695页。
② 同上书,第695—696页。
③ 同上书,第695页。
④ 同上书,第694页。

会课似乎是宗族义塾办学的常规方式,各类宗族史料中记载颇多,如宜兴篠里任氏义塾规定"清明、冬至后一日,本族生童,俱于祠堂会课,送高明评次,以第给赏,鼓舞后进,不可缓也"①。

宗族义塾的办学经费以及学生的食宿费等基本上依靠宗族义庄等所得收入承担,所以义塾的维持情况依据宗族实力而定,有的宗族义塾时设时废,有的宗族义塾限定宗族子弟入学名额,义塾规模小时各个学识阶段的子弟通常是合课而上。苏州陆氏庄塾限定了入塾的名额,"以定十人为率,有缺则补之",同时全额提供学生膳食费和学习资料费等,"朝夜每食四簋,二荤二素","书本笔墨、修脯饮食,俱由庄内开销,凡入塾者,概不派出分文"②。在分课合课上,陆氏庄塾因入塾子弟人数有限,采取合课的形式。有的宗族只提供经学以外耗费较少的教育,同时负责塾师等的费用,如宜兴任氏义塾规定,"今于本祠堂内设义塾,岁给脩金一十六两,延先生之有德者一人,训族之贫子弟,歌诗习礼,一如王文成法。宗课、宗直时稽其惰勤。先生供膳,量给银米,宗课主之。至于经学,为费浩大,力未能举,当徐议"③。

不同时期、不同家族的族学情况各有差异,如入塾年龄。有的义庄、族塾等没有写明入塾的年龄,有的则明确规定了入塾年龄,如苏州陆氏义庄入塾年龄为7到15岁,16岁以后如有可造之材则竭力成全其继续读书。

在晚清时期,地方社会发展的多元化也赋予了人的发展的多元化,部分宗族不再专以科举为谋生之徒,创设义塾的目的更加多元化。如江苏丹徒倪氏族谱所载,邻里子弟均可入祠中家塾读书,不收学费,使学龄儿童皆得受教育,"其秀彦者下学上达以驯。至光家而干国,尚也",也能"化其颛愚耶鄙之气",将来也有本事在农工商等行业谋生。④

---

① 冯尔康主编:《清代宗族史料选辑》上,天津古籍出版社2014年版,第740页。
② 同上书,第695页。
③ 同上书,第740页。
④ 参见上海图书馆编、陈建华、王鹤鸣主编《中国家谱资料选编 教育卷》,上海古籍出版社2013年版,第342页。

三、宗族教化的规范性

在教化方面,宗族作为组织,对地方社会和家庭有教化功能,补充了国家和地方官府在教化上的不足。一般而言,宗族条规对族人都有教化功能,倡导仁义礼乐、忠孝守法、安分守己,并且通过奖惩激励族人践行条规,家法族规则是这方面很好的代表。如宜兴任氏宗法规定"孝悌忠信礼义廉耻,八者为善之大。有一于此,不失为良民。至如勤俭、守分、谨慎、公平、质朴有实迹可见者,皆善也,有则旌之"①。家法族规的源头之一是国法,充分体现了当时占统治地位的儒家思想,在家法族规盛行时期,其宣扬的都是儒家的思想和观点,而统治者的法律所体现的也是儒家的思想和观点。实际上家法族规所展现的只是国法在内容和精神上非常微小的一部分,正如宜兴任氏宗法所言,"本祠所定家法,虽不能阐国法之万一,而斟酌古今出入礼律,取其明白切近,便于通晓"②,亦即任氏家族宗法实际源于国法。

清代后期存世的家法族规大多是经过漫长岁月修订而成的,有的家法族规自制定至清末,部分内容本质上没有多大的变化。大体而言,家法族规在中心思想上基本体现了三个原则:首先,合乎主流礼教思想。体现三纲五常等礼教精神,遵循传统的伦理纲常。其次,重视教化。教导族人及子孙后世处事立身之道,规范宗族秩序和族人行为,重视提高家族、宗族的社会地位。再次,不违背国法。这是家族、宗族生存发展的前提。总之,家法族规对宗族子弟的教化是多方面的。

家法族规通过奖励或强制的方式,宣扬勤俭节约、尊师重道、诚实善良等中华民族的传统美德,清康熙年间常州《长沟朱氏宗谱》指出,族人应勤俭节约,"宾筵不过五簋",吃饭穿衣解决温饱即可,不应奢华淫逸,暴殄天物,如果"妇女珠翠过盛,罚银五两,为风俗侈靡之戒"③。宜

---

① 冯尔康主编:《清代宗族史料选辑》中,天津古籍出版社 2014 年版,第 746 页。许多族规或家规中都有教化类的条款,如《毗陵杨氏宗谱》《毗陵张氏宗谱》《南望张氏宗谱》《毗陵邹氏宗谱》等中的家规、家训,《龙溪谢氏宗谱》溧阳《孙氏宗谱》等中的宗训、宗规。
② 同上书,第 740 页。
③ 费康成:《中国的家法族规》,上海社会科学院出版社 2016 年版,第 252 页。

兴任氏宗法则规定,"凡放肆、懒惰、风暴、撒泼、说谎、胡为、浪费、弃产、强梗、不务本等生理,皆恶也,虽小必纪"①。宜兴王氏家规规定,"本宗子侄,如有不孝不悌、游手好闲、赌博酗酒、妄作非为,或有干犯,俟清明或月祭日,检举开报,即拘赴祠质实,任凭宗长处罚施刑。违者,听各房长具陈解送"②。

孝悌、尊卑、三从四德等儒家思想是家法族规中常见的条文,由此衍生出孝行、贞节等方面的奖惩规定。家法族规中与表节烈孝行有关的记述、贞节牌坊、忠孝祠等是弘扬传统儒家思想的外在符号象征,是通过宗族教化民人的一种隐秘方式,很多家法族规都有类似的内容。清康熙年间常州《长沟朱氏宗谱》对此记述道,"族中子弟以孝悌为先"。不孝不悌且有证据的,不孝者打四十板,不悌者打二十板,再犯再打,第三次犯则逐出宗祠。宗谱重视尊卑有序,规定"少年每日见尊长,拱手致敬,坐则起立,行则让道,虽宴饮合欢,不许戏谑。违者责五板。致有以卑殴尊,先责三十板,然后究论事之是非。詈骂尊长责十板"。尊长不能欺负位卑年幼者,但对违反者没有惩戒措施。针对性别,宗谱要求"女勤纺绩,不出闺门,毋得族中男女溷杂,同席饮酒,不避嫌疑。违者罚银二两。至亡夫守节,贞洁不改,与例相符,宗族共出力旌之"③。

常熟丁氏义庄在光绪年间对孝行和守节行为的嘉奖是,"族中有孝行、贞节合例请旌者,助坊费十千文"④。宜兴任氏家族则在祠堂侧面另建贞节祠,"凡先世有节妇贞女始终无玷者,立位祀之。一以阐幽,一以励俗"⑤,对于有孝行显著者,则享受配享。宜兴王氏家规则规定,"不顺父母、凌犯长上、有伤伦理者,告知族长,痛加督责;如不改,送官究治"⑥。长洲毗陵胡氏宗祠祠规记述道,"德莫大乎孝,孝莫大乎飨亲。然飨父矣,而并飨父之父;飨祖矣,而并飨祖之祖。事诚莫重乎祠祭也,

---

① 冯尔康主编:《清代宗族史料选辑》中,天津古籍出版社2014年版,第746页。
② 同上书,第808页。
③ 费康成:《中国的家法族规》,上海社会科学院出版社2016年版,第245—246页。
④ 同上书,第253页。
⑤ 冯尔康主编:《清代宗族史料选辑》中,天津古籍出版社2014年版,第740页。
⑥ 同上书,第809页。

凡与祭者,敢不极其诚。"①。对于能守贞节的族人,给予一定的扶持,规定"寡妇孀女不能矢节者,服阕后听其转适。如察其志坚励节,果冰霜者,本族中宜加意抚绥,留心培植。有孤子,当扶持调护,俾其成立,克绍前人"②。有的宗族旌奖族内守节者,如武进毗陵庄氏嘉庆年间的族谱规定,"妇女守节至三十年者,书旌奖及苦节以表之;其少年守节未满年例而亡者,亦书节。他如贤母孝妇烈女必详书之,以励闺德。妾媵有贤行并得书。其或有失德或再醮者,谱法则除其姓,以寓微意;无所出者直削之,恶失节也"③。

家族宗族还通过家法族规约束族人言行,教化族人循规守矩,间接有利于社会治安。如康熙年间《长沟朱氏宗谱》对盗窃、赌博、造谣生事等都有相应的规约。首先,家族中如果有人犯盗窃罪,事发后被抓的,重打四十大板并且逐出宗祠。如果犯强盗,证据确凿,"合族公同打死"。如果失主先到官府报案,"合族公举,决不宽饶"。其次,禁止赌博。认为赌博之人想赢别人钱财,最终输光自己的钱财,"相争嚷斗,必遭人命",没有钱偿还债务,则比沦落为盗贼,败家丧身皆出于此。赌博者"重责四十板"。第三,"禁族中捏绰号,作歌谣,议人莫须有之事,甚至阴谋陷害,粘匿名揭帖。查实责三十板"。第四,要求族人交友要谨慎,"若与匪人结党,终日沉酒酣歌,斗牌掷骰,事犯责二十板"④。

常州毗陵胡氏宗祠祠规则告诫道,"欺孤虐寡""荫恶扬善""赌博酗酒""恃强侮弱""骄奢淫欲""下流不肖""面是背非""假公济私"等种种恶行皆为宗族先祖所深恶痛绝。族人如果"撒泼横行","子殴亲、亲殴兄、侄殴叔伯,甚至侄孙殴叔伯祖",则押入祠堂打五十板,同时罚以银两。如果不服,则送官处理。奸淫为族中极恶之罪,如果族人犯奸淫罪,"或以家私入祠,或逐出祠外,更永不序齿,定重惩不恕"⑤。

有些家族宗族将先儒格言作为家训,作为子孙后代修身、立业、宜

---

① 冯尔康主编:《清代宗族史料选辑》中,天津古籍出版社 2014 年版,第 815 页。
② 同上书,第 822 页。
③ 冯尔康主编:《清代宗族史料选辑》下,天津古籍出版社 2014 年版,第 1526 页。
④ 费康成:《中国的家法族规》,上海社会科学院出版社 2016 年版,第 245—246 页。
⑤ 冯尔康主编:《清代宗族史料选辑》中,天津古籍出版社 2014 年版,第 816 页。

家、睦族的参照。比如,常州毗陵胡氏宗族用方孝孺之言告诫子孙孝悌之道,要"敬父兄、慈子弟、和乡里、时祭祀"。"无胥戕也,无胥讼也,无犯国法也,无虐细民也,无相攘窃奸侵以贼身也,无鬻子也,无故不出妻也,勿为奴隶以辱先也。有一于此,生不齿于族,死不入于祠"①。由此也可以看出,有些家法族规或者家训等并没有严格区分孝悌、忠贞、守法等训诫,而是将它们作为修身齐家治国平天下的立体训诫。

家法族规对科举考试、入仕、皇上恩宠等也有涉及,重在鼓励族人、光耀宗族,由此也能在家族宗族中弘扬儒学、儒学传统以及国家的统治秩序。宜兴王氏宗谱家规规定,"凡诰敕谕文者,为列圣褒宠臣工之典故,敬录之以耀恩荣于不朽",在宗谱中记述人物时,"凡崇祀封赠、科甲、明经、荐举、恩荫、国学、胶庠、散职、儒士,已于世传中备书,履历仍以类表而出之"②。常州毗陵胡氏从本族发展出发,列出子孙发展六条路径,六条人生选择有五条皆与为统治者服务有关,即后世子孙要么读书成为大儒,要么"致君泽民"成为良臣,要么因仗义而名垂千古,要么拨乱反正为社稷作贡献,要么成为勤俭耕耘的人,要么成为为乡里排忧解难之人,"利族种种之善岂非祖先之所深望乎后人者哉!"③由此可见,宗族的发展在很大程度上与国家统治以及治理社会息息相关,宗族子孙只要读书,继续跻身士绅阶层,则可继续拥有官方或半官方的权力,维持宗族的社会地位。

太平天国起义对于江南宗族的打击是巨大的,由此也给宗族的教育带来巨大的打击,破坏了宗族教育的教化功能。宗族族产遭到破坏后,庄塾、义庄、义塾等教育组织也无以为继。太平天国起义平息后,有的族产无法再如数追回,宗族教育于是没有了资金来源,续办就成为问题。

以苏州洞庭王氏家族义塾为例,旧家谱记载,德和公祠义塾有捐资纹银一千两,此笔款项存于常熟"族人兰圃公所设之道生店,逐年以息金供给塾师修馔。粤匪乱后,店业荡然,款随沦没。阆圃后人蕙生,颇

---

① 冯尔康主编:《清代宗族史料选辑》中,天津古籍出版社2014年版,第817页。
② 同上书,第810页。
③ 同上书,第815—816页。

明公理,以义塾为公益之举,此款为培植族童之要需,不敢默然视之,函致族人,慨然以己产地基一方为抵偿。此项地基现查无著有知其事者,谓已转售他姓,不为义塾所有已非一日矣。为事业朘,未便深究,虽他项捐款乱后间亦难于稽覆,究之祠产田数有盈无绌,尚在可谅之中,独此义塾一项化为乌有,似难含糊。今兹重修家谱,苟不揭明缘由,登诸谱籍,俾有所稽考,则后人按谱索款,将有疑议丛生者矣!"①江南的义塾、庄塾等教育组织在太平天国起义期间应不在少数,很多宗族教育由此中断,太平天国运动后宗族教育的续办是一个颇费周章的问题,不过宗族教育的目标在这之后也变得多元化。

教化的权力归统治者,不过教化的实践却常常是民间主动的行为,由此让教化权变成常在下而不在上,如《华阴王氏宗祠记》所载:

> 先王之于民,其生业为之九族之纪,大宗小宗之属以联之,其死也为之疏衰之服,哭泣殡葬虞附之节以送之,其远也为之庙室之制,禘尝之礼,鼎俎笾豆之物以荐之。其施之朝廷,用之乡党,讲之庠序,无非此为之务也。故民德厚而礼俗成,上下安而暴慝不作。②

宗族自行教育,对于基层社会而言,培养了维护国家统治、维护儒家道德及社会秩序的士绅,继而为国家和社会的管理、治理和维护作出贡献。宗族自行教化的结果是减少了基层社会的各种问题,对于基层社会的管理和稳定都有直接和间接的贡献。

第三节 乡约教育与教化

乡约源于北宋陕西的吕氏乡约,在明清时期发展兴盛,在乡村社会发挥重要的教化和维持秩序的作用。作为乡村文化垄断者的士绅阶层,是乡约的组织者和教化者,通过对乡民说教、示范或者惩罚等方式,

---

① 上海图书馆编,陈建华、王鹤鸣主编:《中国家谱资料选编 教育卷》,上海古籍出版社2013年版,第6页。
② 冯尔康主编:《清代宗族史料选辑》下,天津古籍出版社2014年版,第1979页。

在乡村社会树立儒家思想的社会道德规范。

一、乡约制度的发展及士绅的角色扮演

顺治年间,开始乡约宣讲,皇帝颁布《六谕》,要求各州县任命一名乡约,定期宣讲《六谕》,礼部规定"乡约及其主要助手由当地居民从60岁(实岁59)以上、声誉卓著的生员中指定;如果没有这样的生员,60岁或70岁以上、名声好的平民也可以担任这个职位。每月初一和十五,乡约在其代理人的帮助下,必须解说'六谕',并将其邻里居民的善行劣行记录下来"①。

康熙年间,《六谕》被《圣谕十六条》所代替,州县官员躬行乡约法,遇朔望宣讲《圣谕十六条》。雍正年间,《圣谕十六条》又被《圣谕广训》所替代。雍正七年(1729),乡约人员有所增加,"除了一名'约正'(乡约头人)之外,还要选出三至四名'朴实谨守者'来担任'值月',按月轮流协助'约正'。在人口特别稠密的大乡大村,必须设立一个固定的场所供作讲约之用,叫作'讲约所'"②。"每遇朔望两期,(州县)务必率同教官佐二杂职各员,亲至公所,齐集兵民,谨将圣谕广训,逐条讲解","至于四外乡村,不能分身兼到者,则遵照定例,在于大乡大村,设立讲约所。选举诚实勘信,素无过犯之绅士,充为约正,值月分讲"。③ 可见,乡约制度一般是半月举行一次,在州县由教官佐贰等人主讲,在乡村一般由当地士绅主讲,宣讲内容为圣谕广训等。"三年期满,如果约正和值月工作卓有成效,或诚实无过的,就会经由各省督抚的推荐而得到相应的奖赏;怠惰废弛者就要受到惩罚"④。这一时期,乡约责任、权力及执行由州县官员负责,且各地在执行乡约制度的过程中会各有差别。

江南部分地方在乡约制度或者场所上承袭明制。以溧水县为例,

---

① 萧公权:《中国乡村——论19世纪的帝国控制》,张皓、张升译,联经出版事业股份有限公司2014年版,第218页。
② 同上。
③ 田文镜:《钦颁州县事宜》,《宦海指南五种》,第8页,转引自张仲礼《中国绅士研究》,上海人民出版社2019年版,第52页。
④ 萧公权:《中国乡村——论19世纪的帝国控制》,张皓、张升译,联经出版事业股份有限公司2014年版,第218页。

"明初,每里设乡约堂一所,奉太祖谕牌,集里人讲解之,设木铎循行道路,以教万民。岁久弛废,虚名徒存,不知敦俗化民,此其首务。嘉靖间,知县王从善行之,后无继者。万历间,知县傅应祯复行之,每乡设乡约堂一所,立约长、副,置二簿登记善恶,间行劝惩。崇祯戊寅,知县陈汝益再行之,尤重其事"。至清代,"司风化者皆能力持,至今不废云"。①而该县上原乡、思鹤乡、赞贤乡、白鹿乡、丰庆乡、归政乡、崇贤乡、长寿乡、山阳乡、仙坛乡、仪凤乡等11处乡约所皆为明代万历间知县傅应祯所建。

部分州县凭靠州县官员力举乡约,讲学之人中有当地学绅、耆儒之类,如常熟县。康熙二十五年(1686),杨振藻知常熟,秉承江苏巡抚汤斌"去民浮夸"之政,罢废"黩而不典"的祠庙。经查核,县境内有8处,将其中4处改"名贤祠宇",2处"改供文昌魁星",2处"改供丞署及编乡约所"。同年,赵士麟任江苏巡抚后,"颁示敬一录,檄行讲学条例"。②在江苏巡抚行乡约之制下,杨振藻在常熟县"力举讲约之政,虑乡隅邈远,煌煌圣谟,未及周知",择神宫佛宇64处为乡约所,并以乾坤等八卦定方位和编号,西北为乾号,正北为坎号,东北为艮号,正东为震号,东南为巽号,正南为离号,西南为坤号,正西为兑号,八方各乡约所8处。③至于乡约讲学之人,杨振藻"博采群望,延请耆儒钱陆灿设经帀席,昌明理学宗旨"④。

钱陆灿(1612—1698)为常熟人,字尔弢,号湘灵,曾在无锡、长洲、扬州、金陵等地担任塾师,明崇祯八年(1635)举拔贡,次年举明经。明清鼎革后,于顺治十一年(1654)年考授府通判,不过没有赴任。顺治十四年中举人,十八年在江南奏销案中被褫夺功名,后以教学为业。康熙十二年(1673)选任常州府学教授,十八年回常熟教学,二十二年授命主持编纂《常熟县志》。钱陆灿喜欢藏书,晚年拥书万卷。整体而言,钱陆

---

① [清]闵派鲁、林古度纂修,傅章伟、吴大林点校:《顺治溧水县志》,上海古籍出版社2016年版,第88页。
② 康熙《常熟县志》卷九《赋役》,第28—29页。
③ 康熙《常熟县志》卷三《官署·乡约》,第23—25页。
④ 康熙《常熟县志》卷九《赋役》,第29页。

灿为明末清初常熟的藏书家和校勘家,著有《调运斋集》《圆沙诗集》《圆研居诗抄》《邑志》等,编有《文苑英华律赋选》《钱氏家谱艺文志》等,参与修订《常州府志》《凤凰山永庆寺志》等。① 由上述信息可知,钱陆灿最高功名为举人,一生没有踏入仕途,是名副其实的学绅和耆儒,很早就居乡教学,后又陆续担任塾师、府学教授等,且在当地有一定的威望和名气,受官绅敬重。针对乡约讲学,知县只能从士绅里面寻找,而在知县的士绅名录里,自然想到钱陆灿。由此可见,乡约讲学之人由州县官员负责安排。

19世纪,乡约制度仍在持续。咸丰五年(1855)之前,乡约制度一度几近荒废、久未举行,咸丰五年是乡约繁盛之年,江南各县皆提倡乡约,该年乡约制度的新特点是县衙设立乡约局。根据相关记载,常熟、昭文、无锡、金匮、江阴等县皆有乡约局。常熟县于雍正二年(1724)在城东部析出昭文县,管辖城东部地区,与常熟县同城而治,两县共社一所乡约局。无锡和金匮两县官署位于同一城市,也只配置一所乡约局,即锡金乡约局。仍以常熟为例,乡约局"选举公正绅董,捐集经费,专办化导事宜,以作四乡表率"。此外,乡约局"聘公正诚笃之士二人或四人,名为约正,分值四乡,会通各乡图董振兴乡约,挨图轮流会讲。每乡有乡约长一人,主持各乡乡约,由约正就当地会讲时,与当地父老董事,商请老成敦品之人充任"。如此一来,乡约制度在某些方面发生了很大变化,"乡约责任由地方官吏手里,转移到地方绅董手里,由无组织的宣讲,进到有组织的分往四乡,轮流宣讲"②。

二、乡约中的绅董教化职责

通过考察乡约规定,可窥探乡约制度的变化以及绅董在乡约中的责任。常熟、昭文两县设立了乡约总局,并于咸丰五年(1855)三月制定了乡约规条。规条首先规定在城中设立乡约总局,计划复兴地方志在载的64处乡镇乡约所。规定"每逢朔望,本二县及绅董等到局齐赴乡

---

① 相关情况请参见李峰主编《苏州通史·人物卷·中·明清时期》,苏州大学出版社2019年版,第185—186页。
② 杨开道:《中国乡约制度》,商务印书馆2015年版,第217—218页。

约所龙牌前,行三跪九叩礼,宣讲圣谕广训"。就任职、人选及职能而言,规定城中总局由绅士管理,设司事1人,设司讲2人。绅士每月朔望在城内乡约所按期宣讲。司讲则随时分赴各乡镇敦促选举司董、约长和约副,并将各乡镇选人详情报告城中总局,此外,需分赴各乡镇随时会同宣讲乡约,"随带总册,随时登记"。

乡约宣讲的内容皆与教化有关,"训俗遗规、养正遗规以及古今忠孝节义、善恶果报、足资劝惩、有关风化者,均可随时讲解化导"。常熟、昭文二县县令等捐赠了一些善书,"谆嘱绅董等携往各乡镇,确交塾师,随时训迪,以正童蒙"。此外,规条要求司讲搜集城乡各地"孝子、悌弟、贞女、节妇"的实际故事,并"造册报局登记,以便汇详题旌,以维风化",随时随地开展"养老、敬节、保婴、惜孤、惜字、放生、掩埋、助葬、备荒、救火等"善事。对于城乡各地"花鼓、滩簧及宰牛、赌场、窝匪"等事,乡约长则会同城中总局绅董"随时禀明,听候究办",各乡镇约长可以邀请绅耆赴城中总局商议在当地开展兴利除弊之事,总期达到"风俗潜移,讼狱衰息"①。

由上述乡约规条可知,常熟和昭文两县乡约组织由城中乡约总局及乡镇乡约所组成。在人员配备和管理上,总局由士绅经理,乡镇乡约所则由当地各自公举司董、约长、乡副等人,报乡约总局备案,乡约仪注参照城中乡约总局的乡约仪注进行,乡镇与乡约有关的事情,由乡镇乡约长会同城中乡约总局绅董共同商议,并向县官禀明。如此,城乡乡约所的管理实际上掌握在城乡的士绅手里。至于乡约宣讲,每遇朔望两日,县官及城中绅董共赴乡约所宣讲或听讲,城中乡约所由司讲定期宣讲,乡镇乡约所彼时仍在复兴宣传阶段。对于宣讲内容,除圣谕广训外,有训俗遗规、养正遗规以及古今忠孝节义、善恶果报、足资劝惩、有关风化者等等。此外,贞节孝悌等有关风化之事的造册报局,养老、敬节、保婴、惜孤、惜字、放生、掩埋、助葬、备荒、救火等善事的举行,花鼓、滩簧及宰牛、赌场、窝匪等事的禀明听办,也由乡约居所的乡董、局董负责。就乡约所所址而言,城乡乡约所仍为康熙二十五年(1686)杨振藻

---

① 牛铭实编著:《中国历代乡规民约》,中国社会出版社2014年版,第218—219页。

任常熟知县时所设64处乡约所。

除乡约规条外,常熟、昭文两县于咸丰八年(1858)二月另制定了乡约局规,加强了教化的措施,新设立劝善和惩恶二簿,"如孝子、悌弟、节妇等迹略及滩簧、私宰、赌窝等事。乡董开送城局,总董查访。应劝应惩,秉公呈县办理"。经过勘察后,原64处乡约所调整为46处。[①]

有关乡约局绅董的职责,上述乡约局规规定,城中乡约总局由四乡总董及县官轮流讲学,各乡镇乡约所由乡董及地保负责商办,乡董同时负责乡镇劝善惩恶等教化之事,并向城中乡约局董汇报,由总董查访,然后呈县秉公办理。另外,城中乡约局局董要负责阐发朔望的劝勉贴,再次强调局董、绅董所需负责的教化事宜。江阴乡约局规条文也于咸丰五年(1855)四月制定,相比常熟乡约局条规,规定更加具体[②]。江阴青阳镇乡约局除负责劝导善行善举、疏绝讼事、采访贞节孝悌等教化事宜外,将劝人早日完粮纳赋写入规条中,另明文规定乡约宣讲不能言佛而应言儒,同时不矜奇立异。[③]

综合常熟、昭文、江阴及青阳等地乡约相关规定,细究绅董、乡董在乡约制度中的职责,具体有:宣讲;筹议复兴或重设乡镇乡约所;筹措乡约局所经费;经理银钱账目;经理城乡劝善惩恶二簿,查访和登记忠孝节悌等以及滩簧、私宰、赌窝等事;局董负责汇议查核各乡镇乡约情况、阐发乡约内容。绅董和讲生身份同为士绅,但二者有区别,董事常为"廉明老成练达者",讲生多为"品学素优、声音洪亮者"。[④]

本章小结

整体而言,士绅与江南地方教育教化之间存在多方面、多维度的关

[①] 参见牛铭实《中国历代乡约》,中国社会出版社2005年版,第194—195页。
[②] 参见牛铭实编著《中国历代乡规民约》,中国社会出版社2014年版,第217—218页。
[③] 参见牛铭实《中国历代乡约》,中国社会出版社2005年版,第196—198页。
[④] 牛铭实编著:《中国历代乡规民约》,中国社会出版社2014年版,第220页。

系,这些关系体现在地方教育组织、宗族教育以及乡约制度中。在清代江南各类教育组织中,士绅参与其中活动者超过1/10,地方县学、义学、社学、书院等教育组织的建设和修缮都有地方士绅参与其中,他们或者捐资,或者管理监督,或者执教等,比如在县学担任教谕或训导,创办义学时参与工程监督或资金筹措等,在各类学校或私塾中担任教师等。可以说,教育是士绅参与程度最深、范围最广的一方面。换句话说,教育基本由士绅把持。正因为有这样的历史渊源,20世纪初科举制度废除后,新学堂的创办、建设、经营、管理、任教等也自然而然地由士绅阶层来承担。在江南地方教育教化中,宗族教育也是重要的一部分,许多宗族是通过成功科举取士而被地方社会所认可,进而成为地方望族的,这些家族往往延续了文化教育的成功。宗族教育可被看成士绅在宗族内部弘扬和继承儒家文化的教育,是士绅通过血缘关系和宗族组织将统治者的教化理念传递到宗族内部的教育。由于宗族也属于地方基层社会管理的对象,宗族教育也是士绅教育教化地方的一种教育组织方式。

乡约制度在乡村社会发挥着重要的教育教化作用,是维护儒家思想社会道德规范的重要制度。顺治年间,开始执行乡约宣讲制度,宣讲内容历经《六谕》《圣谕十六条》和《圣谕广训》,至雍正年间,乡约制度也完善了很多,乡约人员也有所增加,除约正外,另有数名"值月"。另外,大乡大村有固定的讲约之所,而且在乡村,一般由当地士绅主讲乡约内容。部分州县靠州县官员力举乡约,讲学之人有学绅、耆儒等。直至19世纪,乡约制度仍然存在。咸丰五年是乡约制度繁盛之年,江南诸县在该年皆提倡乡约。不过,乡约制度也发生了变化。乡约宣讲也由无组织变为有组织,县衙设立乡约局,乡镇有乡约所,并且制定了相应的乡约局规和乡约规条等;乡约责任从地方官手中转移到地方绅董手中,比如乡镇与乡约有关的事情由乡镇乡约长会同城中乡约总局绅董共同商议,各乡镇乡约所由乡董及地保负责等。

乡约的教育与教化作用不仅仅是通过乡约制度来实现的,它还与地方其他组织或体系相结合来发挥教育教化的作用。例如,乡约不仅在基层社会中开展,还浸入宗族当中,成为宗族讲习儒家纲常伦理、维护宗族秩序,继而有助于基层社会的教化。常州毗陵胡氏祠规规定祠堂设立讲正和讲副二职,每月朔望之日,族中子弟前往祠堂听讲,讲授内容为四书、乡约等,"上以严父兄之教,下以谨子弟之率,耳提面命,最足遏恶于未萌,悔过于已往,迁善于将来"。进祠堂听讲必跪拜,听完退出祠堂也必跪拜,"聚而必揖,散而必揖"。"肃肃雍雍,弟子习仪莫便于此"。① 又比如,在乡约制度中担任某些职责的士绅中,有一些人在当地从事教育工作,比如在私塾、经馆、蒙馆、书院中担任塾师,乡约的教育教化作用还通过这些教育组织传达给基层社会。

---

① 冯尔康主编:《清代宗族史料选辑》中,天津古籍出版社2014年版,第816页。

第四章　士绅与江南地方慈善救济

　　慈善事业是地方社会治理衍生出的重要方面,关系地方社会的稳定以及长治久安。士绅之所以能在慈善事业中扮演重要角色和承担重要责任,是由国家的制度体系决定的。清代政府组织只延伸到县一级,县以下广阔区域处于正式权力的真空地带,士绅就成为连接县以下地方社会与清廷正式权力之间的纽带、桥梁或者媒介之一。在有效控制和治理地方上,士绅推动了地方政府机构在地方社会的有效运作,使其职能和作用覆盖正式权力不可及的地方社会。在慈善事业上,地方官员主导的慈善组织的有效运作离不开士绅的参与,士绅的参与反过来提升了自身的社会地位、地方权威或在宗族中的地位及权威。清代地方社会的慈善事业总体来说有三类:一类是慈善组织开展的慈善活动,一类是宗族救济,一类是包括地方官以及地方士绅在内的人员应时需开展的赈济活动。在清代中前期,前两类主要由地方官员主导,地方士绅参与其中,在田地、资金、管理、协调等方面发挥重要的辅助作用。咸丰、同治时期是地方慈善事业发展的一个重要转折时期,因为这个时期的江南兵燹使众多慈善组织和宗族都遭到了不同程度的破坏或损毁,有的甚至是毁灭,地方政府在这一时期的内忧外患中也遭受了沉重的打击。此后,地方衙门不论是在财力还是管理能力上,对慈善组织的掌控远远不如咸丰、同治以前。在慈善组织重建的过程中,士绅逐渐成为主导力量,而官府成为辅助力量。学界在研究江南士绅与慈善时,通常侧重权力运作、地方治理、赈灾活动等方面的考察①,本章则侧重系统整理江南士绅的慈善救济,使读者对江南士绅的慈善救济有一个宏观的了解。

第一节 士绅与地方慈善组织

清代,官方和民间有许多慈善组织,它们多以善会、善堂等形式出现,比如务本堂、同善堂,主要任务是处理基层社会的民众在生存与死亡中面临的各种社会问题,这类事务在当今通常被归为慈善事项,在明清时期则通常被称为义举、善举。善会与善堂的名称繁多,不过通常以会、堂结尾,比较容易辨认。善会、善堂的职责目标通常较为单一,有的掩骼埋胔,有的赐贫振乏,有的收养弃婴遗孤,有的救济妇女,有的救济饥民或灾民,有的办惜字义塾,有的施医药,也有些善会、善堂的职责目标是复合的,比如兼负责施棺代葬与惜字义塾,等等。在这些慈善组织中,士绅或领衔组织,或参与管理,或参与捐助,或从事具体事务,与士绅在其他地方组织或事务管理中担任的角色或承担的任务类似。

江南有行善的传统,士人行善的意愿较高,甚至将行善视为分内之事,扬州、苏州等各府州县都有慈善组织,且以府城慈善组织较为集中。综观清代江南善会、善堂等慈善组织的服务内容,埋葬类的机构最为繁多,其次是育婴堂,其余救济妇女、义学等类慈善组织也存在,但占比较小。就规模而言,各地育婴堂的规模通常较大。以扬州为例,扬州的慈善组织有育婴堂、务本堂、立贞堂、恤嫠会、普济堂、老人堂、救生堂等。

---

① 参见王卫平《光绪二年苏北赈灾与江南士绅——兼论近代义赈的开始》,《历史档案》2006年第1期;朱浒:《"丁戊奇荒"对江南的冲击及地方社会之反应》,《社会科学研究》2008年第1期;郝平:《江南"义赈"在山西——以"丁戊奇荒"为中心的考察》,第六届中国灾害史国际学术研讨会论文集,2009年7月,第156—171页;王林:《论丁戊奇荒期间江南士绅对河南的义赈》,《洛阳师范学院学报》2014年第33卷第12期;王林:《论丁戊奇荒期间江南士绅对河南妇幼的救助》,《商丘师范学院学报》2015年第31卷第1期。

一、士绅与扬州慈善组织

婴幼儿救助自古以来有之,宋代以前是无组织地救助,宋代以后出现了有组织的婴童救济机构慈幼局,历经元明两代,婴童救助机构有所变迁。到了清代,世祖皇帝严禁民间溺女婴,民间普遍的溺婴现象遂转变为普遍的弃婴现象,由此催生了育婴机构,后来更是出现了长期而专门的婴童救助机构育婴堂,从京师到地方郡县,育婴堂都卓有成效。扬州是首个建立育婴堂的地方,此后京师、通州、绍兴、杭州、松江等地次第开办育婴堂。扬州在明代也有育婴机构,名为育婴社。育婴社在晚清以前一直由官方主导创办,士绅参与经营管理或捐助等。据研究,"蔡琏在崇祯初期创办了育婴社,此时被文人周亮公所记载,由于扬州育婴堂彼时较有影响力,周亮公也在蔡琏育婴社的感召下建立了放生社"①。有研究说蔡琏是当地籍籍无名的商人②,育婴社是其联合众多善士共同举办的。在此后,扬州育婴堂在地方志中的记载寥寥。

清顺治年间,育婴堂开始发展,顺治十三年(1656),扬州"业鹾者西商员洪庥、徽商吴自亮、方如廷"在西边城外创办育婴堂,"岁需银三千两"。康熙、乾隆年间,清廷大力推广育婴堂,各地纷纷创办育婴堂,育婴堂从省会发展到了府州县等一级。在扬州,育婴堂的经费逐渐增加,规模也有所扩大。康熙四十年(1701),"刘太守涵摄运司事,月增五十金"。雍正元年(1723)地方政府核减公费时,此款保留下来。乾隆八年(1743),两淮盐运使朱续晫在西门、双桥、便益门、北来寺、高桥、广储门、毗卢庵、天宁门等八处遴选商人,按月承办育婴堂。乾隆三十年(1765),盐政效仿吴中,建房屋400间。乾隆四十年(1775),"盐政伊龄阿增乳妇米银"。乾隆五十六年(1791),"盐政全德将两淮归公田庐统命商司出,充内堂之用"。乾隆六十年(1795),"盐政苏楞额、运司曾燠各捐廉俸,改建乳房二百四十间,此载在盐法志者也。自宾谷都转改建之后,规模宏壮,縻库帑动至数万"。在这个阶段,扬州育婴堂主要由官

---

① 高兰兰:《清朝中央与地方政府对育婴堂态度探析》,《兰台世界》2019年第3期,第131页。
② 参见游子安《劝化金箴 清代善书研究》,天津人民出版社1999年版,第66页。

府主导,盐官和盐商运筹,鲜有绅士与育婴堂之间关系的记载,不过可以推测,绅士在其中的作用不脱离捐资助田等事务。

道光以降,育婴堂弊端突出,其管理主体由盐商转为士绅。在弊蠹方面,道光十年(1830),育婴堂每年用费"二万数千有奇","乳妇头八人把持舞弊,相沿已久,且遗留瞽目废疾之女百数十人,聚而不散"。咸丰三年(1853),育婴堂毁于兵燹,"嗣以各善堂田归扬州守经理,而乳妇头犹率残废强索口粮,始补给腰牌数十名"。同治八年(1869),城内新建育婴堂。这次育婴堂被毁与重建是育婴堂管理方式发生重要改变的契机。育婴堂重建后,时任两淮盐运使方濬颐收缴腰牌,遣散乳妇,乳妇头之弊病终于杜绝。同治八年四月,官府"修造号房六十间",翌年四月,育婴堂新增号房"二十八间"。此时,育婴堂由知事汪应溥与士绅共同经理。后来因为婴童数量极多,育婴堂无法容纳,有"于北乡黄钰桥立分局收养",而育婴堂的管理从淮商手中逐渐转为绅衿耆老手中。①

除育婴堂外,扬州其他善堂也较为发达,其中最引人注目的要属掩骼埋胔类的善堂,比如务本堂。务本堂最初由盐商创办、经营,其后转为官方资助扶持,咸丰、同治之后又出现了新的变化,绅董在捐助及管理上的参与度明显提升,不过仍是务本堂的辅助者而不是主导者。务本堂建于清代,由扬州经营盐务的徽商创建。扬州为东南都会,盐务发达,吸引了安徽的商人居家来此经商,而务本堂的出现则是这些商人在扬州生存发展过程中所产生的需求的反映。扬州的务本堂规模宏大,主要职责是管理两淮盐务中的相关出入费用,比如经办贡品、官员养廉费、应酬费用等,其次才是赐贫振乏、掩骼埋胔等善举,后者之起源与徽商宗族内部的赈恤制度有深刻渊源,后来转化为"月折"制度,补助盐商子孙后代,即由两淮盐务每月拨款给务本堂,以开展恤贫等义举,这种制度在扬州其他善会、善堂也有执行。据包世臣称,道光十年(1830),"扬州恤嫠会、普济堂、老人堂、救生堂、药铺、育婴堂和扬州、仪征书院(甚至徽商聚居的徽州、江宁、苏州等地的书院),均靠两淮盐务支撑"。②

---

① 参见同治《续纂扬州府志》卷三《公署》,第7页。
② [清]包世臣:《代议改淮鹾务略》,见《安吴四种》卷7上《中衢一勺》,转引自王振忠《徽商与两淮盐务"月折"制度初探》,《江淮论坛》1993年第4期,第70页。

就历史长时段看,咸丰及同治时期是扬州善会、善堂发展的一个转折时期,务本堂也一样。由于咸同兵燹,务本堂建筑荡然无存,而流离失所之人满载于道。同治元年(1862),朱善张擢淮扬徐海道,以务本堂旧址为基地,邀请当地绅董捐俸劝募,租赁旧城炎帝宫,施棺材以掩骼埋胔,施医药以救病伤者,士绅参与务本堂的劝捐事务。同治五年(1866),清水潭决口,扬州灾民遍地,当地官绅开厂施粥赈济,"全活三万三千余人"。在此基础上,当地官绅"锐意兴修,广为募缘",于同治六年(1867)在北柳巷路东再建善堂,取名务本堂。① 在重建的过程中,士绅参与了务本堂的建设事务,相比同治元年,士绅在参与的深度上有进一步提高。

重建后的务本堂的务本之义与徽商在扬州所建务本堂之务本有所区别。首先,性质不一样,前者为民间机构,后者为官办机构。其次,堂名含义有所区别。据有关学者的研究,中国自古将"耕田"看为"务本",而徽商将"经商"视为"务本",务本堂暗含以盐务为谋生之根本的意思。而后来所建之务本堂的"务本盖取四德,以仁心为本",将善举作为第一要务。再次,主要职责有所区别,前者与盐务有关,而后才是赈恤,后者以赈恤为要务,可谓"诸善举之总汇"。"堂中善举以施棺掩骼、义冢义扛为最重,其余病者送诊施药,饥者施粥,寒者施医,以及义学惜字,次第举行,惟育婴则暂为开办,俟集费稍广,别建堂焉"②。可见,后来新建的务本堂开展的善举范围几乎涵盖清代善举除育婴之外的所有类型。该务本堂由当地绅董管理,扬州自都转盐运使至各府县长吏等都对务本堂的振兴与保护有责任。

扬州在道光年间出现了专门针对妇女的收养所立贞堂,这类收容所出现的时间整体上较晚,且规模和数量都非常有限,无法与育婴堂相比,不过立贞堂的开创与当地士绅有密切关联,同时也离不开官方的扶持。据扬州地方志记载,仪征监生吴世璜家族是盐商,在经商之余行善举,于道光二十年(1840)在新城左卫街购屋建号房,收养孤苦无依的妇

---

① 参见同治《续纂扬州府志》卷三《公署》,第6页。
② 同上。

女,该收容所由前江都知县罗煜题名曰"立贞堂"。除吴世璜外,立贞堂也有其他行善之人捐资援助,更有人禀请让当地淮南商人"按引捐带三厘",前两淮盐运使但明伦禀请两江总督璧昌批准"由运库给发"。咸同兵燹期间屋宇被毁,后于同治七年(1868)重修,两淮盐运使李元华"劝谕场商按引捐厘,建置号舍七十七间",按月发给嫠妇,"盐荣等费由绅士经理"。① 重修立贞堂由官方主导建设,而士绅等经理相关事务和特定费用。扬州具有类似功能的善会还有恤嫠会,也是救济贫苦寡妇的机构。扬州恤嫠会原在城西门双井街,毁于咸丰兵燹,后遇经费不足的问题,地方志记载较少。

二、士绅与苏州慈善组织

苏州也有不少行善机构。江苏全盛时期,苏州城内外"善堂可缕指数者不下数十,生有养,死有葬,老者、废疾者、孤寡者、婴者部分类叙,日饩月给,旁建惜字义塾,放生之属靡弗周也"②。苏州下辖州县也有各类善会、善堂,其中苏州附郭县长洲、元和、吴县三县的善会、善堂等组织相对繁盛。与扬州善会、善堂的区别较为明显的是,苏州善会、善堂一般都有置田作为经济基础,两者相同的地方是,清晚期以前由官方主导。苏州善会、善堂所附田亩常常由当地人捐赠,不过地方志的记载多未表明捐赠人是否士绅,仅以邑人、郡人等相称呼,这使得确定苏州士绅在善会、善堂方面的作用有一定的难度。不过,有些善会、善堂记载了当地官绅所起的作用,这又在一定程度上增加了士绅与善会、善堂关系研究的资料。

除育婴堂外,吴县有女普济堂。如上所述,吴县女普济堂与扬州立贞堂等妇女救济机构不太一样的地方是,其经济基础为善堂附置的田地,田地一般为当地人捐置和官方划拨,而扬州立贞堂的经费来源主要为盐税等。吴县女普济堂原址在盘门外,乾隆三年(1738),邑人吴三复建,并"助置田二顷,以收养病妇",已有文献未注明捐献田地者是否为

---

① 同治《续纂扬州府志》卷三《公署》,第7页。
② 光绪《同治苏州府志》卷二十四《公署》,第4页。

士绅,因此暂不能确定士绅与普济堂田产之间的关系,此处复建女普济堂的吴三也可能只是地主,也可能是有一定经济基础的士绅。乾隆九年(1744),江苏巡抚陈大受"奏请拨给上元县没官新涨芦田二十八顷七十一亩",用于普济堂,咸丰十年(1860)毁于兵燹。同治年间,吴县人冯桂芬在盘门新桥巷建新的女普济堂,并"以锡类堂附焉","陆续增置田四千三百亩"。其时,冯桂芬担任李鸿章幕僚,可谓吴县的官绅,时常服务桑梓,如同治元年(1862)力请李鸿章奏请减轻苏州等地的田赋。在家乡善会、善堂的善举事业上,冯桂芬也常参与其中。在冯桂芬的主导下,女普济堂于光绪年间在吴县境内有田"四百八十五亩零二厘",在长洲县境内有田"一千四百六十五亩四分九厘六毫",在元和县境有田"二千七百八十亩零一厘八毫",在新阳县境有田"一千七百八十亩二分六厘六毫",在吴江县境内有田"一百九十六亩一分三厘七毫",在宝山东带有"沙田三十六万五千五百六十一步",在崇明泊有"沙田四十六万七千六百三十二步",在海门玉心有"沙田三十万八千六百十二步",在江阴叚山有"沙田一千九百七十六亩一分四厘四毫(划岸五百五十八亩四分四厘三毫)",有"永凝沙田一百五十七亩三分五毫(划岸六十八亩二分八厘八毫"以及"三堂叚山永凝带子沙公田派见一千五百八十九亩一分二厘八毫(划岸三百八十一亩八分四厘四毫)"①。由此可见,吴县女普济堂是由当地官绅主导的慈善组织,并有当地官方的介入,其他士绅的参与情况尚不得而知。

上文所述女普济堂所附锡类堂也是相类似的组织,初建在大云寺东,雍正十三年(1735)知府孔鈵建,"为董理掩埋之局",乾隆三年(1738),"督粮道刘柏奏拨吴江县没官田五顷七十九亩五分有奇、震泽县田八亩二分房价银二千八百五十两",咸丰十年(1860)毁于兵燹,遂移附于女普济堂。光绪年间,锡类堂在吴县共有田"十二亩一分七厘三毫",在长洲县有田"八十三亩一分一厘七毫",在元和县有田"九十五亩四分九厘",在吴江县有田"六百有三亩一分一厘三毫",在震泽县有田"八亩二分"。锡类堂的出现与城市的发展有不可分割的关系,尽管苏

---

① 光绪《同治苏州府志》卷二十四《公署》,第1页。

州在清代是东南人口最多的城市之一,商业发达,各地商人云集,但城市的丧葬行业并不发达,服务非常不完善,城中之人特别是外地人死之后,"则异尸枢畀诸火,焚烟翳空,臭达远迩,过者蹙额,其亲戚恬然安之,习为故常,民风滋浇,戾气失和,蒸为疾疠"①。百姓自行掩骼埋胔引发的社会问题引起了官方的重视,并被归为风俗问题加以整治。

雍正十三年(1735),两江总督赵宏恩、江苏巡抚高其倬着手整治江苏风俗,以移风易俗,在盘门大云庵创建锡类堂,负责处理民间义举性质的丧葬事宜,兼为贮财之所,"委前副使刘公柏、前知府姚公孔铕,帅同长洲令沈君光曾、元和令张君若燨、吴县令胡君映葵,捐资聚财"②。锡类堂监局为吴县人缪曰芑(雍正元年进士)、长洲县人宋照(康熙五十七年进士)、蒋曰棪(根据为数不多的文献资料的记载,蒋曰棪可能官职可能是员外郎)③,稽查者为教授储元升、经历陈志伟,司月为"顾崧龄、蒋卢、蒋棨、蒋诺、毕世球、章克迈、张口、蒋曰棠、洪梦诗、周谆、蒋重光、徐润",司事为"陈奇韩、毛曾祈、顾万永、马文绣、王维镛、杨干、缪蠵、蒋棅衡、陈志、周燚、吴寀鼎、陈士一、顾恒吉、僧日省"。根据锡类堂监局、稽查等人的官职,可知士绅在管理锡类堂的参与程度上非常之高,锡类堂为官员主导、士绅经营的善堂组织。锡类堂在六门外有附属阡地"六百九十有奇",这些义冢阡地沿自明代,"开局日即请清厘六门外旧所鬻义阡地,除民所隐占者,得若干顷,清立界址令后,自侵者倍偿"。锡类堂延请12人专门管理财务、账簿等,另外延请15人担任司事,负责稽查侵占、冒领等各类违规行为,每年寒暑两个季节,走街访巷,查访棺枢,如果愿意葬义冢,则按规定下葬,以杜绝乱葬法而致使污水横流。同时,在低洼之地修筑壕沟"三百丈、阔一丈、深六尺,以走潦水去渫污",顺势将挖出的土筑成高地。义冢内,墓葬之地先规划为方,每方又具体分为行列,男女左右分开埋葬,簿册内登记每一座墓葬的死者外,

---

① 光绪《同治苏州府志》卷二十四《公署》,第2页。
② 同上。
③ 参见宁欣主编《中华大典·经济典·商业城市贸易分典5》,巴蜀书社2017年版,第3331页;王稼句编纂点校:《苏州文献丛钞初编 上》,古吴轩出版社2005年版,页码不详;《江苏地方志》2020年第1期,第68页。

还列出墓葬位于"某阡第几方第几列第几柩",并在墓的左侧立竹篾,以备死者后亲人或后世子孙扫墓之用,这是针对平民百姓的墓葬法。① 对于乞丐或囚徒,死后无人埋葬者,另有地方集中埋葬。义冢为无力置备棺材者提供棺材,有水手和土工等人负责下葬之事。

除锡类堂外,吴县还有推仁局、种善局、输香局、体善局、桑敬堂、济善堂、一仁堂、惠安堂等施棺代葬之行善组织。推仁局位于宝林寺西,由吴县士绅程肇清于同治五年(1866)创立,负责帮助"有地不能葬者及掩埋三县斩绞人犯棺木"。除上文所述功能,推仁局还负责"推广各善堂代葬之法而小变之,凡有墓地而无力代葬者,局为经营"②。程肇清经商起家,"道衔尽先选用知县",属于当地士绅阶层,好行善,除推仁局外,还在其他多个善局机构活动。李鸿章对其高度评价道,"吴中大吏于泽民之政,倚君如左右手"③。比如,程肇清从同治九年到光绪年间皆在育婴堂担任董事职务,光绪五年(1879)左右另一任董事吴嘉椿离开育婴堂后,程肇清独任董事职;主持或参与办理粥厂、栖流所、恤嫠会等善举机构事务。④ 如此,推仁局是有士绅主导创建和管理的善会组织。

种善局由里人端木灿澄于同治六年(1867)创建,位于桂和坊,负责"施棺代葬,惜字施粥,并设义塾,教里中子弟",在长洲县有田"二百三十九亩一分九厘五毫",作为经营善局的经济基础。输香局在吴县城中西大营门内,建于道光年间,毁于兵燹后,房屋有一半倾塌,经费也紧张,在地方官的斡旋下,官员和士绅捐资辅助,并有人捐赠"二十六椽捐局中作殡舍",每年交其租费收入的1/3给家族无后之人,以"作祭扫诸费",剩余2/3由输香局处置。苏州也有输香局,由里人吴振宗于同治七年(1868)创建,其功能除"施棺掩埋"外,还有"惜字"。⑤ 咸丰十年(1860),里人谢家树重建输香局,并附设义塾以教授当地子弟。体善堂也是施棺代葬、收埋露尸之机构,创建于嘉庆十七年(1812),位于三乡

---

① 参见光绪《同治苏州府志》卷二十四《公署》,第2页。
② 光绪《同治苏州府志》卷二十四《公署》,第3页。
③ 李鸿章:《重修苏郡育婴官堂碑记》,转引自黄鸿山《中国近代慈善事业研究:以晚清江南为中心》,天津古籍出版社2011年版,第227页。
④ 参见黄鸿山《中国近代慈善事业研究:以晚清江南为中心》,天津古籍出版社2011年版,第227页。
⑤ 光绪《同治苏州府志》卷二十四《公署》,第4页。

庙前,咸丰十年(1860)毁于兵燹,同治年间在胥门外韩蕲王庙中重建。桑敬堂为宁波和绍兴两地商民捐建的善堂,主要功能是埋瘗同乡棺木。济善堂由吴县人朱纶启于嘉庆二十四年(1819)创建于木渎镇城隍庙东,主要功能是"收埋惜字"①,咸丰十年毁于兵燹,同治年间迁移至庙北,在堂中改建房屋,并设置义塾,教授吴县子弟。善济堂建于乾隆四十一年(1776),作用也是"施棺埋瘗",兼及"修葺桥梁",道光十六年(1836)并入同善堂,咸丰十年(1860)毁于兵燹,同治三年(1864)吴县人王忠翰重建。此外,善济堂原有附属"公田四十余亩",同年吴县人"朱德高复捐田一百亩,王忠翰捐田三亩,杨丕烈捐田二亩五分",善济堂规模有所扩大。② 惠安堂由吴县人徐孝标于嘉庆十一年(1806)创建,位于洞庭东山阳桥村,也是施棺埋葬之善堂,同时兼施医药。咸丰十年毁于兵燹,同治年间获重修,基本上恢复了原惠安堂的规模,有"田六十一亩四分九厘,先后共置义冢地三十一亩四分零",里人翁氏"捐地三亩二分,道光二年募置横山义地四亩零九厘"。存仁堂由里人翁氏于同治二年(1863)创建,位于洞庭东山余家湖,作为"山人在外舟次病故者寄柩之所"。③ 这些善堂大多由当地人出资创建或重建,也有地方官从中斡旋,有的明确表示士绅参与了捐资,更多的善局、善堂记载未明确表示有士绅参与捐资或管理等。

一仁堂由吴县人冯桂芬创建于咸丰六年(1856),地址在光福虎山桥,"置田二顷余",主要负责施棺施药。一仁堂同时在潭西建造种树局,"购地百余亩,杂植梅桃桑柁之属"。太平天国起义期间,一仁堂"掩埋以千计",清军克复苏州后,一仁堂"所掩埋又以百计"。咸丰十年(1860)一仁堂毁于兵燹,同治二年(1863)获修葺,冯桂芬"增置田二顷余,凡五顷余,合冲山义仓田凡六顷余"。冲山义仓为冯桂芬友人觉阿上人于道光年间募捐而建,附于一仁堂。咸丰十年太平军乱中,周围百姓靠义仓救济,义仓粮食也因此消耗殆尽,向一仁堂借米"三百石余,佐

---

① 光绪《同治苏州府志》卷二十四《公署》,第5页。
② 同上书,第5—6页。
③ 同上书,第7页。

钱百缗,赈之"①。与冯桂芬创建的女普济堂一样,一仁堂是由官绅主导和运筹的善堂。

除施棺埋葬类的善堂,还有救济弃婴和嫠妇、教养叛逆子弟、收养耕牛等的善堂组织,如毓元局、恤孤局、洗心局、养牲局等。毓元局由吴县人吴振宗于同治七年(1868)创建,位于长春巷,主要功能是"护婴恤嫠",并在香山设立了分局,在元和县共置田"一百十五亩五分六厘五毫"。吴县原有恤孤堂和抚孤堂,前者"每岁仲冬收养穉子孤露者,踰春二月资而遣之",后者"择可教者教之",读书工艺学成而后遣,两堂在咸丰十年(1860)兵燹中全部被毁。同治五年(1866),长洲县知县蒯德模在梵门桥巷北石头塔合建两堂,取名恤孤局,拨给官田300亩作为经费来源。② 洗心局由吴县人冯芳植于同治十年(1871)创建,位于剪金桥巷,"旧家子弟不肖者送局管束,共建号舍若干间,严行禁锢",后将滚绣巷的兴仁局与芹香堂后的归善局并于洗心局。养牲局由吴县人韩是升于嘉庆十七年(1812)创建,位于胥门外枣市桥,"收养老病耕牛",咸丰十年毁于兵燹,同治年间移至胥台乡韩蕲王庙。这些善堂、善局等与上文所述各类善会善堂等组织一样,或由官员主导、或由官绅主导、或有士绅参与。③

长洲县的善会、善堂组织记载相对较少,咸丰兵燹以前,善会、善堂的创建与管理等多由地方官员主导,而在咸丰兵燹以后,士绅参与度明显加强。长洲县普济堂由县人顾如能等人于康熙四十九年(1710)筹资创建,地点位于虎邱普济桥前,"收养病民"。康熙五十五年(1716)由皇帝御书赐额"香岩普济"额,乾隆二年(1737)"奉旨拨给没官房价银,置田八顷四十四亩有奇,又绅士助置田二顷六十亩有奇"。乾隆三十一年(1766),巡抚明德增建病房"五十一间"④。此外还有栖流所,栖流所原在苏州府城内三元坊,"收养老病流民,冬收春放"⑤,后毁于火,同治十

---

① 光绪《同治苏州府志》卷二十四《公署》,第7页。
② 同上书,第4页。
③ 参见上书,第5页。
④ 同上书,第7页。
⑤ 同上书,第8页。

年(1871)由郡人程肇清移建至子城基,即育婴堂旧址。清军从太平军手中克复苏州后,各类善举先后裁撤,而城厢内外需要救济和抚恤的百姓非常多。于是,观察程肇清着手劝捐,设立粥厂和平饭所,在元都观北寺、天宫寺设立栖流所,用以安置流民。丁日昌任江苏巡抚期间,"前后筹拨银米济之,又通饬各属如法举办,于是平饭所一、栖留所三、官粥厂四、长元吴三邑捐办粥厂三",都是程肇清一手经理,"每届冬令衣米各费,官款捐款相辅而行"。① 同治十年(1871),程肇清偕当地诸士绅奏准"岁拨丹徒漕赠五米一千石之外,每年拨丰备义仓生息款钱二千缗,又请于四库,拨给生息银一千两,以佐经费"。长元吴三县自此有"协济钱六百缗",各类行善局、所等收支才有固定的款项作为支出。同治十一年,程肇清在育婴堂旧址"建屋四十五间,平饭、栖流二所合而为一,计糜钱二千九百七十余缗"。芹香堂由里人丁士准于同治七年(1868)重建,位于长元学宫之左,"收惜字纸复,推广保婴善举,共置长洲县田二十二亩八分八厘七毫、元和县田六十八亩三分三厘、吴县田二十三亩五分"②。同善堂建于乾隆五十八年(1793),位于虎邱普济桥下塘,职责为"施棺代葬、惜字放生",咸丰十年(1860)毁于兵燹,同治三年(1864)重建。至光绪年间,"存长洲县田一百五十一亩七分二厘五毫、元和县田六亩七分四厘五毫"。培心堂也是施棺代葬的善堂,位于陆慕镇,建于嘉庆二十一年(1816),"共置长洲县田二十三亩四分九厘八毫",嘉庆二十四年(1819)在太平桥镇设分局,"置长洲县田三十亩"③。

元和县善会、善堂也是以育婴、掩骼埋胔等类为主,育婴堂的创建与经营,士绅有建言献策之功。育婴堂原在玄庙观内,由郡人蒋德埈等人于康熙十五年(1676)创建,以收养弃婴为主。康熙十五年,蒋德埈等苏州士大夫耆庶等人向地方官请咨建育婴堂。育婴堂规模渐备后,每月十五日,育婴堂各人员定期集合。由于育婴堂房舍数量有限,不能容纳所收弃婴,于是将所收弃婴交付各乳母带回哺养,育婴堂各人员定期

---

① 光绪《同治苏州府志》卷二十四《公署》,第9页。
② 同上书,第9页。
③ 同上书,第10页。

集会前,先行传集城内外乳妇抱婴来育婴堂,"计婴授乳,计乳授资"①,此法有诸多弊端,如"众势涣,稽察为难,乳母或不尽心"②等等。八年间,养活婴儿数千名,康熙四十四年(1705),康熙南巡时御书"广慈保赤"匾额。乾隆二年(1737),育婴堂奉旨获拨"没官房价银一万二千两有奇置产",士绅"助置田三顷七十亩"。乾隆四年(1739),江苏巡抚张渠将育婴堂搬迁至子城基天王堂之西。乾隆九年(1744),江苏巡抚陈大受"奏请拨给江宁县没官新涨泸州若干亩",其后经过陆续增置田亩,共计"江阴县沙洲五千亩有奇、海门厅沙洲四千三百四十一亩、常熟县沙洲七百七十六亩、吴长元三邑田二千一百零七亩、吴江县田二百九十五亩"。同治六年(1867),郡人顾文彬将育婴堂移建至中营基巷,并请官府"拨丰备义仓田九百二十九亩三分"③。

育婴堂内附广仁堂,与锡类堂类似,前者主要功能是帮助"有地不能葬者"④,或者说"故家旧族有坟茔而贫不能葬者",由"善士捐资财代谋归藏"⑤,后者则是为帮助无坟且无力葬者,当地士绅在广仁堂的事务管理中有较大的作用。广仁堂前身是埋骼会,建于雍正十年(1732),由费廷俞等人创建,埋骼会集会之所为清真观旁文昌阁,兼事惜字。雍正十三年(1735)改名广仁会,"酌立规条,巨细有则,设舟楫雇夫役,助灰物,择日有师,督葬有人",徐泓、盛谦、顾进等任其事,费廷俞、盛师修等各自提供不同的资助,当地士绅习隽、邵泰总责其事。同年,广仁会成员朱楫捐资购买文昌阁阁前地块建堂。太守黄鹤鸣奏请大吏拨官产,"值三千有奇,变价置田,为垂久记"⑥。乾隆二年(1737),邑人朱楫捐资倡导购买清真观东文昌阁前民居,作为广仁堂门庑。历时五月,广仁堂建成。此事为总督尹继善所记载,而巡抚邵基奏请"拨没官房价银,置长洲县田一顷六十九亩五分有奇、元和县田七十五亩九分有奇",又有

---

① 光绪《同治苏州府志》卷二十四《公署》,第12页。
② 同上书,第13页。
③ 同上书,第11页。
④ 同上书,第13页。
⑤ 同上书,第14页。
⑥ 同上书,第15页。

士绅"助置田二顷二十亩有奇"①。乾隆八年(1743),巡抚陈大受奏请"拨上元县没官新涨泸州四千三百有六亩六分六厘,其后陆续增置江阴县沙田六百三十八亩、常熟县沙田七百七十六亩、长元两县田四百二十七亩"②。总体而言,建堂功劳最大的为朱楫,助田者为盛师修,前后任事者有费廷俞、朱楫、沈奕鎏、周承业等,毛曾祈、沙起宝、吴永社、沈洁、王肇基、华仁、沈天中、徐有源、钱名时、沙家栋、吴瑞玉等人则有捐资或任劳之功,此外还有其他作出贡献之人。咸丰十年(1860),广仁堂毁于兵燹,清军克复苏州后,广仁堂被附入育婴堂。

其他施棺代葬的善堂还有仁济堂、安仁南局、保息局、永仁堂、同仁堂、敬梓堂、怀善局、遵善堂、积善局。仁济堂由郡人彭福保于咸丰七年(1857)创建,位于百狮子桥北,除收埋代葬外,还兼责修葺桥梁,"共置田三十六亩九分一厘"。安仁南局位于王孟子桥,建于咸丰四年(1854),兼"施棺代葬"与"施药赈粥",同治十年(1871)毁后,由里人龚滢等人重建,光绪年间在元和县存田"一百八十六亩六分八厘六毫"③。保息局最初位于上海,由冯桂芬创建,同治四年(1865)移建至苏州卫道观,之后又移至齐门新桥巷,里人金某"助银一千两"④。永仁堂由郡人张云龙于乾隆十九年(1754)创建,主营"施棺代葬",巡抚庄有恭"拨给吴县没官田三十亩",咸丰十年(1860)遭毁,同治四年重建,光绪年间"存田二百二十五亩四分一厘四毫"。仁济堂由生员王起等人于乾隆四十八年(1783)创建,位于娄门外徐庄,除收埋代葬,也负责修葺桥梁道路,咸丰十年遭毁,同治四年由里人陶文标重建,光绪年间存田"五十余亩"。同仁堂原在保圣寺内,名同仁局,由乾隆五年(1740)里人金三才创建,"施棺收埋,捨药惜字,共置元昆新三邑田七百二十亩四分五厘四毫"。乾隆二十六年(1761)始改为堂,地点位于甪直镇原乡约旧址。咸丰十年废弃,同治四年由里人殷械等人重建。敬梓堂也位于甪直镇,嘉庆二十五年(1820)由徽州人创建,"葬其乡人旅榇无归者"。咸丰十年

---

① 光绪《同治苏州府志》卷二十四《公署》,第13页。
② 同上书,第14页。
③ 同上书,第16页。
④ 同上书,第16—17页。

废弃,同治三年(1864)重建,光绪年间存"元昆新三县田七百余亩"①。怀善局由里人迮廷镒等于乾隆三十五年(1770)创建于周庄镇永庆庵,经营施棺代葬,嘉庆十一年(1806)渐渐废弃,后由里人陶秉信募资改设,地址改为澄虚道院,光绪年间存"元和县田二十五亩九分"。遵善堂由里人祝维则于咸丰六年(1856)创建,位于车坊镇月林庵内,"施棺代葬,兵燹后渐形废弛",同治五年(1866)由里人郭吉坤重设。积善局由里人王永和于乾隆四十六年(1781)设于唯亭镇延福寺,"施棺代葬,埋胔惜字",咸丰十年废,同治六年(1867)由里人卫应庚重设。② 这些善堂有一部分明确记载为地方士绅创建,其他则为当地有一定经济实力的人所创建,可能属于士绅阶层。

除施棺代葬外,元和县也有其他善堂。例如,安仁局位于悬桥巷回真道院内,里人顾泰樽于同治六年(1867)在其中"设义塾以教里中子弟,共置田五十亩五分二厘二毫";安节局由冯桂芬创建,收养"名门嫠妇",初位于上海,同治三年(1864)移建苏州齐门新桥巷,该处原为清净庵,咸丰庚申之难后,重建为六烈祠,供奉栗主,"旁以处嫠妇,其后购隙地建屋二十楹";清节堂也是收养名门嫠妇之所,嘉庆十七年(1812)由里人陈道修倾家产捐建,位于虎邱下塘,咸丰十年(1860)毁于兵燹,同治四年(1865)由道修孙德基重建;迁善局由里人杨引传等于同治九年(1870)创建,位于甪直镇,"旧家子弟不肖者送局管束",与郡城洗心局同类。除冯桂芬创建的安杰局外,其他善堂仅仅记录为里人创建,其士绅身份不得而知。③

相比吴、长、元三县,苏州府其他县善会、善堂组织记录较为简单,很可能是这些州县本身拥有的善会、善堂在数量和规模上都不大。昆山县施棺代葬的善堂有崇善堂和志远堂,崇善堂由里人朱乐英于乾隆十八年(1753)创建,位于陈墓镇,同治三年(1864)里人朱惟远重建,存"元和县田五十九亩六分五厘八毫、昆山县田二百七十一亩七分五厘",同治八年(1869),崇善堂"置义塾两所,教里中子弟,置田二百三十四亩

---

① 光绪《同治苏州府志》卷二十四《公署》,第17页。
② 同上书,第18页。
③ 参见上书,第16页。

五分四厘"①；志远堂由浙江杭宁绍三地商人于嘉庆二十三年(1818)创建,位于无不利桥,"购地溢渎村,收瘗同籍旅榇"②,咸丰十年(1860)毁于兵燹,同治初年重建。

新阳县原普济堂位于马鞍山东麓,建于乾隆五年(1740),乾隆六十年(1795)移建新阳县治东任家衖。原育婴堂由贡生叶方蔚等人于康熙三十三年(1694)捐建,位于酒坊桥东。后来两堂皆废弃,道光二年(1822)由里人金承烈并建两堂,即普济育婴堂,位于茅家桥东,"收养病老男妇穷嫠苦节无依者,按月给米"。咸丰十年(1860)坍圮,同治期间重修后,存田"二千七百六十七亩二分四厘"。敦善堂建于嘉庆十二年(1807),位于天区三图尚书里,"收埋暴露,报验路毙,兼施衣药棺木",咸丰十年毁于兵燹,后归入文会局,存田"二千二百五十一亩二分七厘六毫,内附洒扫局,田四百余亩,周巷义渡田五十五亩五分四厘四毫,尚市义渡田三十亩八分八厘八毫,岳庙义渡田二十二亩四分三厘五毫,并筹济局节孝祠施棺代赈等田均附焉"③。可以看到,新阳县的善堂至少有当地士绅出资。

常熟县广仁局为邑人丁湜、鲍守义等于康熙四十三年(1704)创建,原名收埋局,"每年六月七月,制合丸药以疗病者,清明及十月节司事督率土工人等分往城乡,收埋露棺,平时备棺槥以施贫不能敛者,岁以为常"。康熙六十年(1721)移建至城隍庙右慧寺南。乾隆二年(1737),督粮道刘柏改题额"广仁局",并且奏请"拨给官田二顷四十四亩九分以资经费"。乾隆二十年(1755),里人屈成霖再次捐田"四十六亩五分五厘",合计田地"三百四十亩一分七厘四毫"。凝善堂由邑人徐镕于嘉庆十八年(1813)捐资创建,位于翼京门外乌桥衖,"收瘗陆毙浮尸,原置田二百六十亩零,内常熟县田二百十八亩二分三厘、昭文县田五十亩二分八厘五毫",咸丰十年(1860)毁于兵燹,同治四年(1865)重修,当时士绅"增置田一百亩有奇",同治十一年(1872)再次"置田六亩"④。

---

① 光绪《同治苏州府志》卷二十四《公署》,第18页。
② 同上书,第19页。
③ 同上。
④ 同上书,第20页。

清节堂创建于同治七年(1868),由邑人钱禄泰捐地,季曜奎、刘屺望创建,位于翼京门内龚家桥西,"收养贫家寡妇,并置义塾教里中子弟"。同治十年(1871),常熟知县汪福安"助建寮房十楹,今存田一千有九十亩,皆里中绅士陆续捐置"①。安济堂位于翼京门外逊步桥高邱上,邑人屈成霖捐建,"输腴田千顷,收养年老无依男妇,设监堂医生等七人"②,屈氏族人自己管理安济堂③,不经由官方经理,咸丰十年(1860)毁于兵燹,同治四年(1865)由屈成霖后人重建。屈成霖为江苏常熟人,乾隆元年(1736)进士,先后任卢龙知县、景州知州,解组归田后在家乡行善举,"输金三千五百两,起造安济堂,输金四百两,备什物器皿,又捐所置熟田一千亩,于中收养远近鳏寡孤独,时其饮食,给以衣被,病与药,殁与棺葬,为屋一百六间,设监堂一人,医士二人,司牧养一人,司支给一人,司租税一人,司查勘一人,费皆于千亩之息"④,并定有规条。安济堂开建于乾隆十七年(1752)七月,完竣于乾隆十八年(1753)十月。由中可以看到,乡绅在建设善堂上起了重要作用。

昭文县育婴堂由邑人王志学于乾隆八年(1743)创建,位于方塔寺西。乾隆十年(1745),昭文知县陈莫纕"拨入青屏沙田三千八百亩",乾隆五十五年(1790)重修,咸丰十年(1860)毁于兵燹,同治六年(1867)重建,"存田七百九十亩五分八厘一毫、天福沙田六百零七亩二分四厘五毫"⑤。常熟育婴堂原在丰乐桥西,乾隆九年(1744)由邑人捐建,乾隆十三年(1748)废弃,后与昭文县育婴堂合二为一。

吴江县育婴堂初名留婴堂,乾隆二年(1737)购买民房改建而成,位于重庆桥东南,震泽县弃婴也收容于此。"按留婴堂绅士苏宏遇、费元衡、吴然、沈廷光等呈请两县详建,震泽徐起凤等捐田二十四亩入租,司月绅士各捐资以给经费,实未尝转送苏州育婴堂,会乾隆七年巡抚陈大受檄各县并就本处设法收养弃婴,郡堂不得收受,吴江县遂改称育

---

① 光绪《同治苏州府志》卷二十四《公署》,第20页。
② 同上书,第20—21页。
③ 参见《临海屈氏世谱·义庄志》,第1—6页。
④ 光绪《同治苏州府志》卷二十四《公署》,第21页。
⑤ 同上书,第22页。

婴"①。乾隆八年(1743),吴江知县张曰谟"清丈九里湖、九里等圩草荡一千一百亩有奇,归堂收租济用,缺则两县知县设法资助"②。咸丰十年(1860)毁于兵燹,同治六年(1867)知县沈锡华重建,同治九年(1870)"捐置田五十亩","共存荡四千亩有奇,田一百余亩"。仁善局由邑人费兰墀于道光三年(1823)创建,位于吴江西门外,"掩埋收婴,共置田六百四十四亩",咸丰十年毁后未重建。③ 由此可见,吴江县育婴堂是在士绅的呈请下建立的,士绅也在捐资和管理上贡献了力量。

种善堂由里人郑昂文捐建,位于盛泽镇大适圩,道光年间被毁。王元相重建种善堂,左边留婴处由里人沈凤书创建于嘉庆二十一年(1816),"收养遗弃婴孩,并置田一百八零亩,为留婴经费",同治八年,沈凤书孙沈致和又"置田五十亩"。众善堂由里人徐达源建于嘉庆十七年(1812),位于黎里镇,"施棺恤嫠"。④ 此外,黎里镇西北作字圩设有育婴堂,由里人陈时夏于乾隆三年(1738)创建。吴江县养济院俗称孤老院,宋淳熙年间建立后扩增,几经移建和修缮,至明代建在县城北门外广运桥东南东原无圩,清代分属震泽和吴江两县,乾隆十一年(1746)冬部分房屋毁于火,由知县陈荚纕请资重建。⑤

清代江南慈善组织类型较为多样,涵盖掩骼埋胔、收养弃婴、救助女性、赈济灾民、施药治病、办理义塾等。在这些慈善组织及其开展的各类活动中,士绅通常扮演着重要的角色,士绅的这些角色在咸丰、同治以后发生了很大的转变。咸丰、同治以前,慈善组织由地方官主导,负责筹办、创建、运营等,而士绅主要是参与,并起着辅助的作用,比如参与其中的经营、管理或捐助等,育婴堂在这方面体现得尤其明显。这一时期官方主导下的善会、善堂就是清代善会、善堂的主体,也是咸丰、同治以后善会、善堂的基础。咸丰同治时期,由于兵燹,育婴堂、务本堂、立贞堂、普济堂等大大小小各类善会、善堂遭到不同程度的损坏甚

---

① 乾隆《吴江县志》卷八《学校》,第11页。
② 同上书,第11—12页。
③ 参见光绪《同治苏州府志》卷二十四《公署》,第22页。
④ 同上。
⑤ 参见乾隆《吴江县志》卷八《学校》,第11页。

至毁灭,之后又在不同时间获得不同程度的重建或新建。在多数善会、善堂的重建或新建过程中,地方官以及地方士绅扮演的角色发生了实质的变化,地方官的主导地位弱化,而士绅的主导作用逐渐显现并加强。

第二节　宗族救济

宗族的救济对象有针对性,即针对宗族内部成员。相比而言,各级行政区域的慈善救济对象也有针对性,即针对一定地域内的人群。如此看来,宗族救济的对象和地方其他慈善救济的对象都有基于一定因素的针对性,故并不能据此将宗族救济对象的族内特性作为否定它属于地方慈善救济一部分的理由。

一、宗族义庄

实际上,宗族救济属于地方慈善救济的一部分,发挥着不容忽视的作用,另外也参与地方赈济。比如在家族宗族内部接济贫疾者,如给衣食、设义学等。如清代常州《长沟朱氏宗谱》规定,"赤贫与有疾废不能举火者,公祠每月给米一斗五升,以救残喘"。开设义仓,每年正月十五后,适当借资给族内贫乏之人,10个月之内归还,"每石加息二斗半。荒免一斗,大荒全免,其所借之本,亦移至次年起息偿还"。设立义学,"族中贫不能延师者,俱送子入祠读书。如幼童品质颖秀,其父甘于废弃,不送读书,罚银一两。有从旁谤议,阻挠不肯成人之美,定责二十板"[①]。

常熟丁氏《义田规条》也规定了对族内贫乏者的资助。除族中各支按照规条给予恤资外,对于各类鳏寡孤独也有特定的恤资。如族中各家已故正室之子每月"于应给月米外,加给月米一大口,制钱五百文",满6岁后停发;孤寡老人和16岁以下的孤儿,"除月米应给外,每年俱给钱七百文";寡妇"给钱一千文,俟其子孙年及二十岁停

---

① 费康成:《中国的家法族规》,上海社会科学院出版社2016年版,第246—247页。

给,无子孙则常给"①。

规模较大的宗族通常有族产,其来源较为多样,"祖遗田产、族人捐献、族人集资、绝户遗产、房租、利息"②等等。因为族产的存在,宗族才能在内部组织各类慈善活动,最为普遍的为济贫济弱。在各类族产中,作用于济贫济弱等慈善活动的主要有义田和义庄,义田为田租等财产之来源,义庄为管理田租和族田等的机构。

江苏各地的义庄较为普遍,有较为客观的经济基础,从而有较为客观的宗族救济规模,这些也是宗族救济作为地方慈善救济一部分的原因,以吴县、长洲县和元和县三县为例,其义庄情况如下③:

地点	创立年代	义庄名称
吴县	宋朝	范文正公义庄
	明代	申文定公义庄
	乾隆	临海义庄、翁氏义庄、萧江义庄
	嘉庆	吴氏义庄
	道光	资敬义庄、耕荫义庄
	光绪	陈氏义庄、张氏衡平义庄、顾氏春荫义庄
长洲县	乾隆	浔阳义庄、袁氏义庄、周氏义庄、陆氏义庄
	道光	汪氏义庄
	同治	朱氏义庄、翁氏义庄、张氏松荫义庄、沈氏义庄、周氏松荫义庄
	光绪	吴崇德义庄、顾氏颂文义庄、张氏崇本支庄、杭氏义庄、程氏成训义庄、俞氏缵安义庄、张氏义庄、吴氏承志义庄、严氏慎远义庄、钱氏竹荫义庄、钱氏闻韶义庄、徐氏石麟义庄
元和县	万历	吴氏继志义庄
	崇祯	陈文正公义庄
	康熙	娄关蒋氏义庄
	乾隆	唐氏义庄

---

① 费康成:《中国的家法族规》,上海社会科学院出版社2016年版,第251—253页。
② 冯尔康主编:《清代宗族史料选辑》上,天津古籍出版社2014年版,第577页。
③ 参见冯尔康主编《清代宗族史料选辑》上,天津古籍出版社2014年版,第525—544页。

续表

地点	创立年代	义庄名称
元和县	嘉庆	潘氏荥阳义庄
	道光	张氏义庄、徐氏梓荫义庄、潘氏松鳞义庄、王氏义庄、丁氏济阳义庄、汪氏诵芬义庄、韩氏义庄、陈氏义庄、蒋氏义庄、陆氏义庄
	同治	王氏义庄、严氏义庄、张氏荫余义庄、沈氏义庄、殷氏义庄、陆氏余庆义庄、盛氏留园义庄
	光绪	彭氏义庄、顾氏辅宜义庄、杨氏宏农义庄、潘氏天池义庄
	宣统	徐氏春晖义庄和吴氏承荫义庄

　　义庄多以义田、祭田等族田为基础，各类义庄置田规模差异较大，少则500余亩，多则达3000余亩，故其田租收入差异较大，义庄在救济方面的实际作用也会相差很多。即使同一个义庄，也会时过境迁，致救济实效发生变化。范文正公义庄经历宋元明后，久废未复兴，其义田至乾隆年间实存5300余亩，隶属吴县、长洲、元和三县，咸丰年间毁于战火。① 由上述义庄概况可知，江苏义庄在清代较为繁盛。它们通常效法范文正公义庄，以达聚族收族之效，其救济作用可概括为"饥与食，寒与衣，婚有助，嫁有资。不能棺者殓之，不能瘗者葬之。子弟之贫而秀者，收而教之，愿者与之业"②。

　　义庄因为有祭祀和恤族的长远而长久的使命，通常会制定条规，以规范义庄的秩序，保证义庄使命的执行和传承。条规内容较为繁杂，包括开设义庄的背景、义庄福利覆盖对象的范围、捐田入庄的处理、义庄收入的支配、义庄的管理，等等。例如苏州陆氏义庄，其开设目的为"专祭祀而恤宗族也"，该义庄的开设还有更为久远的历史背景，即"五世祖庐峰公尝创后世子孙力能稍裕当捐田赡族之议，先考、本生考，有志未逮，本生母志早殂，夫赡族心未遂乎建庄，今澄远承先志，将元邑田一千余亩捐做义产，以垂永久"。族田是义庄的经济基础，庄条通常会对义庄族田来源有相关规定，以确保义庄族经济基础的稳定和发展，陆氏义

---

① 参见冯尔康主编《清代宗族史料选辑》上，天津古籍出版社2014年版，第527页。
② 同上书，第528页。

庄对此规定:"吴陆氏子姓繁衍,今定赡族规条,日后概行照捐勒石。若以中下之田捐入义庄,实则冀免赔累者,庄中不得滥收,至所捐田亩,一体归掌庄人经管,捐田之子孙,不得藉此干预庄务。"

义庄庄务的管理是必不可少的内容,义庄通常也会对此作相应的规定,而且内容较为详细。如陆氏义庄规定,义庄由掌庄人按照章程管理庄务,族中任何人不得干涉庄务,义庄另设其他各种庄务人员。设掌庄1人,稽庄2人,主奉1人,掌庄综理庄务,稽庄辅助管理庄务,两者由建庄本支后裔轮流担任,主奉则由建庄后裔中最年长的人担任。在账务方面,设司账2人,"一专司钱米、条漕,支放月米;一专司祭器、修葺、杂物"。司账"悉用外姓,一有不合,随时可以斥退"①。

对于涉及财务方面的规定,义庄更是仔细和严格,内容也最多。陆氏义庄庄条对义庄收支的管理非常严格,要求不能借垫和挪用,也不能典卖族田,义庄田产应视完纳国税为第一要务,剩余资产才能用于日常开销,而日常开销持续与否视田产收入而定,各类出入账目务必分簿记录在案、逐年结算并存于庄内。为确保义田收入的公用价值,要求义田租户按时交纳田租,拒不交纳者将送报送官府从严追究。义庄财物只限用于义庄事务,族中事务与义庄无涉者,一般不与义庄财物有涉。此外,义庄对义田的捐赠和续增也有相应的管理规定。②

二、宗族赡族

义庄是赡族的组织基础,也是宗族救济的组织基础,义庄条规是义庄有序运转的保证,也是义庄延续和持续的保证。不过,要达到赡族和族内救济的目的,就陆氏宗族而言,仅有上述义庄条规还远远不够。因而除此之外,陆氏宗族在咸丰五年(1855)十二月专门制定了《赡族规条》,规条内容涉及族人从出生到死亡之生活的方方面面,并且非常具体,比如享受赡养政策的族人的范围、人口登记、支款程序、司事任职、各类人群领米制度、丧葬接济制度、婚嫁接济制度、谋业接济制度等等。

---

① 冯尔康主编:《清代宗族史料选辑》上,天津古籍出版社2014年版,第581页。
② 参见上书,第580—581页。

除此之外,还有相应的惩罚制度。

在享受赡族政策的族人范围方面,《赡族规条》解释道:"吾陆氏系出平原,为吴中四姓之一。曾祖绳武公支下子姓繁衍,或务本治生,克承堂构,或怀清履洁,不屑他求,或年富力强。自能谋食,间有贫乏无依及孤寡废病不能自养者,原当酌筹矜恤,惟经费不充,岁收有限,恐周给不继,难垂永久。今定创始规条,悉从简易,所以示限制而量出入也。所定规条,呈官钤印,一切遵行。他日能续捐田亩,再议扩充,是所幸焉",同时对享受赡养政策的族人实行登记和预登记,以备将来推广政策应用范围使用,即"设立义庄之后,应设现丁口册,凡绳武公支下子孙,每年增减人口,娶妇嫁女,以及生子生孙,俱应随时报明庄内,以便登写。其非绳武公支下,凡系庐峰公子孙,亦应照此例,俾日后推广办理所有稽查也。"①同时在给银米上规定,"凡绳武公支下,现居吴中者,照规请给。其非绳武公支下,以及散居他省者,势难稽查,一概不给"②。

由于宗族规模较大,包含数支,因此各支子姓应领款项及应支月米由各支房长负责报庄,即"自绳武公支下,由掌庄派各支房长,作为司事给发图记。凡遇支下子姓,例应支给各款,及应支月米,即由司事加戳报庄,以杜冒滥。自开庄派定后,永远归各支长房承当,该房长材不胜任,或年高不能任事者,即由此支下另择公正廉明者,妥为办理"③。

对于享受赡养福利的族人,《赡族规条》对族内各类人群领米支银作了非常详细的规定。对于 50 岁以上的没有能力自养的老人,不论性别,51 岁开每月"给米一斗二升";60 岁以上每月"给米一斗五升";70 以上每月"给米二斗";80 岁以上每月"给米二斗四升";90 岁以上每月"给米二斗八升"。100 岁为其建立牌坊,给"贺仪七十串,制钱一百两"。对于贫乏寡妇,每月"给米一斗二升",60 岁以上按照老人标准递增。对于守节寡妇,30 岁以内者每月"给米一斗五升",60 岁以上按照老人标准递增。对于贫乏孤幼,10 岁以内每月"给米八升";10 岁以上每月"给米一斗二升",男子发至 17 岁,女子发至出嫁日。对于废疾无依无靠

---

① 冯尔康主编:《清代宗族史料选辑》上,天津古籍出版社 2014 年版,第 582 页。
② 同上书,第 583 页。
③ 同上书,第 582 页。

者,16岁以内"照幼孤例";17至60岁每月"给米一斗二升",60岁以上按照老人标准递增。此外,赡族规条还特别照顾了族内成年男性,男子17至50岁者,除鳏寡孤独、年老疾病者外,"其有势处极贫,人尚安分者",有额外的资助,即"于每年十一月初报庄给据,十二月二十日,凭据,岁给米四斗。其家有数口者,给六斗。不准预支"。50岁以上按照老人标准按月发放。① 由此,赡族政策惠及鳏寡孤独各类贫弱人群。

对于丧葬嫁娶等重大事件,赡族规条也有相应的接济政策。一般情况下,会酌情资助族中没有钱财办理丧葬事宜之人。标准为无力成殓者"贴七十串,制钱八两";无力安葬者"贴七十串,制钱八两"。未婚嫁之人,资助减半,10岁以内的人不给。对于婚嫁,宗族"贴七十串,制钱八两";没有子嗣"断弦续娶"者,"贴七十串,制钱六两,有子者不给,买妾不给,再醮不给"。此外,"凡仅能糊口不支取月米者,如遇丧葬、嫁娶等事,仍准支给"。②

赡族政策不仅仅是扶贫济弱,还会为族人的生计以及发展服务。陆氏宗族认为习业谋生与读书应试同样重要,都是自立的途径,同样应该鼓励推广,因此在赡族规条中有为族人谋生提供扶持的规定。对此,前文已有相关论述。此外,还为有忠孝节义的族人"请旌建坊",或者"奖给七十串,制钱二十两",死后在庄内"设立神位,祔祀庄祠"。③ 对于违反规矩或道德品行等有缺陷者,规条也有相应的惩戒措施,即"凡不孝不悌,甚至流入匪类,作奸犯科,及身为仆役,卖女作妾,玷辱祖先者,照大概庄例,摈弃出族,除籍出族。及其妻女子孙除籍、只除本身之籍,按事大小,量予惩警","凡支给银米,须实与前项规条相符,方准支给。如有徇情冒滥,必致支绌顿形,而贫苦者反无实济。以后掌庄及支长司事,务须秉公核实,毋滥毋苛"。最后,《赡族规条》详细列述了义庄给族人发银米的程序、标准以及其他各种要求等等。如,凭票支领银米,月米不准预支、过期领取和寄存等等,除"妇女、幼孤、疾病,及新遭亲丧"

---

① 冯尔康主编:《清代宗族史料选辑》上,天津古籍出版社2014年版,第583页。
② 同上。
③ 同上。

外,不能代领。冒领者停发月米,等等。①

从上述陆氏义庄条规以及赡族规条可以看出,与地方社会的济贫济弱相比,宗族济贫济弱解决的不仅仅是生存以及温饱问题,还有宗族子弟面临的其他诸多社会问题,如婚嫁、孤寡、养老、抚幼、丧葬等,这种济贫济弱法多与敬宗收族、发展宗族的目的相关,这不是陆氏义庄独有的现象和特征,而是宗族义庄普遍具有赡族、救济和扶助贫弱族人的特点。再以江苏李氏家族为例,《丹徒李氏家乘》中宗祠章程,对鳏寡孤独等贫弱群体都有相应的扶助规定。对于族中贫苦节妇,"年三十以内守节者,每月贴二千文,有亲房可靠者减半,年至三十以外守节贫苦者,酌给每月一千文,有亲子以子三十岁,停止不给";"年三十以内守节者,每逢整庆,祠内送酒筵费十千文,无论贫富,以慰十年辛苦,孝女不嫁者亦照给"。对于族中孤儿,"孤贫无父兄可靠,年至三十贫不能娶者,贴费三十千文,续娶者减半。女至二十岁贫不能嫁者,贴费三十千文,有父兄靠者不给","族中孤寒,无论男女,年之五十以外,又无亲房可靠者,每月贴两千文,有亲房可靠者减半","族中设有遗骨幼孩,无人抚育,又无亲房可靠,择其服制稍近、老成者,令其兼抚,每月贴一千二百文。须哺乳者,加贴八百文,一月加贴之费,以十八个月为止。男至十六岁成立后,月款止,贴婚费照例给发。女至嫁时月款止,贴嫁费照例给发"②。对于族中残疾女性,"不愿出嫁,甘心在家事亲者,每月贴二千文,身后作《孝女传》一篇,刊入宗谱,并准入祠附祀";对于残疾男性,则"每月贴二千文,有亲房可靠者减半"。此外,族中其他贫苦者,如"贫不能葬,又无亲房可考者,贴费三十千文,愿上公地者费归祠内照办"③。

有的宗族通过义田执行赡族的任务,如江苏震泽县任兆麟所在的任氏家族,根据任兆麟所著《有竹居集》卷一三《任氏义田规条十二则》所载,任氏家族义田有司事等专人打理,除管理账务、积累财富、完纳国课外,还救济、扶助族内寡妇、老人、贫病、丧葬以及有其他贫困者,并分别在第六、七以及第九到第十一条列述。第六条规定,"赡寡所以励节

---

① 参见冯尔康主编《清代宗族史料选辑》上,天津古籍出版社2014年版,第583—584页。
② 同上书,第412页。
③ 同上书,第413页。

也。青年守志，茕茕无依，其节甚苦，其志足嘉。每年议给米若干"；第七条规定，"养老所以尊齿也。同族有八十、九十、百岁者，大庆之年，给送寿仪。九十倍八十，百岁倍九十，其八十以上赡养不周者，每年给银米若干"；第九条规定，"恤病所以全生也。同族有病废残疾无依者，每年给银米若干"；第十条规定，"助丧所以悯死也。同族有死不能葬者，量给银若干"；第十一条规定，"救急所以周贫也。单丁、女户，或长者远行，或男人外出，一时无措，访实量给银米，或遭水火盗贼无欣者，亦准佽助"①。与义庄赡族相比，义田赡族在规模上较小，且组织完备程度不如义庄。

整体而言，相比地方慈善组织的救济，宗族救济更加系统和全面，更精准，覆盖率也更高，开展救济活动所需的经济基础更为稳定，制度的完善以及延续性都比地方慈善组织强，所以在救济的质的方面要高于地方慈善组织。不过，就救济对象而言，地方慈善组织所针对的救济对象范围更广、数量更多，更加具有普适性。从某种程度上可以讲，地方慈善组织的救济活动有助于提升地方民众的整体存活率，而宗族救济不仅有助于提升地方部分群体的存活率，还有助于提升该群体的发展率。

第三节　士绅与地方赈济

江南地区历来灾害频仍，官方在历代赈济救灾的过程中，形成了稳定的荒政体制，其形式有设粥厂赈济和设仓备荒。每逢饥荒，饥民或灾民通常涌往城镇，官方则在城镇开设粥厂对饥民或灾民进行救济，饥民灾民涌往城镇和官方在城镇设粥厂两者之间的因果关系目前不得而知。至清代，江南大中城市设粥厂赈济救灾的情况比较普遍，除饥荒灾荒时期开设粥厂外，其他时间也会定期不定期地开放粥厂。而在小城镇或乡村地区，只有发生饥荒或灾荒时，才在城镇设粥厂赈济饥民或灾

---

① 冯尔康主编：《清代宗族史料选辑》上，天津古籍出版社2014年版，第648页。

民,设厂地点则为当地的庙宇等现存的公共场所。在官方设粥厂赈济中,地方士绅或提供经费,或参与粥厂的开办与运营,也有有实力的士绅自行设粥厂开展赈济工作。①

一、士绅与应急性地方赈济

较大灾荒发生之时,大批饥民往往往城镇方向涌入,因为城镇拥有乡村区域所没有的资源,比如官方救济场所等,物质资源也相对丰富,从这些资源中能获得维持生存的基本资料,流入城镇的生存概率要大大高于留守乡村。设粥厂救济灾民是地方官府常用的方法,这种方式也在历代的实践中不断得到改善。城市设立粥厂开展赈济的活动通常要比乡村地区普遍得多,有的城镇甚至不论灾荒与否,每年定时开设粥厂,如"苏州府每年冬季都要在府城六门诸和寺院等地开设粥厂,自十月十五日始,至十二月底止"②。这类粥厂具有日常救济功能,而不局限于灾荒发生时。在广大乡村区域,县下辖的市镇是官办施粥厂所在地,再往下就很少见到官办粥厂。苏州府盛泽镇、湖州府南浔镇等地都设有官办粥厂。在江南各地,设粥厂赈济灾民是非常普遍的现象。如相关研究所示,这些官办粥厂往往有地方士绅的参与,参与形式有如下两种:"一是提供经费资助,一是直接参与粥厂的开设和维持。"③

也有士绅自己筹划开设粥厂、开展各种赈济活动或为赈济出谋划策,如丹徒张九征、无锡钱福炯等。丹徒县(今镇江丹徒区)张九征为顺治二年(1645)举人,顺治四年(1647)进士,后在吏部行人司、文选司、验封司任行人、主事、郎中等职。康熙初年(1662),张九征出任河南按察司佥事,视察学政,时年遇河南饥荒,设厂煮粥赈济灾民,设立育婴堂收容弃婴等,成效显著。据地方志记载,张九征"祖父逸江、南桥两先生,俱以轻财好施闻于闾里,家君述南桥公,岁以多月作糜于门,以待饥者",其中张南桥的两个儿子"俱以高才生为吾乡领袖,三槐志王,五桂表窦,余小子拭目为公券矣"。根据履历及家世介绍,张九征家族属于

---

① 参见陈国灿主编《江南城镇通史(清前期卷)》,上海人民出版社2017年版,第142—143页。
② 陈国灿主编:《江南城镇通史(清前期卷)》,上海人民出版社2017年版,第142页。
③ 同上书,第143页。

江南官绅,而张九征在任时,不仅在任职地开展赈济,也在家乡丹徒从事各种赈济活动。卸官归里后,张九征更是致力于家乡的慈善救济活动。1677年,江南水灾严重,"江湖水溢,千里洪流,而高岸赤壤,三时失雨,寸草不茁,斗米一镪,男妇僵仆者日以数百计"。此次洪灾惊动了皇帝,派省级大臣送库银散振,同时劝捐授官。张九征首先应诏,选择在丹徒县城西约百里处设厂施粥。除施粥外,还设立专门的妇幼庇护所,为男性施医药,为无衣者制棉衣,历时五个月,至第二年夏麦登场才结束。此次赈济所费"不下二千缗",可谓"仓廪如洗"。从设厂之地来看,其"近三茅之峰,素称山瘠,人尤犷野,易为非",张九征认为在此施粥可"安此一方"。张九征此次赈济行为既有救济灾民的慈善性质,也有安民防乱的政治意图,是士绅身份的责任驱使,如张九征自己所说,"吾侪自为桑梓谋,敢言功乎"①。

康熙十一年(1672)丹徒饥荒,镇江府知府高得贵与丹徒知县冯开运、教授高士贞等人,与在籍乡官张九征、夏民、笪重光、奖寅、何金蔺及举人卞士宏等进行了捐赈,同时鼓励"耆民李应贵等乐助,设三厂施粥凡两月,饥民赖以全活甚众,诸生孔嘉宾、孙树昌亦捐粟振其里人"②。康熙十二年(1673),清廷下旨蠲免镇江等府十三年半数地丁钱粮,"乡官张九征、夏民仪设育婴社,每一遗婴觅一乳妇乳哺,月给银三钱,于望日在城隍庙会给,至十五年,九征岁全任其事,遗婴增至数百,道府厅县官倡助,并募绅士耆善共相蠲赀举行,全活长者甚众,□□楼下为育婴堂□额于其□"③。

钱福炯(1849—1926)出身清代名门望族,其父亲钱维侦是清代廪贡生、候选训导,自己考中秀才,通过捐纳获得附贡生头衔,"试用训导、加捐五品衔"④,一生未能出仕,但家族热衷兴办教育,是当地颇有名望的绅士。据钱福炯孙钱钟汉记述,钱福炯有"祖遗租田三四十亩,实际上仅是一个城市小地主。但是他的岳家石塘湾孙家,却是无锡当时最

---

① 康熙《丹徒县志》卷九《艺文志·记》,第65—66页。
② 康熙《丹徒县志》卷三《赋役志·卹政》,第129页。
③ 同上书,第130页。
④ 田禾:《文化昆仑钱钟书》,远方出版社2018年版,第4页。

有势力的大地主家族之一,他的大哥(我的大伯父)又曾中过举人,在本地和其他几个县份担任过县学教谕,无锡不少地主权势人士,或是他的门生,或是他的同年故旧",钱福炯"虽然是一个小地主,在无锡社会上算不上什么知名人物,但是因为有岳家的背景和大哥的关系,所以人们仍把他当作一位小乡绅看待,他本人也俨然以小乡绅自居"①。

钱福炯本人热衷于行善举,屡次办理赈灾等善事。如江南粮价腾贵时,钱福炯只身前往安徽"采办赈米。既盈数,雇舟装载,如例订雇券,券记舟子姓名、乡贯、雇赀多寡,以及行程道里,靡所不详悉,所以戒备舟子也";光绪二十四年(1898),江南大旱,"民苦谷贵,县故积谷储备荒",钱福炯建议"出平粜,请前浙江臬司邹仁总其事,而自主东城粜局"②。另外,依靠较为雄厚的经济基础,钱福炯在当地修复、修建了多个建筑。如钱武肃王祠,该祠始建于乾隆四年(1739),道光二十六年(1846)改建门头,光绪二十四年由钱福炯重建,崇祀五代吴越王钱镠。③又如无锡钱王祠,该祠建于雍正七年(1729)至乾隆四年之间,1925年毁于大火,1928年由钱福炯出资修复。④ 钱福炯三子钱基博是一代国学大师,钱基博长子钱钟书也是国学大师。

二、士绅与常规性地方赈济

不论官办粥厂还是民间设厂施粥,都是应急性赈济措施,除此之外官方还有常规的备荒措施,即仓储体系,在民间粮价腾贵时平粜,稳定民间粮食价格。明代江南地区的仓储体系在明清之际的兵燹之中遭到严重破坏,顺治皇帝统治期间,重建各省府、州、县、镇、乡等地的各类粮仓,作为地方的备荒系统。顺治十一年(1654),清廷下令让各府、州、县设立常平仓、义仓、社仓以储粮备荒,吴江县当时有义仓和社仓,但是未设常平仓。顺治十二年(1655),清廷让各地"自理赈缓,春夏积银、秋

---

① 王玉德主编:《钱基博学术研究》,华中师范大学出版社2008年版,第32页。
② 上海图书馆编,陈建华、王鹤鸣主编:《中国家谱资料选编 传记卷》,上海古籍出版社2013年版,第867页。
③ 参见无锡市地方志办公室编《无锡年鉴2000》,方志出版社2000年版,第159页。
④ 参见于铸梁主编《实美存录续编》,苏州大学出版社2018年版,第35页。

冬积谷,悉入常平仓备赈,置簿登报布政司,汇报督抚,岁底造报户部"①,时吴江县情况暂未知。府、州、县级城市的粮仓为常平仓,受官方控制,很难广泛惠及下辖的城镇与乡村的百姓,因此城镇与乡村地区就发展出了社仓、义仓等备荒形式。

常平仓所存积谷部分为民间捐输,官方也鼓励民间向常平仓捐输米谷。从不同年份清廷劝谕地方捐输米谷的谕令来看,士绅是地方官劝谕对象之一。康熙十八年(1679),"题准地方官整理常平仓,每岁秋收,劝谕官绅士民捐输米谷,照例议叙乡村立社仓、镇店立义仓,捐输积贮"②。康熙四十八年(1709),清廷让江浙各地劝谕当地百姓和士绅,"于秋收时遵行捐输法积贮备荒"③,吴江县捐输情况暂无法考证。乾隆六年(1741),吴江县城"北门外及同里、平望、盛泽、芦墟四镇各创建社仓贮米,出借米八百六十四石二斗五升,还仓生息米八十六石四斗二升五合,知县李鏻奉文劝谕绅衿士庶等共捐社仓谷一万九千七百二十四石九斗八升,实缴过米抵谷一万六千六百四十二石四斗"④。

对于各类粮仓粮食的出入管理,地方士绅起了非常重要的作用,清廷要求地方官选举敦善之人管理粮仓的粮食出入,但地方上能担负起这种职责的人一般属于有文化的士绅阶层。如康熙十八年(1679),清廷题准地方官"公举本乡敦重善良之人,管理出陈入新,春月借贷,秋冬偿仓,每石取息一斗,岁底州县将数目呈祥上司报部"⑤,当时吴江县还未设立义仓和社仓,而常平仓捐输情况暂不可考。康熙四十一年(1702),清廷让各省州县在本地设立社仓,让"本乡诚实之人经营,上岁加谨收贮,中岁粜借易新,下岁量口发赈"⑥,此时吴江县没有实行。清代江阴县"以邑之大小分别储积,仓廪充盈,而平粜之期遇青黄不接,有司即照市价酌减,详请举行其法,于四城公所分设厫厂数处,遴委殷实好义绅士现司社长,专管经理,以杜胥役侵渔及行铺贩囤,有司不时至

---

① 乾隆《吴江县志》卷四十五《均田荡赋役》,第6页。
② 同上。
③ 同上书,第7页。
④ 乾隆《吴江县志》卷八《学校》,第14页。
⑤ 乾隆《吴江县志》卷四十五《均田荡赋役》,第6页。
⑥ 同上书,第7页。

厂督察,自一升为始,至一斗止,小民源源买食,务沾实惠,虽遇歉岁,无忧食玉,至粜缺之额,向例采买归款,今现奉文停止,即以每岁留漕补之,惠民之政诚既溥且长矣"①。

不过,各州县建立常平仓、分贮米谷的进度不一,甚至有州县滞后数年建立常平仓,担起分贮米谷的责任。以吴江县为例,清廷自顺治十一年(1654)就下令让各府州县预备常平仓等各类粮仓,于康熙二十九年(1690)让各州县分贮常平仓米谷,又于康熙四十三年(1704)让各省府、州、县存储米谷,"大州县存一万石,中州县八千石,小州县六千石,其余按时价易银解存藩库,其存仓米谷每年以三分之一出陈易新,吴江县应积贮米谷八千石,每年应粜补米谷二千六百石有奇,其解司价银数无考"。同年,"覆准江南江宁所属大州县存贮米五千石,中州县四千石,小州县三千石,吴江县应存贮米四千石"②。但吴江县在20年后,即康熙四十九年(1710)才建常平仓以贮米谷。原有总收仓(旧名外仓)、常平仓(后划归震泽县)和5座社仓,社仓分别位于总收内隙地、同里镇稻穗圩、平望镇、盛泽镇大饱圩、芦墟镇非角墟,此外还有例谷仓。③ 常平仓主要在县级以上的城市开设,限于管理、运行、服务范围等方面的限制,包括市镇在内的广大乡村区域往往享受不到它的赈济功能,在乡村区域,更多的是依靠社仓或义仓开展赈济等服务。顺治年间,清廷下令让各地在乡村和市镇设立社仓和义仓,不过社仓到康熙年间才具备一定的规模,雍正年间才普遍建立。

乾隆时期,江南各地城镇和乡村的社仓广泛建立了起来,也有部分地区在县城开设社仓。例如,苏州府分别在枫桥镇、浒墅镇、陆墓镇、蠡口镇建立社仓4所,元和县分别在县城娄门外、尹山南、唯亭镇、章练塘、周庄镇、甪直镇、斜塘镇建立社仓7所,吴县分别在枫桥镇、蠡墅镇、木渎镇、光福镇、横泾镇、洞庭东山建立社仓6所,昆山县和新阳县分别在县城丽泽门外和朝阳门外、甪直镇、陆家浜、千墩镇建立社仓5所,吴江县分别在县城内、同里镇、平望镇、盛泽镇、芦墟镇建立社仓5所,震

---

① 乾隆《江阴县志》卷七《积贮》,第1页。
② 乾隆《吴江县志》卷四十五《均田荡赋役》,第7页。
③ 参见乾隆《吴江县志》卷八《学校》,第10页。

泽县分别在县城北门外、平望镇、震泽镇建立社仓3所,常熟县分别在县城内、唐市、吴塔、田庄、福山建立社仓5所,昭文县分别在县城内、梅李镇、张家市、何家市、董浜新市建立社仓5所。①

除官方仓储之外,还存在民间义仓等备荒形式。如江苏宜兴马氏家族中的马守愚,"袭先人遗业,力行俭德,自司理浙右秩满告归,频遇岁祲,节所有卷天百亩,够屋十余间,于里之西南薛庄村为义仓,以备一图凶荒"②,这个义仓的赈济对象不限于马氏族人,还造福当地其他民人。

在清前期,地方赈济主要是应急性赈济活动,包括设厂施粥,在历代设厂施粥的实践中,又发展成县级以上城市的定期开厂和广大乡村区域的灾荒发生时的应时需设厂。在这类赈济活动中,士绅的角色多为参与,或提供经费资助,或直接参与粥厂的开设与维持,也有士绅自己开厂施粥的现象。在地方士绅当中,在职为官或者致仕归乡的官绅通常也会在家乡遭遇饥荒时,动用其所拥有的资源网络开展各类赈济活动,或设厂施粥,或设立庇护所,或施医药等等。士绅参与地方赈济活动的方式还有建言献策、劝捐倡捐、散发赈米、平粜局任事等。地方社会也建立了常规性赈济体系,即仓储备荒系统,包括常平仓、社仓、义仓等等,综观其赈济范围,涵盖了县城、市镇及村社等广大城镇和乡村区域。在这类常规赈济体系中,地方士绅既是仓储体系的贡献者,即谷米捐输者,也在仓储体系中承担了一定的服务,如谷米出入管理,还在仓储体系发挥赈灾作用时成为具体执行者,甚至有士绅成为民间仓储的组建和承建者。综合观之,士绅是江南地方赈济事业开展过程中的重要组成部分。

本章小结

慈善事业是地方社会治理衍生出的重要方面,关系地方社会的稳

---

① 参见陈国灿主编《江南城镇通史 清前期卷》,上海人民出版社2017年版,第145页。
② 上海图书馆编,陈建华、王鹤鸣主编:《中国家谱资料选编 教育卷》,上海古籍出版社2013年版,第339页。

定以及长治久安。慈善组织的有效运作离不开士绅的参与,士绅也通过参与慈善事业提升了自身的社会地位、地方权威或在宗族中的地位及权威。士绅参与地方慈善事业的形式有参与慈善组织开展的慈善活动、宗族内部的慈善救济以及地方的官方赈济活动。

在清代中前期,慈善组织开展的慈善活动以及宗族救济主要由地方官主导,士绅参与其中,在田地、资金、管理、协调等方面发挥重要的辅助作用。咸同兵燹之后,慈善组织和宗族遭遇了不同程度的破坏、损毁甚至毁灭,地方政府遭受重大打击,无力像以前那样掌控慈善组织。因此,在重建慈善组织的过程中以及之后的管理中,士绅都成为主导力量,官府退为辅助力量。

清代江南慈善组织多以善会、善堂等形式出现,主要任务是处理基层社会的民众在生存与死亡中面临的各类社会问题,具体事务有掩骼埋胔、赐贫振乏、收养弃婴遗孤、救济妇女、救济饥民、办惜字义塾等等。在这些慈善组织中,士绅或领衔组织,或参与管理,或参与捐助,或担任具体事务。比如,扬州是首个建立育婴堂的地方,此外还有务本堂、立贞堂、恤嫠会、普济堂、老人堂、救生堂等各类善堂。江南其他地方的善会善堂本质上多与扬州类似,有些名称上也类似。扬州慈善组织很多与盐业有关,比如育婴堂由盐政等官员主导,其他善会善堂有些由盐商创办和经营,其经费来源与盐业密切相关。道光以后,慈善组织的管理主体才逐渐由盐政、盐商转为士绅。苏州慈善组织则以置田作为经济基础,苏州士绅由此可以通过捐赠田地等方式参与慈善组织。咸丰兵燹以后,苏州士绅参与慈善组织的程度明显加强,在捐资和管理上都贡献了力量。

除善会、善堂等慈善组织外,宗族救济也是地方社会慈善的一部分,只不过它将慈善救济的对象限定在宗族内部。宗族慈善救济的经济基础是宗族义庄,宗族慈善救济的方式通过赡族规条等形式体现出来,赡族对象包括无力自养的老人、贫乏寡妇、贫乏孤幼、废疾无依者等族内贫弱人群,对于婚丧嫁娶也有接济政策。与地方社会的济弱济贫相比,宗族济贫济弱解决的不仅是生存或温饱问题,还有宗族子弟面临的其他诸多社会问题,如婚嫁、孤寡、养老、抚幼、丧葬等,宗族慈善多与敬宗收族、发展宗族的目的相关。

　　地方慈善救济还有自然灾害发生时的地方赈灾活动,江南在历代赈灾救灾的过程中,形成了稳定的荒政体制,其形式有设粥厂赈济和设仓备荒。设粥厂赈济是针对灾荒发生时的应急性赈济措施。在清代,江南大中城市设粥厂赈济救灾的情况比较普遍,除饥荒灾荒时期开设粥厂外,其他时间也会定期或不定期地开放粥厂。在小城镇或乡村地区,则只有发生饥荒或灾荒时,才在城镇设粥厂赈济饥民或灾民。在官府设粥厂赈济中,地方士绅或提供经费或参与粥厂的开办与经营,也有一些有经济实力的士绅自行设立粥厂赈灾。除应急性赈济措施外,官方还有常规的备荒组织,即仓储体系。明代江南的仓储体系在明清之际的兵燹中遭到严重破坏。清朝顺治年间,各地各级粮仓得以重建,作为地方的备荒系统。常平仓等粮仓所存积谷等一部分有士绅捐输。对于各类粮仓粮食的出入管理,地方士绅则起了非常重要的作用。

第五章　士绅与江南地方公共服务

清代没有"公共服务"的概念,不过这不代表清代社会不存在与公共服务相关的领域,只不过没有称其为公共服务而已。相应地,士绅在公共服务上的职责也没有明确的范围。根据现代社会对"公共服务"概念的界定,前文所述的教育、慈善等都属于政府公共服务的范围。然而,清代传统社会并没有现代社会这般复杂,公共服务领域要简单得多,将公共服务加以具体化和细化,更有助于理解江南士绅与地方社会基层管理之间的关系。鉴于此,本章所述的公共服务指的是士绅参与的桥梁、河渠以及庙宇等与基层社会生活相关的建设、修缮等。江南以水乡闻名,河渠纵横交错、如麻如织,有水的地方必有津梁,而津梁之间又常有互换,江南津梁之多也不可胜数。祠庙是另一类在各地都分布较为密集的建筑,而不独江南如此。这些设施和建筑在数百上千年的历史中被兴建、修缮、重建或废弃,其来源、变迁、消失或有据可考,或被口头流传,然而相当一部分可能因无任何记载而被历史遗忘。不过,载入史册的桥梁、河渠、祠庙等建筑仍能向我们展示它们原本的面貌、社会关系以及历史变迁。

我们从这些记载中可以看到,桥梁、河渠、祠庙等是地方社会重要的基础设施,各自为地方社会发挥着不同的作用,可以说是地方社会治理不可或缺的重要组成部分。然而,它们又不属于民间私人所有,也不直属于官方,却又关乎地方官、士绅、百姓等社会各个阶层的利益。正因为如此,桥梁、河渠、祠庙实际上属于地方公共事务,其兴建、修缮是地方社会共同的职责。只不过,不同的阶层承担或参与的职责各不一样。换句话说,士绅、地方官以及百姓都有各自参与地方公共事务的方式。地方官对所有公共服务事项有运筹帷幄的权力以及最终裁定权。士绅则出谋划策,常常就各类具体的公共事务向地方官提出建议或对策,在参与公共事务的过程中,往往占据董理之职或者筹资之事,捐资的情况也很常见,但是不参与体力劳务的输出。百姓参与公共事务的方式主要是参与体力劳务的输出,比如康熙年间江阴县疏浚运河,"除绅衿外,一十八区均役"①。学界在江南士绅对地方历史建筑的影响方面有较多研究成果,而关于士绅参与桥梁、河渠、祠庙等修建方面的研究较为少见②,本章对此将作一个初步的探讨。

第一节 士绅与江南地方桥梁建修

桥梁是道路的重要组成部分,其联通作用在人们的意识中已成为习以为常之事。在水系繁杂和发达的江南,桥梁更是必不可少的道路连接点,即所谓"溪港纵横,非津梁不可涉也"③。江南各县桥梁数量虽有别,但整体上是多到不可胜数的,县志中有记载的桥梁实际上只是所有桥梁的一部分,且相对来说是较为重要或有名的桥梁,比如有些桥梁是运粮通道,如金匮县堤高桥。当然,桥梁的作用不止这些。

一、以提议为主的参与方式

正因为桥梁对民众和官员皆具有重要作用和意义,桥梁的维护和

---

① 乾隆《江阴县志》卷十一《水利》,第17页。
② 参见孙以栋、范青青《明清江南士绅文化影响下的南浔历史建筑》,《包装世界》2013年第3期;黄颖、过伟敏:《明清士绅阶层影响下的居民建筑分布——以明清常州郡城为例》,《创意与设计》2017年第2期;黄颖:《士绅层影响下的明清常州居民建筑研究》,江南大学设计学院2017年未刊博士学位论文;蒋文杰:《清代士绅阶层对苏州古城空间特征演变影响研究——以潘氏家族为例》,苏州科技大学建筑与城市规划学院2022年未刊硕士学位论文。
③ 光绪《无锡金匮县志》卷五《桥梁》,第9页。

修葺成为历代统治者的隐性职责,而地方士绅更是这些职责的直接担任者,或者也可以说是地方官员所依赖的董理者,地方志对此有非常多的记载,更有甚者,士绅妻子也参与桥梁的建修。比如直隶通州士绅名季开生,其字天中,其号冠月,为顺治乙丑进士,初选为翰林,后改兵科给事中,因建言而被谪戍辽阳并卒于该地。① 无论其仕途如何发展,其士绅身份不容置疑,方志中未记载其直接干预或参与桥梁修缮之事,但其妻张氏参与了当地大孙桥的重建。据记载,大孙桥位于城西南,由"明邑人张育宁创建"②,后来坍圮,康熙年间由邑人季开生妻子张氏重建。除季开生外,另有其他士绅建修当地桥梁,比如姜肇姬。康熙二十五年(1686),姜肇姬重建通津桥,该桥又名太平桥、南石桥,位于白蒲,明万历年间由知州林云程建。又如直隶通州直定桥,位于白蒲东南,由邑人陈应龙等筹建。③

重要桥梁的修葺、改建或修筑等工事,地方士绅的提议对于启动这些工事非常重要。溧阳县西北约35里处有一座南渡桥,建于明代,"为东坝以下诸水之咽喉,言溧阳宜荆水利者,斯桥为一大关键焉,桥跨据河南北长三十丈有奇,广二丈有奇,桥门二丈九尺四寸,自南至北为江宁各县陆道,自西至东为由皖入苏水道,桥之西为三塔、升平,三荡受南山涧水,四十八支由大溪河、黄山湖汇注于桥,其西北为句容、溧水、高淳三县,其西南为安徽广德州建平县,群山罗列,而方山、芝山、伍牙山为最大,合四县一州诸山之水亦奔放三荡,汇注于桥,洪波汹涌,桥内水高数尺,舟逆流不得上岸,旁尝设巨缆以助牵挽,此旧所以名难渡桥也"。南渡桥对于当地水利非常重要,因此,其部分修建工程可牵连毗邻县属,或惊动省府相关职局。桥自建造以来,至咸丰时期已有百余年之历史。咸丰十年(1860)太平天国起义期间,桥被用作城墙的一部分,用于军事防卫等。同治四至五年(1865—1866),溧阳接连两次遭遇大水,"奔腾澎湃,歆裂欲倾,圩埂桑麻均将冲荡",路人皆为之心悸。于是,溧阳乡先生及耆老商议重建南渡桥,"命准补丹徒县知县冯君寿镜、

---

① 参见乾隆《直隶通州志》卷十四《人物志上》,第50页。
② 乾隆《直隶通州志》卷三《山川志》,第39页。
③ 参见上书,第37页。

署震泽县知县李君庆云、南渡厘捐局委员补用知县李君桂芬综司其事"①。工程开始于同治十一年(1872)六月十一日,结束于同治十二年(1873)五月十三日,"计奉水利局拨款实足制钱一万七百十二千有奇,其木石之材若干,工作之需若干"②。建成之后,"耕夫忻于野行,旅歌于涂,熙来攘往,前于后喁"。南渡桥的修葺,起先有当地绅耆提议上报地方官,再由地方官向上级禀报水利局,水利局综合考虑之后再拨款筹建。对于南渡桥,首先有"缙绅士庶焦心劳思,经营筹度于斯久矣",才有后来的提议与修建之举,最终"喜获观成"。③

对于很多地方士绅而言,桥梁建修只是其参与的公共事务的一部分,如孙保之。孙保之,字惠时,县志记载其"忼爽有识,勇于为义",踊跃参与了当地的赈济事务,并带头捐款。嘉庆十九年(1814)年大旱,知县韩履宠延请孙保之入赈局,孙保之"首捐三千缗为倡",在孙保之的带动下,"邑绅富皆竭力乐输,是岁,岁捐数锡金甲江左",而孙保之经营赈局七个月。④ 金匮县有一座高堤桥,该桥横跨五泻河口,建于元祐年间,明代有过重建,雍正元年(1723)知县胡慎又修之,嘉庆二十一年(1816)的重建则是孙保之董其事。⑤

又如金匮县人秦松期(字邠仙),"以贡授蒙城县训导,不就,改翰林院孔目"⑥,不仅参与了修建丰乐桥,还参与修缮或倡建明伦堂等。华翼纶曾任知府衔江西补用同知前永新县知县,参与光绪年间无锡金匮县县志修辑,担任采访职务。除参与至德等桥梁的修缮外,还参与义塾的兴建。此外,华翼纶等人于光绪二年(1876)用建设至德桥的余款请建勖悌义塾。该义塾位于梅村,同治五年(1866)由"知县吴政祥兴设,岁捐廉六十千,后知县俞明厚裁为四十千,初设于泰伯庙道院"⑦。

---

① 光绪《溧阳县续志》卷一《舆地志》,第22页。
② 同上书,第23页。
③ 参见上书,第22页。
④ 参见光绪《无锡金匮县志》卷二十五《行义》,第21页。
⑤ 参见光绪《无锡金匮县志》卷五《桥梁》,第10页。
⑥ 光绪《无锡金匮县志》卷二十五《行义》,第15页。
⑦ 光绪《无锡金匮县志》卷六《学校》,第21页。

二、桥梁修建

有些士绅除参与地方多项公共事务外,还建修了地方多座桥梁,如实承焞。实承焞,字俊三,为贡生,实承焞既参与地方桥梁修缮,也参与善堂事务,咸丰十年(1860),实承焞襄助办团练,其间死难。方志记载其"能任事,尝于恒善堂增设保墓递解船,又集洒埽会,为学宫岁修费"。有水旱灾害时,实承焞则"议赈修圩岸、葺桥梁",对于"倡革现年总甲,广书院膏火,承焞皆力赞之"①。其建修的桥梁有中市桥、大德桥等。中市桥旧名永安桥,建于宋淳熙年间,元至治年间至明宣德年间有过修缮,嘉庆年间改为石梁。道光十四年(1834),实承焞与其他邑人共同筹集资金,同时利用道光十一年(1831)的赈余银又修葺了中市桥。咸丰年间,实承焞等人又募修了大德桥,该桥建造于元大德年间,延祐年间有过修缮,嘉庆年间邑人温云皋等人也对其募修过。②

士绅中如实承焞一类的人还有许多,如徐对扬、秦松龄、吴汝渤、杨绍雍、邹文锦等。徐对扬,字少山,贡生,选为嘉定教谕,未赴任。灾害年间,徐对扬通常"裖捐赈不遗余力"③,也行其他善事,比如与苏州许某创建恒善堂。至于桥梁建修,无锡金匮交界处有北水关桥,跨直河,重建于明代成化年间,道光二十年(1840),徐对扬、张荣魁等人又修缮了该桥。丰乐桥横跨运河,旧名龙汇桥,俗称北望亭桥,为吴县界,明代万历年间由邑人施策建,康熙年间秦松期、黄晟等人重建,嘉庆年间坍圮,嘉庆二十一年(1816)知县齐彦槐以二十年赈余银外加集资重建该桥,并易其名为丰乐桥,该桥下游水流湍急,有覆舟之虑。道光八年(1828),徐对扬等人在其旁边"筑石堤数十丈,桥下架木路以通缆,复浚支河以便绕道,自是往来无覆溺患"④。咸丰十年(1860),徐对扬、子征等人又集资修建该桥。其中,秦松龄(字留仙)"弱冠中顺治十二年进士,改庶吉士,授检讨,以逋粮案削籍,康熙十八年举博学鸿儒,复原官,

---

① 光绪《无锡金匮县志》卷二十五《行义》,第22页。
② 参见光绪《无锡金匮县志》卷二十五《行义》,第24页。
③ 光绪《无锡金匮县志》卷二十五《行义》,第23页。
④ 光绪《无锡金匮县志》卷五《桥梁》,第9—10页。

历左谕德,再典乡试,又以磨勘落职至四十二年"①。秦松龄等人于康熙年间重建阳春桥,该桥跨运河,即跨塘桥,由邑人黄德政于明代洪武初建,正统年间知县项伾改为石梁。

吴汝渤曾任五品衔金山县训导,参与光绪年间无锡金匮县志的修辑,担任收掌。同治八年(1869),吴汝渤、赵启、杨庭萼、朱浩等人集资重建清名桥,该桥旧名清宁桥,建于明代万历中期,康熙八年(1669)知县吴兴祚重建,咸丰元年(1851)知县张印坦重修,改名为清名桥,咸丰十年(1860)年毁于兵燹。同治十二年(1873),吴汝渤与华翼纶等人集资重建至德桥,该桥旧名梅村桥,咸丰四年(1854)年坍圮。光绪四年(1878),吴汝渤、赵启等人募资修建泰定桥,原名太平桥,同治八年(1869)坍圮。与吴汝渤共同多次参与修桥的赵启曾任内阁中书副贡生,也参与光绪年间无锡金匮县志的修辑,与吴汝渤一同担任收掌,皆属于当地士绅。

杨绍雍"字鸿森,诸生,性惇厚,负经世才,有大事,上官倚以条画,邑中善举常恃之主办,所建造修举为乡党利赖者"②。参与修建兴隆桥,该桥位于留郎桥西,原名兴郎桥,建于明代,康熙年间由杨绍雍修。③ 此外,杨邵雍还参与修建梁溪桥,该桥又名梁清桥、清溪桥或跨溪桥,建于隋朝,宋、元、明三代皆有重建或改建等,康熙年间杨绍雍又修建,光绪三年(1877),赵启、凌鸿德、高念祖等人又集资重建。④ 康熙年间,杨邵雍建造了仁寿桥,该桥原名龙寿桥,另外还修建了莲蓉桥,该桥"跨运河,即北门大桥,唐贞观三年建,明正统十一年知县项伾改建"⑤。凌鸿德除参与修建桥梁外,还参与建造莪香书馆。该馆位于西门外,同治十一年(1872)凌鸿德与高鹏建造,高鹏之子高念祖又与凌鸿德"合捐钱六百千文,存典生息"⑥。

邹文锦,字焕章,国子生,"生居邑之蓉湖尖,丰于财而急于义,睦姻

---

① 光绪《无锡金匮县志》卷二十一《儒林》,第25页。
② 光绪《无锡金匮县志》卷二十五《行义》,第13页。
③ 参见光绪《无锡金匮县志》卷五《桥梁》,第10页。
④ 参见上书,第11页。
⑤ 同上书,第20页。
⑥ 光绪《无锡金匮县志》卷六《学校》,第22页。

任卹,而外如庙宇、寺观、桥梁、道路以损坏告,必极力营治之,乡里称善人,幼子思成,诸生,亦能承父志"①。乾隆初年,邹文锦重建汇龙桥,并于嘉庆十七年(1812)修汇龙桥。此外还重建了顺龙桥,修建了位于间江、西阳湖界的周渡桥。

所谓"津梁与桥梁相表里,或渡改为桥,或桥废为渡"②,有些桥梁虽然消失在历史的洪流中,但仍能从蛛丝马迹中找寻出地方士绅参与修葺桥梁的痕迹。以盐城县为例,城北三里许有一河名"天妃口",淮河支流汇流于此河,水势汹涌,因为此处为南北通道,往来之人络绎不绝,靠舟船渡河,如遇大风大浪,船只动辄倾覆,葬身河中者不计其数。曾有议筑桥梁之事,最终未果。康熙三十一年(1692),武皋谒选盐城知县,计划在天妃口上筑一座桥梁,供渡河之用,以造福于民,尽管有失败的先例,武皋仍执意筑桥。康熙三十三年(1694),武皋"相地势而经营之,度其中坚而阜者,纠工庀材,筑梁于上",即城北新洋港,该工程始于同年八月,十二月告成,武皋将其取名为通惠桥。此次筑桥"计其费不下千余缗",除知县武皋捐俸禄倡导外,另劝该邑"绅衿耆庶共协佐之"③。不过在乾隆四年(1739),通惠桥被拆除,以建天妃闸,乾隆六年(1741)闸建成。

第二节　士绅与江南地方河渠修治

历来各朝各代都非常重视农业,农业是治国安邦的根基,与农业密切相关的水利也相应地受到统治者的重视。水利则农富,农田水利是古代为政者政治业绩的重要内容,与水利相关的河渠、闸坝的修治等则是水利事务的具体表现。除此之外,内城河、外城河等河流往往与地方其他水系相连,也属于地方统治者需要关注的对象。

---

① 光绪《无锡金匮县志》卷二十五《行义》,第18页。
② 光绪《无锡金匮县志》卷五《桥梁》,第9页。
③ 光绪《盐城县志》卷二《舆地志下》,第4页。

一、与农田水利相关的河渠修治

地方士绅常常主动干预或参与地方水利的管理或监督等相关事务。士绅干预或参与地方水利事务的表现之一是,发现有碍地方农田水利的问题,将其禀报地方官员,以消除水利障碍。以高淳县为例,因该县与溧水、当涂、宣城四县位于"徽宣之尾闾,形势低洼,东坝筑后,专恃花津大河为出水孔道",然而该处"渔户密设渔筏,阻遏壅塞,大为民害"。这是关系高淳百姓生计以及地方社会稳定的重大问题,高淳士绅无法坐视不管。于是,士绅"邢士桢、谷兰馨、孙鉴、陈嘉德、孔昭云、李国荣、史兆魁等三十人于同治八年九月间,以邻境截流设筏、各圩水遏难消等情禀县详府"①。邢士桢等人在陈情中记述:

> 高淳各圩自东坝筑后,河水西流,专恃花津达太平府治一线大河为出水门户,即使河道通利三湖之水,上承徽宣广建,犹难速消,况有壅遏,势必盈满为灾,乃邻境花津至护驾墩一带,秋冬之际到处截流而渔,以竹木芦席从河底竖柱而起,上覆以土,名曰渔筏,中留一缺,仅可通舟,虽亦稍能出水,而筏内之水每加于筏外一二尺,数十里内连设四筏,统计遏水不下七八尺,所以圩田积水难消,冬令二麦难种,夏令低田淹没,以致栽插难遍,寻常害犹如此,设遇大水,殆有甚焉,国课民生均有妨碍。②

高淳县令认为,此事关涉农田水利,尤为重视,并将其移请当涂县商讨。士绅们介入的后续结果是,"徐出示谕禁渔户,嗣后九十两月不得在大小花津、龙山桥、缠村、陈公渡、九山、孤山等处设筏插箔,致碍水道,如违,从严惩办示禁,并钞稿覆县"。因为涉及四个县,所以不止高淳士绅干预其中,当涂士绅"芮家祺、邢峥,宣城绅士唐金印、丁绳固,溧水绅士徐大伦、贾光荣、张辅仁"等人也纷纷干预其中,将花津渔筏等情禀报当地地方官员。可见,这是四县士绅的一次联合行动。不过,县府示谕似乎不容易达到禁止的目的,常常有日久禁驰的现象。鉴于此,四

---

① 民国《高淳县志》卷四《山川志》下,第25页。
② 同上书,第25—26页。

县士绅为防止日久禁驰、避免后患,联合陈情,吁请知县将此事报告上级督宪,请其立案给示,在相应通衢处立碑文,"以垂永久"。①

总督令江宁布政司将此事移知安藩司,安藩司"饬当涂县永远严禁,不准再设渔筏,以遏水道,并饬该县遵照缴奉此阖邑士民谨镌立石碑于邑庙前,永远遵照光绪六年十月奉钦命江南江宁安徽等处承宣布政使司布政使梁卢为颁示永禁事"。示禁之后,仍有"沙埂、唐宅圩等处刁民藐法不遵,仍敢于海港口、甸河口、黄荡湾、渡沙店、釜山湾硬设坚筏五道,遏水不流"②。江宁布政司会同安藩司又颁布示谕以永远禁止设渔筏阻遏水道,并令地方官"查提设筏之人,从严惩创,以儆其余缴"。除此之外,"合特颁示,勒石永禁为此示,仰军民人等知悉"。如此之后,如"有不法刁民仍爱花津沿河一带并海港口、甸河口、黄荡湾、渡沙店、釜山湾拦河设筏,遏水不流,即由该处地方官查提到案,从严究办,决不姑宽"③。由此可见,与农田水利有关的民生问题也是地方士绅承担的公共服务之一,也因农田水利事关重大,各级官员都非常重视,士绅的介入或参与往往能帮助地方解决相应的问题。

晚清时期,因战乱影响,地方官对于地方事务的掌控被削弱,在更大程度上依赖当地相对活跃和有影响力的士绅,地方士绅在农田水利方面的作用、职责相应地更甚于前。以高淳为例,咸丰同治年间饱受战乱之苦,"干戈扰攘,民难安堵,流离失所,相率抛荒"④。清军克复高淳后,百废待兴,社会需要恢复到战前的正常秩序,农桑是其中重要的一项。高淳士绅陈嘉德、邢士桢、孔昭云、陈嘉谋、夏文源、陶汝鼎、陶福增、谷阳生、陈永和、吴寿恭等人在参与地方公共服务方面较为活跃。其中,陈嘉德为孝廉方正,陈嘉谋为贡生、任光禄寺署正衔,邢士桢曾任海州学政、萧县训导等职,孔昭云为候选教谕,这些人都参与了《高淳县志》的编纂工作,而孔昭云等人维护地方水利、为重建县学宫及附属建

---

① 民国《高淳县志》卷四《山川志》下,第25页。
② 同上书,第26页。
③ 同上书,第27页。
④ 民国《高淳县志》卷七《赋役志》,第8页。

筑出谋划策并董其事①等。他们自然而然地成为地方官青睐之人,在农田水利方面承担了重要职责。为恢复高淳农桑,"曾爵相照皖章给银四千五百两,檄蓝翎孝廉方正陈嘉德、文生陈敬典设局劝农招垦,给借耕牛籽种,照章办理,民稍复业"。至同治四年(1865),督宪李鸿章将劝农局改为清查局,仍然"以陈嘉德为正绅,另谕崇教乡增生陶汝鼎立信乡职员赵贵珍、永丰乡文生陈治永、成乡文生王廷谟、游山乡理问衔孔广汉、安兴乡增生张桂林、唐昌乡职员王汝本为局董,清查各乡田地等项,自同治四年起至光绪六年春止,报次各乡不等,共计熟田地山塘等项四千一百五十一顷八十七亩四分七厘五毫八忽"②。

高淳另有一项非常重要的水利设施东坝,该坝对于下游来说是非常重要的水利调节枢纽,修建于明代,长江水流入溧阳胥河再入太湖,东坝即位于其中咽喉之处。提倡修筑东坝之人为溧阳人陈嵩九,东坝之于溧阳可谓"有之则利,无之则病"③。东坝的筑成,大大缓解了东坝下游地区每年的洪灾,并且使得这一带成为国家的粮仓和税源地。不过,东坝也增加了上游的水患压力,高淳人就因此非常不满东坝的存在。对于东坝是拆还是留,一直存有很大的争议。不过在下游苏松常镇等府的努力下,东坝不仅没有被拆除,还得到了几次加固,其中少不了溧阳等地地方士绅的作用。道光二十九年(1849)夏,安徽境内洪水泛滥,"五月二十六日,高淳金堡圩民盗掘东坝,苏松常镇诸府遂成巨浸,溧阳首当其冲"④。

溧阳县士绅与常州士绅一同将此事上报总督,总督饬委官绅"确勘高下,酌量丈尺,估需银一万八千两,均由该处下游各府绅民分别捐办",晓谕常州和溧阳士绅"董其役",溧阳由"董扬才主之,上江石工南陵人筑西头,下江石工溧阳人筑东头,其中合龙处则上下江同筑",坝身用黄土、石灰、砂混合糯米汁而成的三合土填充。道光三十年(1850)工

---

① 参见民国《高淳县志》卷五《学校志》,第25—26页。
② 民国《高淳县志》卷七《赋役志》,第8页。
③ 光绪《溧阳县续志》卷三《河渠志》,第2页。
④ 同上书,第3页。

程完工,东坝由此获得加固。① "候补知府陈延恩、溧阳训导余汝䶒、广通巡检缺立荣暨高淳县知县向柏龄、溧阳县知县蔡世佑"②负责购料监工等事务,士绅"余保纯、杜绍和等实主其议",另有"史锡、庆缺、董扬才、杨灿缺、王郁、史凤池、方德肇、吕大镛、周沣、潘绍良、周怀彬、方瀛、赵仁治、虞西雍、吕复元、朱于逵、史际昌、狄君三"参与其中。咸丰二年(1852)夏溧阳又遭遇大水,据称与高淳境内东坝被掘挖有关,时任溧阳知县蔡世佑旋即奉总督陆建瀛之命赶筑土霸,并于当年阴历七月竣工,然后"于九月朔偕集绅董,履勘其地",劝民捐输,将之修复。③

二、护城河的修治

至于内城河,以丹阳内城河为例,其开挖于明代嘉靖年间。丹阳城四关中,西关受湖水影响,东关联通漕运,北关通九曲之潮,南关接连香草河。丹阳馆驿设在城内,粮船由东关和北关两关通行,官舫民船也由城内支河出入,彼时"河道深通,公私利赖"。不过到明万历年间,丹阳县令周应鳌"深浚外濠,自西至东亘八里,其宽广加于内河数倍",并将馆驿移至丹阳城外。自此之后,漕运往来船只皆由城外河穿行,而且练湖和香草河河水皆流向城外濠。如此一来,日积月累,内河渐渐淤积,最终致丹阳城西关和南关湮塞关闭,河流不再绕内城流动,仅有东北一线河流流通,且秋冬季节河水会枯竭。至清朝康熙与乾隆年间,丹阳县令马光裕以及高联登先后设法疏浚内城河,均未成功。此后,东北内城河沿线"八铺居民各出捐贡,仅将此一线之河分段,略为挑挖,然亦旋浚旋淤,迄今瓦砾煤渣积成高阜,河中捷径便于桥梁,水潦之年,氏房阴沟埋于河底,家家苦涝。旱干之日无水可饮,均在外河汲取,日用维艰,有识者心窃忧之久矣"④。

嘉庆二十四年(1819)冬,邑人"贺子培因、周子起渭集同志二十余人,悉心筹划,度事所宜,具有条理,又各出私缗若干,为经始费,置酒凝

---

① 光绪《溧阳县续志》卷三《河渠志》,第3页。
② 同上书,第3—4页。
③ 同上书,第4页。
④ 匡守勤:《疏浚内城河碑记》,光绪《重修丹阳县志》卷三十三《艺文》,第19页。

真观以礼,敦请各行各铺暨巨室大姓、商贾过客恺切劝捐,众皆量力输资,倾诚相助"[1],达成修浚协议后,他们将此事告诉当地"耆老、乡先生以及都人士",这些人皆认可此次疏浚之事。然后,耆老、乡先生以及都人士将此事告诸县令,县令徐学瀚进而将此事转详知府罗琦、兵备道王逢源,二者皆为其出示晓谕。监督管理该事之人为趁热打铁、以防日久大家心生懈怠,即于该年冬季开始动工,至道光四年(1824)完工,历时五载,工程量大。"其浚河则一千五百二十余丈,河之面底丈尺视两岸宽狭为之挑,深自七尺至丈余不等,与外河底平,其瓦砾则倍于泥土,且泥滩水口先用散夫挖取,一切锄钯畚凿器具损耗甚多,更河窄岸高土浮易卸,有已成而复挑者,其各滩各口亦有活土神沙旋挑而旋涨者"[2]。"历任县尹熊公祖源王公青莲许公乃大蔡公维新以及丞倅张公嘉琳李公邦,惟俱不时到工弹压,更金干差,分段督率,以是积年无误,其桥梁则拆建者五,补修者六,旧日房屋侵占河身酌为津贴让者三十余户,鸣凤关一带排篷柱木占碍疏挑自行拆卸改作石驳者一百十余家"[3]。

至于挑浚所需经费,有冦款也有各商铺零散捐资,前述筹划此次挑浚内城河工程的二十余人"分段承值,每日收取,每月缴公,截至冬令,兴挑倘有不敷,先行垫给,勿致要工中阻,统计五六年来,计收捐二万三千余缗"。对于此次内城河挑浚工程的完工,有人认为是"捐款数之多之足以济",而匡守勤认为其更因归功于"经理之得人,使钱不虚縻,工归实用,且董其事者委曲纡徐,观时而动,动合机宜,一念之诚,孚于众志,咸乐为佽助,以观厥成,而当其兴举之时,成败利钝,祸福毁誉,举所不顾,则诚所谓以坚忍不拔之志佐其游刃有余之才,而终能底于有成者也"[4]。由此可见,内城河挑浚工程的筹划和完工离不开董理其事的当地士绅。值得一提的是,丹阳人匡守勤(号雨峰)于嘉庆十三年(1808)中举人,嘉庆十六年(1811)年中进士,曾任国子监助教。尽管县志没有直接记载其参与了内城河的修浚工程,但其对修治内城河的记载表明,

---

[1] 匡守勤:《疏浚内城河碑记》,光绪《重修丹阳县志》卷三十三《艺文》,第19—20页。
[2] 同上书,第20页。
[3] 同上书,第20—21页。
[4] 同上书,第21页。

他对于本邑河渠修治一事也有所了解和关心。

至同治十二年(1873),丹阳内城河因战事致骸骨堆积河内等,又填塞严重,丹阳知县"慨然伤故道之就堙,痛民之不便",计划再次修浚内城河,于是召集"绅耆、孝廉方正徐锡麟,截取知县何宝儒,候选训导冷宗勋,举人孙铭,文生束世清,职员胡巨鳌等悉心筹划,商同各铺户计业均输,分行各贮,日积月要",工程开始于同治八年(1869)三月,完工于同治十二年四月,先后有四任知县经理该事,"浣计河一千四百七十九丈,城外支河三百七十五丈,用费二万二千二百五十六千八百二十八文","桥梁以次修葺,水门因时启闭,北受江潮,西引湖水,舟楫来往,商民便之"①。

再以江阴县为例。江阴县城位于长江南岸,环绕县城的外城河长约2292.7丈,颇受长江浪潮的影响,"江潮自黄田港进者,由永定坝西分派,一达城濠入北水关,一循北城入郑泾河,由西南入南水关。江潮自黄山港进者,由秦泾桥历土桥入东水关,东南北三门旧有闸,明嘉靖间置,今皆为水关。潮水内达为内城河,长八百四十八丈三尺,分流散绕,贯彻全城。其自南关入者,历杜康桥至圣母桥,抵周桥之北,与东关之自堰桥来者合流西行。北关水历仓桥、善政桥右折为二支,南流入学宫之玉带河,北流自学宫后度文亨桥"②。道光元年(1821),学使姚文田"相度学宫形势,命塞学宫后河,其自南流入玉带河者,历汇征桥,屈曲至鸿渐桥,历龙头桥东至进贤桥,与东南之合流者汇焉"③。

整体而言,外城河"形势稍阔,虽有停滞,疏泄尚易",不过"地隘人稠,积投瓦砾,浮沙停淖,动辄填淤无论,舟楫鲜通,重念人民待汲以炊,朝夕饔飧,既艰于取水,尤恐祝融肆虐,当江潮缩涸之日,冬令更为可虑"。因此,修浚内城河常常是急迫之事,而实际上,内城河自明崇祯六年(1633)后30年来未曾有过治理。在清代,康熙二年(1663)、康熙六年(1667)、康熙十三年(1674)、雍正七年(1729)、乾隆四年(1739)、乾隆二十五年(1760)、乾隆三十一年(1766)、乾隆四十六年(1781)、乾隆五

---

① 林福源:《重浚内城河记》,光绪《重修丹阳县志》卷三十三《艺文》,第22页。
② 光绪《江阴县志》卷一《建置》,第7页。
③ 同上书,第7—8页。

十二年(1787)、乾隆五十九年(1794)、嘉庆十六年(1801)、道光六年(1826)、咸丰八年(1858),江阴知县皆有过治理之事。同治五年(1866),内城河因兵燹"愈加填淤",江阴士绅"禀请知县颜荣阶开浚,计分十段,河身长九百七十七丈",同治十一年(1872)再次疏浚,内城河"照章分段",此次疏浚后,"其南外高桥河、三门水关外河计三百四十五丈四尺,亦一律通浚"①。清代江阴县内城河屡有修治,不过地方志对参与人员的记载较为粗陋。从相关记载中可以推论,士绅向地方官提议这一过程对于内城河修治工务的落地有着一定程度的推动作用。

三、为建修河渠建言献策

江南诸多府县常常遭受黄淮运等水涝之苦,因此,江南有不少研究水利的士绅,他们或为百姓的疾苦呼号,或为治理家乡的水患建言献策,或从事河道治理等具体事务。由此,士绅参与河渠修治的另一种方式为上疏献策。例如季振宜上《河工科派疏》。季振宜,字诜兮,号沧苇,江苏泰兴人。18岁中进士,得授浙江兰溪县令,历任刑部主事、户部郎中等职。② 季振宜痛恨权贵贪赃枉法、专权欺罔,屡次上书弹劾相关权贵,其中也包括在家乡河道治理过程中贪赃枉法、以权谋私之官,即上书《河工科派疏》,并由此为扬州节免河夫岁银"二万七千两有奇,扬属州县亦为宽减,乡人咸颂德焉"③。据季振宜记载,"历年治河縻费难计,全赖督司者之奉公守法,上不侵欺,下免苛累,如桃源、宿迁、淮安、高邮等处,严寒酷暑之时,或筑堤,或挑浅,休息无期,而动用民间一夫,采买民间一束之柳,总以朝廷钱粮雇募置办,而民间止供力役,苦已不堪",筑堤、挑浚河道等力役已经使百姓苦不堪言,然而扬州各州县自康熙六年至康熙八年(1667—1669),"无日不受派夫之苦",其根源是"南河工部曲承总河臣之牌票,巧借协济各色转行州县,取夫动盈数千,而钱粮工食毫厘未发,州县额征之粮本无协济款项,有司迫于上司之

---

① 光绪《江阴县志》卷一《建置》,第8页。
② 参见乾隆《直隶通州志》卷十四《人物志》,第51页。
③ 同上。

威,督促现年里长按亩加派,单丁寸土不得脱免"①。

由是,"扬州百姓数年以来,不苦盗贼,不苦水火,止苦加派,男女典鬻已尽,逃亡十室而九,言之可为酸鼻痛心"②。季振宜具体陈述了江都、仪征、泰兴、如皋等县加派夫役的情况。就江都县而言,"所治一百一十九里,每年派本县修河夫一千九百四十四名,每夫一名一年之工食凡十二两,是江都一县除正额钱粮之外,即河夫一项加派二万三千三百二十八两,自康熙六年起至八年止,凡三年,共加派银六万九千九百八十四两,而七年分协济翟家坝之河工,江都派夫一千九百四十四名,每名每月工食三两,又在本县河夫之外矣,又有所谓浅夫者共一百十九名,每年原有额设之工食,近乃每名多征银二十四两,是浅夫一项又每年加派将及三千两矣,各年里长具在可问也"③。就仪征县而言,"所治十四里,正额钱粮不过万两,协济高邮河夫每年加派一千五百名,每名工食一月一两六钱,一年则十九两二钱,合计之每年加派至二万八千八百两之多,浮于正额已将三倍,自康熙六年起至八年止,共三年,凡加派八万零四百两矣"④。

就泰兴县而言,"所治九十六里,每年正额钱粮不过三万,协济桃源河夫一千五百名,每名工食一月一两五钱,一年共加派银二万七千两,将同正粮之额矣,自康熙六年起至八年止,共三年,凡加派至八万一千两之多,而去年十月,南河工部又加派泰兴协济高邮州河夫五千名,小民惊惶逃窜,至今尚未结局"。就如皋县而言,"所治四十二里,加派协济河夫一千一百名,每名工食一月则三两六钱,一年则四十三两二钱,揆计之每年正额之外,即夫一项加派至四万三千六百三十二两,自康熙六年(1667)起至八年(1669)止,共三年,凡加派十三万零八百九十六两矣"。除此之外,泰州、通州、海门、兴化、宝应等县皆有河夫以及夫银加派。季振宜认为,加派是一种罪责,在此基础上"又开销朝廷之钱粮,恣其侵欺,是上既无所益,下徒有所损",如果是良臣,对此不会视而不见、

---

① 季振宜:《河工科派疏》,乾隆《直隶通州志》卷二十《艺文志 中》,第41页。
② 同上。
③ 同上书,第41—42页。
④ 同上书,第42页。

匿情不言。① 除向上报告地方加派河夫的实情外,季振宜还直接指出涉罪之官员,并请求皇上"严饬现任河漕二臣逐年清查,穷究到底,使毫厘无所隐遁,法纪得以申明,永济协济之名用,杜侵盗之实,以信私派之功令,以活延喘之生灵"②。

陆献既参与抢险河务中,又非常关心农务。陆献生于道光咸丰时期,字彦若,号伊眉,丹徒县人,道光元年(1821)举人。道光七年(1827),陆献随钦差那彦成前往新疆办理善后事宜,因有功而保举知县,选授山东蓬莱,后调任繁县、曹县知县。道光十三年(1833)夏,黄河堤岸溃决,陆献投身抢险并购办料垛等事宜,昼夜巡防三十余日,因此保升知州,署合肥县事。鸦片战争中,调浙江军营,随同官兵收复上海,战事平息后去官回籍。陆献还是一位农学家,劝民种树栽桑养蚕等,著有《山左蚕桑考》《种树方》《种菜方》《种药方》等,龚自珍曾称陆氏所著农书可伯仲于古农学家泛胜之、贾思勰著作之间。回镇江后,在南郊鹤林寺设课蚕种桑局,刻《蚕桑兴利法》。

陆献不仅参与过黄河堤案抢险等河务,还对家乡丹徒河闸情况作了较为仔细的研究,并针对丹徒横闸淤积等问题的原因、整治措施等提出自己的看法,以期从根本上解决丹徒横闸的问题。陆献了解到,"镇江府城西有大闸,城东十余里曰丹徒镇,有横闸,又十余里曰越河,有越闸,三闸皆引江水入漕河济运"。横闸位于丹徒河上,"俗名丹徒闸,旧制金门狭而长,西向闸底高,金门狭而长者欲其长,潮力猛而泥活不淤也。西向者欲其长,潮直冲而上,落潮从大闸口出也。闸底高者欲其蓄水也"。正因为如此,"丹徒河数年一挑,縻费不重"。然而,近年以来,丹徒闸日益淤积,与丹徒闸反复拆修之后的状况改变有密切关联。③ 反复拆修后的横闸金门"宽而短,东南向闸底极低",这导致"长潮无力而易淤,年年挑浚,所费不赀矣。东南向则潮不上涌而下漫,横闸之潮不能到大闸,而大闸之潮反出横闸,长潮之势平,落潮之势更平而淤日积,丹徒之运河淤积,而徒阳全河亦日以淤积矣。闸底低则不能蓄水,虽曰

---

① 参见季振宜《河工科派疏》,乾隆《直隶通州志》卷二十《艺文志 中》,第42页。
② 同上书,第43页。
③ 陆献:《丹徒横闸改建议》,光绪《丹徒县志》卷五十六《艺文十一》,第55页。

下版而有名无实,利闸官不利漕运。"

陆献考察丹徒河时,看到"今冬寒水落之时,闸塘水深不见底,而运河中潴河滩一带断流,此闸底低于河底之明验矣。夫潮之长落均以阅一时为度,今则长潮虽仍阅一时,然以移向不得力而潮落则迟至三四时之久,虽欲不淤,乌得而不淤"。陆献认为,丹徒闸"败河淤,非坏于官也,实坏于安徽之奸商也。数十年前,徽商木秒掉簰由长州之江阴进口,后以江阴稍远,改由大闸而入,当京口粮艘正开行时,木簰齐停江口,俟粮艘开毕,然后入大闸而南,故至今大闸口之江浒土人尚谓之簰湾,簰湾者木簰湾泊之所也,不知何年木簰擅入横闸,横闸金门狭而长,闸底又高,木簰之大不足以容焉,且口门西向潮水西注,而木簰入闸碍于左臂之伸长,转折不便,故于闸圮之时承任修筑,施其诡计,阴改旧制,朦溷经营,而横闸遂成变局,再坏再修再经营,而变为有闸不如无闸之局矣"①。陆献据此认为,要解决河淤闸淤等问题,"有益运河,必须改建横闸以复旧制,如今之金门则须收小一半,增长一半,改东南向为西向,俾闸之右臂缩短,左臂伸长,逼潮水西注,闸底填高三尺,使蓄多而泄少,如此则长潮势猛,长潮势猛则落潮从大闸口出江,而徒河不至大淤,河不大淤则岁挑可议减矣,又须明白谕示,通详定案,勒石永禁木簰由横闸入口,如此则挠阻无人,贿赂无用,横闸之旧制可复,而运河受其利矣。夫改闸之费有限,岁挑之费无穷,司筹者曷不加之意焉"②。

也有在朝任职的官员为本邑河渠的修建上书,例如夏申书陈请开通运盐新河,该河段属于串场河。串场河是苏北灌溉渠支流,位于江苏省东南,西起海安县海安镇,接引通扬运河之水,过海安船闸,北经富安、东台、刘庄、盐城、上冈,至阜宁县阜宁镇分多支,东流入苏北灌溉总渠,全长176公里,平均河宽40—70米。串场河发端于修筑海堤。唐大历元年(766),淮南节度使判官李承主持在楚州、扬州海滨创筑海塘,名"捍海堰"(又名"常丰堰"),北起盐城,南抵海陵,始有捍海堰旁的沟渠,后历经宋、明等朝多次修建、疏浚,于明中叶以后,"串场河"一名始

---

① 陆献:《丹徒横闸改建议》,光绪《丹徒县志》卷五十六《艺文十一》,第55—56页。
② 同上书,第56—57页。

见于文献记载。① 清康熙四十三年(1704),"邑人夏申书等因余东运河坍入江中,呈请开通运盐新河,东接本场,西暨余东、余中二场"②。夏申书在康熙三十四年(1695)时担任内阁中书。实际上,清康熙、雍正时,先后挑浚丁溪至白驹、伍佑至泰州坝、盐城至卞仓等河段。乾隆三年(1738),又于盐城北开河120里,直达阜宁与射阳河相通,至此形成串通苏北沿海栟茶、角斜、富安、安丰、梁垛、东台、丁溪、草堰、小海、白驹、刘庄、伍佑、新兴、庙湾(今阜宁)、天赐等盐场的盐运河道。道光以后,因海岸东移,海远卤淡。③ 又如"南运河在余中场,邑人姜兆熊等因北运河折而淤浅,新沙南涨,会同各总商捐工,分司黄家征通详院道,于康熙四十七年开浚"④。

第三节　士绅与江南地方庙宇建修

正如古人所说,"事非关政体不足贻来者""观塔庙之兴废,亦可以考习尚也,夫馆舍桥梁利便民生者,废圮不治,而浮屠兜率互错,市廛足以愚黔首滋滛祀耳"。⑤ 佛塔、寺观、祠庙等的建修虽与传统政务无关,却有着非常重要的治理意义,与民风民俗、地方治安等有密切关联,与桥梁、河渠等的治理同属地方公共事务,并为地方统治者关切。

一、塔庙等的修建

地方佛塔通常都具有一定的社会意义,比如在精神领域满足地方民众的不同需求。明朝初期,因风水学说盛行,每个县甚至每个乡镇都建有风水塔。至清代,风水塔已经走向世俗世界,具有一定的社会功

---

① 参见朱道清编纂《中国水系大辞典》,青岛出版社1993年版,第184页;朱道清编纂《中国水系词典》,青岛出版社2007年版,第215—216页。
② 乾隆《直隶通州志》卷三《山川志》,第16页。
③ 参见朱道清编纂《中国水系大辞典》,青岛出版社1993年版,第184页;朱道清编纂《中国水系词典》,青岛出版社2007年版,第215—216页。
④ 乾隆《直隶通州志》卷三《山川志》,第16页。
⑤ 同上书,第42页。

能,或为风景名胜之地,或为信佛之人的朝觐之地等等,具有镇山、镇水、镇邪、点缀山河或者利学重教等方面的风水意义。古代文人墨客大多喜欢游山玩水,寄情于山水之中,藏于山水之中的亭台楼阁塔等更不乏文人墨客留下的相关文字。除此之外,塔的风水意义有时候会被士绅转化为公共服务,例如丹徒乡绅张九征利用丹徒县圌山塔利学的风水意义,将其作为润州(即镇江)士子科考及第的精神支持,进而重视圌山塔的修缮等实际问题。圌山位于丹徒县境内,山上有一座塔,该塔原名报恩塔,建于明代崇祯年间,因位于圌山上,又名"圌山塔"。

有关圌山塔历史沿革的记载比较稀少,不过与之相关的其他记载可见于部分地方志中。据记载,历史上将山中之塔与当地科考及第的数量或者盛产名人的情况相关联,如"长江之中金焦双峙,圌山下横亘。形家言,金山建塔而秣陵以第一人及第者三,焦山塔未毁,而杨文襄、靳文僖接迹"。据此,丹徒地方官绅认为圌山有磅礴之气、地理位置极为重要,在山中建塔对于镇江府有重要的意义,所谓"圌山蜿蜒磅礴,逆流而障东逝之波,俨然一夫当关万马不前,塔之建也,于吾润关系尤巨,盖圌为大江门户,而塔又为门户间锁钥云",故而地方官员、士绅及义民等合力建塔于山中,张九征伯父也"捐赀千金"以助之。此后,"润之科第几倍于前,名甲诸郡,异日昌炽烜赫,不识又当何如也"①。此后圌山塔因历年既久、风雨剥蚀,渐渐有倾圮之象,丹徒乡绅张九征认为,镇江士绅有责任将其修复,这对于丹徒读书之人来说是一大帮助。

佛塔"初专为藏经而设,非为风水计也。迨后形家有风水之说,而浮屠之造几遍寰宇焉"。将佛塔与当地考取功名关联在一起,并非丹徒一地之风习,在其他地方也较为普遍。以高淳为例,高淳淳熙龙城寺有一座宝塔,"相传为唐时所建,地当巽位,形象坤元,有鹏池、爵垒、九龙、狮象诸山,四围森萃,益以石臼固城,映带左右,升高临下,气象万千,洵一方之伟观矣"②。南宋祥符年间,龙城寺倾圮,民间捐资重建,改名"保圣寺",塔名随寺名。保圣寺塔占地135平方米,塔有4面,共7级,高

---

① 张九征:《重修圌山塔小引》,光绪《丹徒县志》卷五十六《艺文十一》,第5页。
② [清]杨福鼎:《同治十年重修保圣寺宝塔碑记》,民国《高淳县志》卷十四《寺观志》,第10页。

31米,壁厚1.3米,砖木结构。① 自唐代至明代,屡有人修葺该塔,使之屹然常存。高淳县人常认为,当地登科取士得益于塔之兴修,即所谓"每一兴修,即有文人学士应运而出,相与登科第取青紫,为一邑增光者,且其先往往有广文为之向导,有明以前勿论矣,我朝如道光年间,许公心源重修宝塔,吕广文即捷南宫,既而陶君汝霖接踵其后,其明证也"②。

清代也陆续有知县修葺过保圣寺塔,比如刘泽嗣、许心源和杨福鼎。对兴修佛塔有益于科举登第一事,也有人表示怀疑,高淳知县杨福鼎就是其中之一,"谓是适逢其会耳,未必应验若此之神也"。不久,龙城寺主持对杨福鼎说道:"寺后宝塔为阖邑之笔峰,兵燹之余,榱桷朽敝,几同累卵之危,使君振兴文教,嘉惠士林,盍葺而新之,以资培补。"民间的普遍看法、龙城寺住持的述说以及高淳士人科举登第情况不理想等,使得杨福鼎转变了此前的怀疑态度,所谓"转念黉宫已建,课士尚勤,而庚子秋闱,邑人仍无一捷于乡者,或因此典有阙,以致笔峰未利,亦未可知"③。再往前追溯,"自道光戊子许前宪创建书院迄今六十余年,应试诸子选材角艺,每一题出,多有佳章,为时贤所称许,遇有乡试,众所属望者,后先何止数十人,其登甲榜者惟进士陶一人,乙榜则诸童田及副车孙孔数人而已,余皆一第为艰,文运之不昌,不得不讲求于地脉,理应然也"④。

于是,杨福鼎邀集陈嘉德等士绅商办修葺保圣寺塔,"就明伦堂劝捐之便,带捐修塔之资,幸收成中稔,七乡绅富忻然乐从,不数月间,集得青蚨五千缗有奇"。同治十年(1871),"光禄寺署正衔陈绅嘉谋、候选教谕孔绅昭云等分司其事,庀材鸠工,诹吉经营"。不久,"朱广文司训果捷春魁,入词垣"。此事让知县杨福鼎彻底相信保圣寺塔的兴修确实有益于高淳的科考,"知父老所传修塔有应验,先自广文开端者,其言洵属不诬,而风水之说实信而有征也,迄今全功告毕,七级重新,金碧辉

---

① 参见《高淳古建筑与高淳知县》,《今日高淳》2015年4月22日,第6版。
② [清]杨福鼎:《同治十年重修保圣寺宝塔碑记》,民国《高淳县志》卷十四《寺观志》,第10—20页。
③ 同上书,第10页。
④ 同上书,第10—11页。

煌,光彩四射,洵足以资镇压而壮观瞻,邑中积学之士当必有飞黄腾达,步朱公之后尘,副司牧之厚望,即以成一时之佳话者"。正如杨福鼎所说,"非陈孔诸君之力,何以及此",保圣寺塔得以兴修,全赖陈嘉德等地方士绅之力。①

寺观也是重要的社会场所,地方士绅在修建寺观上作出了非常大的贡献。有皇族或显宦足迹的寺庙,得到地方官绅重视的概率要大得多。如果稍有名气的寺观较为荒芜,驻足过该寺观的皇族或显宦会要求地方官绅对其进行修缮。以丹徒甘露寺为例,乾隆三十八年(1773),大学士制府高公因公至甘露寺,看到甘露寺荒芜不治,让地方官员袁鉴负责修葺事宜。袁鉴首先节廉俸倡捐,其他僚属以及地方士绅相继捐助。乾隆三十八年六月开始动工,次年十月完工,共"计糜白金八千三百有奇,工一万三千五百有奇,旧有屋一百八十余间,今即其旧而葺之者十之三,撤其旧而新之者十之七,复增所未备,共为屋二百四十余间,而大工以成""向之缺者、完颓者、起剥者焕,荆榛瓦砾之场,悉易以楼台、周以阑楯,可登而眺,可俯而凭瞻"②。此次寺庙修缮为官员倡导、士绅参与捐资等事务。寺观之外还有庵堂、禅院等。比如在直隶通州,"惜字庵在城南,国朝康熙戊寅邑人朱廷宫建。金刚庵在河镇,邑人李尚䌷建。观音律院在李家堡,蒋守贵妻孙氏建,生员蒋璪、蒋璞重修"③。直隶通州季开生于顺治七年(1650)修缮城西觉华禅院,该禅院建于明永乐年间。④ 季开生家族也参与桥梁修葺。

城隍庙原本是祭祀城隍神的庙宇,城隍神或称"城隍爷",是宗教文化中崇祀的重要神祇之一,是民间信奉的守护城池的神,也是冥界的地方官,有城池的城市都有城隍庙,成为必不可少的组成部分,修缮城隍庙也自然而然地成为地方统治者的重要职责。以盐城为例,县治东北有一座城隍庙,自宋至明,屡有修缮,清代也有知县、邑人等主导或参与城隍庙的修缮。康熙十二年(1673),邑人瞿继圣等人请知县陈继美修

---

① [清]杨福鼎:《同治十年重修保圣寺宝塔碑记》,民国《高淳县志》卷十四《寺观志》,第11页。
② 袁鉴:《重修甘露寺碑记》,光绪《丹徒县志》卷五十六《艺文十一》,第38页。
③ 乾隆《直隶通州志》卷十八《古迹志》,第42页。
④ 参见乾隆《直隶通州志》卷十五《人物志下》,第65页。

缮城隍庙,于是陈继美应请"募赀兴工""正殿、寝宫、前殿、东西序、内外以次修造,粲然改观"①。康熙三十三年(1694),盐城知县武皋又重修城隍庙。光绪十三年(1887),城隍庙正殿半毁于火,邑人张廷恩等人又集资重修城隍庙。地方士绅参与地方多项公共服务是非常普遍的现象,建修城隍庙的士绅往往也参与了其他公共事项。在无锡、金匮两县,地方士绅吴汝渤即是此类,既积极参与修葺桥梁,也参与修缮城隍庙。无锡、金匮两县有两座城隍庙,一座位于无锡县东南,隶属无锡县,该庙建于元至大年间,至清代康熙年间,知县吴兴祚重修该城隍庙,乾隆三十九年(1754)大殿坍圮,无锡人宝文铭倡导修缮城隍庙,嘉庆初增建西偏厅宇,咸丰十年(1860)毁于兵燹,只剩下头门、仪门。同治二年(1863)重建内殿。光绪二年(1876),吴汝渤等人集资增建。②

  文庙是各级城治另一重要的庙宇,集庙宇和官学为一体,是祭祀孔子和儒学教育的场所,是儒家文化的符号和象征,几乎每县都有文庙。从教育方面来看,文庙是国家培养人才之地,发挥着传承文化和教化社会等重要作用,各地都把修建文庙作为重要事务对待,甚至与地方官的政绩考核相关联,修建文庙也同样是地方士绅的重要责任,地方志多有关于士绅修建或修葺文庙的记载。例如丹阳县文庙的修葺,与丹阳士绅姜武晋不无关联,姜武晋曾"以侄埍南赠文林郎内阁中书衔,如皋县教谕"③。道光初年,有司及八庙诸生等人于仲秋在文庙设奠时,发现文庙"殿柱有蠹损者,时又骤雨新霁,屋多漏痕而地且沾湿",于是请丹阳知县,集合地方士绅商议修葺文庙事宜,原本计划更换屋瓦,揭瓦之后发现"腐者相属,延及椽栋,又以斧试殿柱,则朽蠹几半",原先计划"易一柱估费二千金",文庙腐朽程度超出预期,其修葺之"费将数倍",而且以文庙现状,修葺刻不容缓。④ 丹阳知县朱清耀于是又"捐廉首倡,兼为劝谕,而城乡之集而观者,咸悚然相戒,欣然乐输,积赀至五千余缗,乃

---

① 光绪《盐城县志》卷二《舆地志》下,第6页。
② 参见光绪《无锡金匮县志》卷十二《祠祀》,第3页。
③ 周玉瓒:《重修文庙碑记》,光绪《重修丹阳县志》卷十五《封爵》,第11页。
④ 周玉瓒:《重修文庙碑记》,光绪《重修丹阳县志》卷三十三《艺文》,第15页。

得次第而从事焉"①。

工程量最大的要属大成殿,"计易椽者千,易瓦者万,易栋三,易柱十二,又易两庑,阶石若干,以次及戟门,尊经阁、明伦堂、文曜楼、敬一亭、东西两斋、乡贤名宦诸祠皆丹雘而黝垩之,棂星门石梁不称,易而大之,泮池污塞,浚而深之,宫墙之倾者筑之,卑者高之,学门旧有石坊,为更建之,土神室敝,为更造之,添植树木,芟薙荒芜,葺修增新,必慎必固,当其议即定而费忽增也,闻者莫不为虑"②,姜武晋慨然任之,总董修葺相关事宜,并捐资修大成殿。该修葺工程始于道光七年(1827),道光十二年(1832)冬告成。咸同兵燹,文庙被毁,清军收复江苏后,州县官员着手抚疮痍、修废坠等。丹阳县令金兰生邀集丹阳诸生谋划修葺事宜。金兰生任期到后,由下一任知县督促其事,用时两年余而告成。③

关帝庙是民间另一大庙宇,百姓求雨、消灾、除病、生子等都可求于关公,关公也被奉为财神。与城隍庙一样,关帝庙的修缮也是地方统治者的责任。尤其是咸同兵燹之后,庙宇的建设、修缮、维护是善后要务之一,正如县志中所论,"夫武圣升入中祀,创修庙宇,亦善后之要务也"④,这些皆少不了地方士绅的影子。以高淳县关帝庙为例,高淳关帝庙原在县城北隅,1860年被太平天国军队放火烧毁。1864年,"况军门屯兵此地,就东平王庙之西偏捐建三楹,一位朝夕祈祷之所,一时瞻拜者以为便,遂因之然"⑤。不过,"殿宇既卑,院落复隘,每遇春秋享祀,升降拜跪难于成礼,殊非所以妥神灵而光祀典也"。地方士绅陈嘉德、邢士桢、孔昭云、陈嘉谋等人"毅然以建武庙为己任"。不过,兴建关帝庙所需资费并非小数目,战乱过后筹集资金更是困难。陈嘉德等人也虑及"兵燹之后,邑鲜富民,难筹此巨款"⑥,于是,邀集"七乡同志诸君子,倡一按亩摊捐之议,以为取足于一二殷户,其势难,取足于阖邑田畴,其势易也"。在筹款事项上达成一致之后,陈嘉德等人将此事告知地方官

---

① 周玉瓒:《重修文庙碑记》,光绪《重修丹阳县志》卷三十三《艺文》,第16页。
② 同上。
③ 参见任履南《重建文庙碑记》,光绪《重修丹阳县志》卷三十三《艺文》,第16—17页。
④ 民国《高淳县志》卷十三《祠庙志》,第3页。
⑤ 同上书,第2页。
⑥ 同上。

员,在得到地方官认可之后,由地方官饬令相关官员敦促相关建筑事宜。武庙最终建成,"后为启圣殿,中为正殿,前为门,凡九楹,三阅蟾圆而毕,而规模式廓金碧辉煌,视向之因陋就简而享祀难于成礼者,不啻楹与梃之别焉"。兵燹过后学宫、武庙等的修建,除督宪等官员的推动外,也赖陈嘉德、邢士桢等士绅"广为劝导"。①

二、士绅参与庙宇修建的多样化

士绅参与的地方事务往往不限类别和数量,由上述内容也可看到,同一位士绅参与的地方公共事务是多类别的,或者参与多种庙宇的建修,或者既参与建修庙宇,也参与河渠、桥梁等的建修或修治。比如邹文锦,既修缮了多类庙宇,于乾隆四年(1739)重修了东岳行庙,该庙在"锡山之麓,其先在城内中市桥南,后唐同光初,山人周太乙募资徙建今地,宋乾道至明宣德屡建屡毁,正统元年增建五岳楼,宏治七年增建两庑"②,又建了东岳行庙内的丹景山房。同治八年(1869),高鹏也集资重建过东岳行庙。除此之外,乾隆年间,邹文锦还修葺过张中丞庙,该庙位于东岳行庙之东,祭祀唐御史中丞张巡,另重建了城中大市桥东边的静慧寺的天王殿。而净慧寺左侧的洞虚宫建于梁大同二年(536),清代康熙年间由邑人邹性善、孙洤佳集资重修。乾隆九年(1744),邹文锦"又建右翼诸天殿"③。丹阳徐锡麟则参与了多类公共服务。徐锡麟为孝廉方正、岁贡生,其参与的公共服务就有修浚丹阳内城河、捐建忠义节烈祠、重建城隍庙等。光绪二年(1876),丹阳知县陈鹏与士绅徐锡麟等人捐建忠义节烈祠"两进十二间,男左女右"④。光绪四年(1878),丹阳知县帅远炜与士绅徐锡麟、夏锡鹏等人募捐重建城隍庙。⑤ 光绪六年(1880),徐锡麟、林福源、夏汝楫、姜定保、夏锡鹏等士绅募捐重建文昌阁。⑥ 光绪九年(1883),丹阳东城"崩裂十六丈有奇,压死倚城客民十余

---

① 参见民国《高淳县志》卷十三《祠庙志》,第3页。
② 光绪《无锡金匮县志》卷十二《祠祀》,第9页。
③ 光绪《无锡金匮县志》卷十三《寺观》,第17页。
④ 林福源:《重浚内城河记》,光绪《重修丹阳县志》卷十一《祠祀》,第6页。
⑤ 参见上书,第3页。
⑥ 参见林福源《重浚内城河记》,光绪《重修丹阳县志》卷十《学校》,第5页。

人。知县陈炳泰督邑绅徐锡麟、孙铭、夏汝楫、荆绍韩、姜定保、夏锡鹏、丁炳甲等捐款修筑"①,该年十一月工程竣工。

也有士绅在部分具体的公共事务上可能只停留于提议阶段,比如直隶通州李堂与捐修岳飞祠一事。李堂,字心构,号草亭,为拔贡生,生而颖异,弱冠即通诗古文字,喜欢抄书,尤其手抄忠孝节义等书,年78岁卒。他建议通州士绅大夫捐修岳飞祠,其理由为:"念昔王灵震动天地,留此古迹于柴墟小镇,镇之人各抱微忱千秋血食至于今犹是天理犹是民彝竟无忠孝之感乎,彼夫神坛鬼社,钟鼓相闻,梵宇仙宫,辉煌夺目,滛祠之不废,而踵事增华者,且比比矣,独奈何瞻仰王庙,听其数椽片瓦几几为蒿莱所法,瓦砾所湮,而淡焉漠焉视之哉霖,旨肩巨任,图厥重修,而野僧一袈裟一钵盂,为力有几伏,愿阖邑士大夫竭力首倡,怂恿群众,俾庙貌鼎新,垂王灵于不朽,此固天理,民彝自当喜助而无烦邻邑之小儒,为之劝驾也书。"②

实际上,地方士绅参与的公共事务不局限于桥梁、河渠、祠庙,还有其他繁杂的事项,比如修缮城垣。修缮县城城垣为知县职责之一,部分城垣修缮之事为知县向上级请帑金,然后运用民力开展城垣修缮之事,有部分县志记载了当地士绅参与城垣修缮事务。以江阴县为例,道光二十一年(1841),英国在东南沿海侵略中国,致使"濒海城邑无不震竦",沿海多个地方为此欲加强城防。时任江阴县知县的陈廷恩认为"兹邑江海门户,关系重大"③,于是建议修缮城墙。晚清阶段,士绅在基层管理上的权责要多于清前期和中期,其参与的广度和深度也相应地高于清前期和中期,而地方官在管理基层社会上似乎越来越心有余而力不足,只能更多地依靠士绅阶层。因此,陈廷恩在修缮城垣上,选派邑人张锡龄督促其事,并劝捐得钱"二千缗",不过工还未开始,陈廷恩即卸任,新任知县金咸锐接手陈廷恩未尽之责,甚至"捐廉倡导,决计大修,请于大府,举董集费"④。

---

① 林福源:《重浚内城河记》,光绪《重修丹阳县志》卷四《城郭》,第5页。
② 李堂:《募修柴墟岳武穆王祠序》,乾隆《直隶通州志》卷二十《艺文志 中》,第26—27页。
③ [清]季芝昌:《新修江阴县城垣记》,光绪《江阴县志》卷一《建置》,第11页。
④ 同上。

因为正逢英国兵舰侵袭中国东部沿海及长江内河之危,制府也相当重视江阴城垣的修缮,并亲临江阴勘视沿江防卫情况,督促江阴加固城防,又有常州府知府派人勘察监督其工,江阴人更是踊跃。此次城垣修缮,有陈廷恩擘画梗概,使得修缮城垣之事有了开端,又有金咸锐"均节财用,通融参酌,动之以诚恳,济之以慈和,卒令悍者驯伏,悭者忼慨,不偏听以掣办事之肘,不胶执以灰献谋之心",而"筹项计工,句稽考核,剂量紧慢,洁己恤人,昕夕忘倦,谤黩不生",则是"总董王君宝珪、冯君治、沙君淮、章君树荣,实始终之","定存改,购瓴甓,遴匠作,画程序,察勤惰,俾有料必实,有工必坚",则乃张锡龄之力。工程验收后,归入江防善后事宜。道光二十二年(1842),皇帝下令,此次修缮城垣,其出力之人"均奖叙如例"①。此次修缮江阴县城垣事务的总董皆属地方士绅阶层,且往往会参与江阴县其他公共事务。以王宝珪为例,道光三年(1823)江阴大水成灾,王宝珪总责赈济事宜,"捐千金,全活甚众"。道光十八年(1838)春,王宝珪又负责疏浚应天河,"计乏资八百余缗,宝珪董其事,解囊独任之"。除上述事务,在"建协署"上也竭力襄理,事成不居功,得到许多人的称颂。② 由此可见,士绅在地方公共事务上的角色是多样化的,其作用是非常重要的,其参与的公共事务的范围是非常广泛的。

本章小结

清代虽然没有"公共服务"的概念,但是已经存在公共服务方面的领域,比如桥梁、河渠、祠庙等古代基础设施。江南水乡河渠纵横交错,有水的地方必有津梁,津梁之多不可胜数,且津梁之间常常互相转换。另外,跟其他地区一样,庙宇也是较为密集的建筑。从史料记载中可以看到,桥梁、河渠、庙宇等都是地方社会重要的基础设施,在地方社会发

---

① [清]季芝昌:《新修江阴县城垣记》,光绪《江阴县志》卷一《建置》,第11页。
② 参见[清]季芝昌《新修江阴县城垣记》,光绪《江阴县志》卷十六《人物 二》,第12页。

挥着不同的作用,是地方社会治理不可或缺的重要组成部分。它们关乎地方官、士绅和百姓等社会各个阶层的利益。正因为如此,这些基础设施的兴建和修缮地是地方社会共同的职责。不过,不同的基层承担的责任或参与的方式有所不同。在这些公共事务上,士绅往往担任出谋划策的角色,就各类具体事务向地方官提出建议或对策,而在参与各类公共事务事项中,往往占据董理之职或者筹资捐资之责。

  在桥梁的建修上,士绅的参与方式主要有两种:一种是建言献策,比如就桥梁建造、修葺或改造提出相关意见和建议;一种是参与桥梁的建修,比如出资、董理建修之事等。在河渠修治方面,士绅参与的范围较为广泛,包括各类河流、水渠、护城河等。士绅常常主动干预或参与地方水利的管理或监督等相关事务,比如,发现水利障碍后向地方官建言以消除水利障碍。另外,建言献策也是士绅的重要作用,这种建言献策尤其体现在消除黄淮运水患方面。寺观、城隍庙、文庙、关帝庙等各类庙宇的建修有着非常重要的治理意义,与民风民俗、地方治安等密切相关,也为地方统治阶层所关切,包括地方各类士绅。这种关切的表现之一是对庙宇进行修葺改造。因此,史书有相当多的庙宇等建筑建修的记载。在这些建修中,士绅或提议,或集资,或修建,他们的职责和功能与参与桥梁建修或河渠修治等类公共服务一样。值得一提的是,许多士绅参与的公共服务种类是多样化的,有些士绅既参与桥梁修葺,也参与河渠修治,还参与庙宇的建修,有的士绅在地方管理上参与的事项更为多样化。

第六章　士绅与江南地方诉讼

在清代，人们被传统农耕文明所构建的纽带紧密联系在一起，日常生活中难免会发生各类争执纠纷。在"抬头不见低头见"的熟人社会中，人们在纠纷产生的第一时间并不会提起诉讼，寻求官府进行裁决，而往往是听由地方上较有公信力的士绅、族正等人从中调和解决。所谓"皇权不下县"的传统社会里，知县需要裁决全县事务，其中包括"决讼断辟，劝农赈贫，讨猾除奸，兴养立教"等，一应大小事宜皆系于知县一人之身，因此即便"凡贡士，读法、养老、祀神，靡所不综"[①]，地方官员也很难仅凭借一己之力便处理完辖区内所有的纠纷争执。因此，即便在当事人向官府提出诉讼之后，地方官员也常常是先批令士绅、族正等进行调解，自己则只给予大方向上的指导意见。虽然没有来自官方正式赋予的政治权力，"在野"的士绅阶层仍旧承担着"调争解纷"的重要职责，甚至比知县裁断的纠纷更多。[②] 由此可见，某种程度上是士绅阶层在根本上维持着地方社会的安宁，保障着整个国家秩序的稳定。

---

① 《清史稿》卷116《志九十一·职官三》。
② 参见张仲礼《中国绅士的收入》，上海社会科学院出版社2001年版，第45页。

第一节 清代的"息讼"思想

如同当今司法体系中将诉讼案件分为刑事诉讼与民事诉讼一样，清廷官方也有着类似的划分方法，"自斥革衣顶、问拟杖徒以上，例须通详招解报部，及奉各上司批审呈词，须详覆本批发衙门者，名为案件。其自理民词，枷杖以下，一切户婚、田土、钱债、斗殴细故，名为词讼"①。也就是说，刑事诉讼大体可等同于清朝官方文献中的"命盗案件"或"案件"，指的是需要严格按照律例法令进行审理判决，对涉案人员判处徒刑以上刑罚的案件。按照清代司法程序中的"逐级审转复核制"，徒刑以上的案件在经过州县衙门的初审之后，都需要详报给上一审级进行复核，随后层层审转，直至最后有权力进行判决的审级进行终审。徒刑需要至督抚一级，流刑需要至刑部，如若罪犯被拟罪为死刑，则更是需要经过逐级上报，最终呈递至御前，经过皇帝本人亲自勾决之后，地方官府才能执行死刑。②

民事诉讼则往往被称为"词讼""细故""细事"等，包括田土、房产、婚姻、钱债、继承等相关的各类诉讼案件。这类诉讼和刑事诉讼不同，地方官员无需上报逐级审转，也不用受限于各项律例条文的规定，只需由州县官员全权负责，自行审理结案即可。在处理民事诉讼之时，地方官员的基本审理原则是以调处与责惩相结合，具体执行过程中，基本以调处方式为主。这类诉讼案件因为是由州县自行审理，理论上也是由州县自行规定结案形式，较为通行的做法是在案件终结时，由当事人或监护人、调解人出具甘结或保状，表示悔过或和解，再由州县官员作出批示，即可结案，无需如同命盗案件一样层层上报。③

这里的调解人，一般是由士绅、族正、里长等人担任。在了解具体的调解方式之前，有必要先探讨地方官员在解决民事诉讼时，为何会选

---

① 包世臣：《齐民四术》卷7《为胡墨庄给事条陈清理积案章程折子》，《包世臣全集》，黄山书社1997年版，第380页。
② 参见郑秦《清代法律制度研究》，中国政法大学出版社2000年版，第172页。
③ 参见上书，第155页。

择以调解为主要解决手段呢？这种调解行为的背后又是蕴含着怎样的"息讼"思想呢？

一、息讼思想及政策

清代的息讼思想有着悠久的历史渊源。《周易·讼卦》记载"讼，终凶"，且强调"讼不可妄兴"。孔子主张的施政目标乃是"听讼，吾犹人也，必也使无讼乎"①。朱熹将之诠释为："圣人不以听讼为能，而以无讼为贵。"②古人甚至将诉讼案件的多少、发生频率的高低，视为判断政治清明与否的重要标志。如太史公在《史记·周本纪》中对成康之治的"天下安宁，刑错四十余年不用"进行大加赞扬，反之则谓"世之不古而有讼狱"③。在这种息讼思想的影响下，教化对于清朝皇帝而言，可谓是比刑罚还更为有效的驭民之术。

（一）清朝皇帝的息讼思想

官府想要教化百姓，维系政权稳定，常常需要通过士绅阶层作为媒介，才能起到良好的教化效果。时人认为朝廷法纪难以让百姓直接明了，而士绅则善于解析理解，应将朝廷法纪先晓谕士绅，再由士绅转谕百姓，这样道理才更加明了，教化也才更易于推行，故曰"境有良士，所以辅官宣化也"。加之各地情形多有不同，"树艺异宜，旱潦异势，淳漓异习"，就连乡间是否有盗贼一事，也不能轻易听信吏役的话语，而是要"博采周咨"并信赖士绅。可见对于地方官而言，"礼士为行政要务"④。

此外，因为清廷在任免地方官员时实行原籍回避制度，州县官员往往对辖区内的风土人情并不了解，当地百姓也对州县官员的品性全无了解，所以百姓判断地方官员是否贤明，往往取决于当地"绅士之论"，若没有绅士在其中"通上下之情"，那就难免会出现"官虽甚惠爱而民不知，民或甚冤抑而官不察"的情况。若官员能够做到"折节降礼"，对士

---

① 《论语·颜渊》。
② 朱杰人、严佐之、刘永翔主编：《朱子全书》第7册，上海古籍出版社、安徽教育出版社2002年版，第430页。
③ 参见司马迁《史记》卷4《周》，上海涵芬楼影印南宋刻本，第17a页。
④ 《皇朝经世文编》卷22《吏政八》，清光绪十二年武进盛氏重校本，第17页。

绅阶层待之以诚，使他们"咸知感服"，那么士绅便会承担起官员、百姓之间的沟通责任，士绅信任官员，百姓则信任士绅，这样才能够真正实现"上下通而政令可行矣"①。显然，士绅阶层在"官"与"民"之间所起到的粘合作用，是保证政令能够上下通行的重要环节。

因此，朝廷想要教化百姓，必须先规训士绅。顺治九年（1652），清廷刊立"训士规条"，卧碑置于明伦堂之左，以此来晓示生员，"朝廷建立学校，选取生员，免其丁粮，厚以廪膳，设学院、学道、学官以教之，各衙门官以礼相待，全要养成贤才，以供朝廷之用。诸生皆当上报国恩，下立人品"。其中卧碑上书写的教条之一为："生员当爱身忍性，凡有司官衙门，不可轻入。"即便是关乎生员己身的事情，也只允许其家人代为控告，不许生员为他人代为词讼，也不许他人牵连生员作证干讼②。可以看出清廷希望能够引导士绅阶层远离诉讼。

康熙年间，康熙帝关于"朕惟至治之世，不专以法令为事，而以教化为先"的主张中也体现出了清晰的息讼思想。他认为古时的"人心醇良，风俗朴实，刑措不用，比屋可封，长治久安，茂登上理"都是因为善于将"法令禁于一时"，这样才能让教化得以维系得更久。如若当政之人只顾着制定法令，而不设法先去教化百姓，那么便无异于是舍本逐末。康熙年间"风俗日敝，人心不古"的主要表现便在于"狱讼之兴靡已"，其中有"或豪富陵轹孤寡，或劣绅武断乡曲，或恶衿出入衙署，或蠹棍诈害良善，蒦荷之劫掠时闻，仇忿之杀伤叠见"，对于这些"陷罹法网"之人，虽说"刑所必加"不可避免，但实际上如若将其按律严惩又觉得"无知可悯"，如果宽宥赦免却又是"宪典难宽"。归根结底，之所以导致这种"刑辟之日繁"现象的产生，完全是由于"良由化导之未善"③所致。故康熙帝颁布上谕十六条：

> 朕今欲法古帝王，尚德缓刑，化民成俗，举凡敦孝弟以重人伦、笃宗族以昭雍睦、和乡党以息争讼、重农桑以足衣食、尚节俭以惜

---

① 《皇朝经世文编》卷23《吏政九》，清光绪十二年武进盛氏重校本，第5页。
② 参见《钦定大清会典事例》卷389《礼部·学校》。
③ 《钦定大清会典事例》卷397《礼部·风教》。

财用、隆学校以端士习、黜异端以崇正学、讲法律以儆愚顽、明礼让以厚风俗、务本业以定民志、训子弟以禁非为、息诬告以全善良、诫匿逃以免株连、完钱粮以省催科、联保甲以弭盗贼、解仇忿以重身命等项,作何训迪劝导,及作何责成内外文武该管官督率举行。①

雍正帝继位以后,为了避免"视为条教号令之虚文"现象的出现,特别颁布了《圣谕广训》一书,对康熙帝提出的"上谕十六条"进行逐条解释,并要求直隶及各省的督抚和学臣,将《圣训广谕》转行给各该地方的文武官员以及教职衙门,向辖下所有"军民生童人等"讲读晓谕。其中对第三条"和乡党以息争讼"的诠释如下:

> 广训曰,古者五族为党,五州为乡,睦姻任恤之教,由来尚矣。顾乡党中生齿日繁,比间相接,睚眦小失,狎昵微嫌,一或不诚,陵竞以起,遂至屈辱公庭,委身法吏,负者自觉无颜,胜者人皆侧目,以里巷之近,而举动相猜,报复相寻,何以为安生业长子孙之计哉……由是而箪食豆羹,争端不起,鼠牙雀角,速讼无因,岂至结怨耗财,废时失业,甚且破产流离,以身殉法而不悟哉。②

可以看出,在官方语境之中,乡党因小事争执而诉之公庭是一种需要委身法吏的屈辱行为,不仅输家毫无颜面,赢家也会被乡人侧目,甚至报复,无安宁之日。雍正帝想要宣扬的是一种"诉讼伤和""良民不告状"的价值观念,通过引导百姓产生对诉讼行为的厌恶感,进而打造出一个息讼乃至无讼的民间社会,最终达成实现"清明之治"的政治目的。

(二)江南地方官员的息讼思想

与中央皇帝的政策主张一致,地方官员在具体施政过程中也秉持同样的息讼观念。对于词讼纠纷,官员往往会采取以劝谕、调解的方式为主,避免严格按照法律裁判。苏州人汪琬,曾官至刑部郎中,他认为"凡词讼涉兄弟亲戚,便当委曲劝谕,使归和好。若以官法治之,胜负一分,仇寇便成",会导致兄弟亲戚陷入即便后来想要和好也因为仇隙而

---
① 《钦定大清会典事例》卷 397《礼部·风教》。
② 同上。

无法修好的尴尬境地,"盖争讼不过一时之气,气过即平",所以在百姓第一次告官时,官员不应该立即受理,而是应该将相关人等"召至案前,委曲晓谕,使知争讼为害,和好为利",然后遣回。若真的"有冤必不可忍""有气必不能平",待到百姓第二次前去报官时再受理即可,如此办理,"盖即于准词讼之中,寓息讼安民之意,斯得之矣。至吏民未经责杖者,小有过犯,不可轻加棰楚,惟当严加训饬,以警将来,使知所惩创而已"①。

除了以影响兄弟亲戚之间的人情关系为由拒绝受理词讼,地方官员还往往以为民生计考虑为由,主张减少受理词讼,因为"其累人造孽,多在词讼"。汪辉祖在《佐治药言》中记载,如乡民家中有十亩田,男耕女织,基本可供一家数口人生活,但一旦他们被诉讼所拖累,花钱三千文,便需要凭借高利贷来维持生活,不出两年,就不得不卖田卖地,卖掉一亩田,便少一亩田的收入,又不得不辗转借售。如此这样恶性循环,不超过七八年,这家人便会"无以为生"。致使这家人陷入贫困的原因,应该归咎于七八年之前地方官员受理了该乡民的词讼,导致他们将钱财花费在打官司之上,不得不借钱为生,因此地方官员应该做到"事非急切,宜批示开导,不宜传讯差提;人非紧要,宜随时省释,不宜信手牵连。被告多人,何妨摘唤,干证分列,自可摘芟",只要官员少传唤一人,便会少一人受到官司拖累。谚语有云:"堂上一点朱,民间千点血。"但凡官员在下笔时愿意多花费片刻的心思,涉讼的百姓便已然受到了"无穷之惠",因此"幕中之存心,以省事为上"②。正是秉持着这样的观念,汪辉祖提出了"断案不如息案"的主张,他认为"勤于听讼"自然是一件好事,但有些事情实际上并不需要严格区分是非黑白,莫不如通过亲友的调解来恢复和睦。因为"听断以法,而调处以情",法律上必须讲求泾渭分明,但情感上则可以稍微模糊一些是是非非,这样占理的一方可以通融亲友之情,理亏的一方也可以避免受到"公庭之法"。这正是自周朝起,地方官员便会设调解人的原因。如果官员自以为明察秋毫,完全

---

① 《皇朝经世文编》卷22《吏政八》,清光绪十二年武进盛氏重校本,第2页。
② 汪辉祖:《佐治药言》卷六《省事》,《官箴书集成》第5册,黄山书社1997年版,第317页。

"不准息销"调解,这实际上并非是一条"安人之道"①。

秉持息讼观念的官员十分普遍,江宁邑宰俞砚如,广东新会人,他来江宁走马上任的第一件事,便是颁布"下车第一示","劝民息讼,以安本业事,照得本业遂,则民生厚。民生厚,则风俗醇",百姓想要"遂本业",那最要紧的便是必须做到"不轻构讼"。俞砚如认为,他的主要任务在于亲民,想要亲民,那最要紧的便是做到"使民无讼"。因此,他希望百姓能够不要因为难以忍受一些"微嫌小隙"就起兴讼的心思;不要因为随便受到一些"奸徒刁棍"的唆使,动辄就向官府提出虚假控状;不要因为兴讼而招惹差役上门,反倒使自己受到差役的无尽勒索;不要因为兴讼而惹得"刑责上身",反倒使自己承受难堪的痛楚;不要因为兴讼而不得不舍弃"家庭宴乐",反倒使自己沦落到"寻歇店之凄凉";不要因为兴讼而不得不抛弃在家乡的安闲,反倒使自己尝尽路途跋涉的劳苦;省下兴讼后被诉师干证所索要的钱财,留下在衙门歇家所需要的开销,用于缴纳税赋,这样百姓才能真正"逍遥乐业于盛世之间"。与息讼后的安然逍遥不同,若百姓兴讼,则会迎来截然不同的凄惨局面,"苟或不慎,一字公门,九牛难拔,费盘缠,误正事,荒时日,讨烦恼,诸苦备尝,虽悔何及?"因此俞砚如规定,"倘有事属剥肤,万不获己者,须遵本县限期,进词告理。惟人命强盗重情,方许不时呈报",至于类似涉及户、婚、田、土之类的词讼官司,即便县衙已经受理告状,也随时允许亲友调解息讼,其"使有讼者复归无讼"②的志向展露无遗。

嘉庆二十二年(1817)的进士裕谦,历任江苏按察使、江苏巡抚,曾撰写《戒讼说》。他所描绘的诉讼景象同样充满不幸,"讼则终凶害",多有不测,小则可能会与人结怨,耗费钱财、费时失业;大则可能会倾家荡产,惹祸上身,不幸身亡。在诉讼的过程中,也有可能会"招来刑辱",丢尽颜面,甚至还有可能"坐狱沉牢,囚系毙命,披枷带锁,桎梏戕生",而即便打赢了官司,也已与他人及其子孙结下仇怨,后患无穷。这些风险"无一不缘争讼来也",故而裕谦倡导乡民"平得一分心,便积得满家福,

---

① 汪辉祖:《学治臆说》卷上《断案不如息案》,《官箴书集成》第5册,黄山书社1997年版,第277页。
② 盘峤野人辑:《居官寡过录》卷3《劝息讼示》,清照堂丛书本,第20a-21a页。

忍得一分气,便省得几多财"。

为此,裕谦还发布了"戒讼十条录",从坏心地、耗货财、误正事、伤天伦、致疾病、结怨毒、生事变、损品望、招侮辱、失家教等十个方面论述了兴讼的危害,以示其告诫之意。① 文中第一条"坏心地"就为整篇《戒讼说》奠定了"好人不讼"、只有"恶人"才会告状的基调,从道德层面上对诉讼之人提出批判。随后又从钱财、事业、伦理关系、身体素质等多方面论及诉讼会导致的不良结果。第十条"失家教"更是将个人的诉讼行为上升至整个家族层面,指责诉讼会有辱家门、有失家教,这无疑是在血缘宗族联系极为密切的古代社会为诉讼加上了一层禁锢,从而达到让百姓自行息讼的目的。

二、清代的民间词讼

尽管皇帝与官员都力图打造出一个和睦友爱、无人争讼的大同社会,但现实却是"自有生民以来,莫不有讼。讼也者,事势之所必趋,人情之所断不能免者也"②。故而即便清廷官方将民事诉讼视为"鼠牙雀角"的争执,也不得不让地方官员受理相关诉讼并协助解决。但因为这类民事诉讼通常只关乎某些百姓的个人利益,与官方没有直接的利益关系,单一案件的发生通常对政权的稳定性也构不成多大影响,故官方对相关受理程序作出了诸多限制,以便控制百姓词讼的频率,从而试图在客观层面上营造出一种息讼乃至无讼的状态。在这种息讼氛围之下,百姓如想要向官府提出民事诉讼,往往困难重重。

(一)官府受理词讼时间短

与刑事诉讼不同,清廷对于民事诉讼的受理时间有着严格的规定。雍正三年(1725)规定:在每年农忙时节,即旧历四月初一至七月三十日期间,对于涉及户婚田土以及斗殴等一应"细事",地方官员一概不准受理,只准照旧受理"除谋反、叛逆、盗贼、人命及贪赃坏法等重情"案件,需至八月初一以后,官员方可听断细事。如官员在农忙期内受理细事,

---

① 参见裕谦《戒讼说》,徐栋《牧令书》卷17《刑名上》,道光二十八年本,第46—48页。
② 崔述:《讼论》,顾颉刚编订《崔东壁遗书》,上海古籍出版社1983年版,第701页。

便会被"该督抚指名题参"①。这里的"细事"便是指民事诉讼。乾隆五年(1740)改定法例,在"谋反、叛逆、盗贼、人命及贪赃坏法等重情"之外,又将"奸牙铺户骗劫客货"新增入农忙时可以照旧受理的对象,而其他关于"户婚田土等细事",仍旧不准官员受理。②

需要说明的是,虽然理论上农忙时节只受理上述命盗等刑事诉讼,但关于牵连农事的民事诉讼,地方官为避免相关纠纷会妨碍到农业耕作,仍旧会及时受理。尤其是"查勘水利界址等事",若涉及争讼,一旦不及时审理,必定会妨碍农务本业,各州县官员需要亲自前去纠纷发生地迅速审断结案,不得将涉事人员"票拘至城",也不得让其久候以致耽误农事。③

此外,地方官员不仅在农忙时节停讼,在隆冬腊月之时也常常拒不受理民事诉讼。为了试图改善这一状况,乾隆二十二年(1757)颁布上谕:

> 州县为亲民之官,凡遇词讼,自应随时受理,为之剖断曲直,分别完结,使良懦不致冤累,而刁健之徒,亦可知所儆戒。定例每年四月至七月农忙停讼,至于隆冬岁暮,正值农隙,并无停讼之例。乃外省州县多于仲冬以后,亦悬牌停讼,不收呈词,是通计一年内理事日甚少。在民淳事简之区,尚恐不能释其争端,若江浙等省讼狱繁多,必至事益壅积,且日久弊生,事外生事,或至酿成人命重案,此岂息事安民之道?嗣后除农忙停讼外,不得再沿隆冬停讼之陋习,应准理者即行准理,应完结者即行完结,以免稽滞。至各省巡道,原有督查讼案之责,分巡所至,并宜严行察核,不得视为具文,务期政平讼理,案牍肃清,以副整饬地方吏治之意。④

虽然朝廷明文规定地方官员,特别是江苏、浙江这样讼狱繁多的地方省份的官员,除了在农忙时节可以停讼之外,不得再遵循隆冬岁暮停

---

① 《钦定大清会典事例》卷817《刑部·刑律诉讼》。
② 参见上书。
③ 同上。
④ 同上。

讼的陋习,但政令在实际执行过程中往往会有所折扣。

需要指出的是,即便在不停讼之时,也并不意味着百姓可以随时向官府提出诉讼,而是只能在规定的"放告日"才可以递交告状。所谓放告,便是指官府每月定期坐衙受理案件、挂牌准予告状的做法。因为词讼细事属于地方官府可以自理的事务,故而朝廷对具体的放告日期并没有明文规定,允许官员根据当地情况自行安排。清代的很多地方衙门最初多沿用明代以来的习惯,"凡告期必以三、六、九日为定"①,也就是说约定每月初三、初六、初九、十三、十六、十九、廿三、廿六、廿九日这九天时间,受理百姓的词讼告状。到雍正年间,"州县放告不可拘三六九日"②,可见"三六九放告"的惯例已在逐渐发生转变。至嘉道时期,"三六九放告"的做法已基本被"三八放告"的新惯例取代,"寻常案件,定于三、八放告日当堂收呈"③。"三八放告,上下衙门通例也。"④也就是说,放告日由原来的每月 9 天变成了每月 6 天,只有初三、初八、十三、十八、廿三、廿八日才允许百姓告状。更有一些地方每月只设置 2 天告期,所谓"民淳事简之地,初二、十六放告,此正理也"⑤。

日本学者夫马进曾以三八放告的地区为例进行计算,一年之中约有告期 48 天。⑥ 然而实际上官府还有各种停审日,"每年正月、六月、十月及元旦令节七日,上元令节三日,端午、中秋、重阳各一日,万寿圣节七日,各坛庙祭享斋戒以及忌辰素服等日,并封印日期,四月初八日,每月初一、初二日,皆不理刑名"⑦。除去这些停审日,百姓可以向官府递交讼状的放告日甚至还不到 40 天。因此,百姓若想提出词诉,需要面临的第一层困难便是官府受理词讼时间短。

(二)地方官员受理词讼效率低

即便百姓在官府受理词讼的时间内及时提交了讼状,也并不代表

---

① 黄六鸿:《福惠全书》卷 11《放告》,广陵书社 2018 年版,第 188 页。
② 田文镜、李卫:《州县事宜》,《官箴书集成》第三册,黄山书社 1997 年版,第 666 页。
③ 刘衡:《庸吏庸言》,《官箴书集成》第六册,黄山书社 1997 年版,第 197 页。
④ 方大湜:《平平言》卷 2《三八放告》,《官箴书集成》第七册,黄山书社 1997 年版,第 639 页。
⑤ 佘健吾:《治谱》卷 4《准状不妨多》,《官箴书集成》第二册,黄山书社 1997 年版,第 108 页。
⑥ 夫马进:《明清时代的讼师与诉讼制度》,滋贺秀三等《明清时期的民事审判与民间契约》,法律出版社 1998 年版,第 392—395 页。
⑦《清史稿·刑法三》,中华书局 1977 年版,第 4211 页。

纠纷可以很快得到解决，他们还需要面临第二层困难——地方官员的低效率。

一个州县衙门所管辖的事务主要是关于"钱谷刑名"等方面。钱粮谷物自不用说，因为事关财政经济，可以说是朝廷最为关注的领域，因而地方官到任后首先需要了解当地赋税能否及时上缴。诉讼刑名因为事关当地治安稳定也同样不容忽视，但相对于往往只牵涉个人利益的婚姻、田土、钱财等等民事纠纷，朝廷显然更为重视有可能扰乱地方治安的叛乱、谋反、人命等刑事案件。因为对民事诉讼的不重视，故朝廷并未将民事诉讼纳入对地方官员的政绩考核标准之内，只是要求州县官员在接到百姓告状之后需要及时立案过问。①

《大清律例》规定："凡告谋反、叛逆，官司不即受理掩捕者，杖一百、徒三年；以致聚众作乱，或攻陷城池及劫掠人民者，斩。若告恶逆，不受理者，杖一百。告杀人及强盗，不受理者，杖八十。斗殴、婚姻、田产等事不受理者，各减犯人罪二等，并罪止杖八十。"②可以看出，虽然国法规定对不予受理婚姻、田产等词讼官司的官员进行处罚，但最多不过杖责八十，处罚力度上比其他徒刑案件明显要轻。

这种对民间词讼的不重视，也就为地方官员的受理效率低下埋下了隐患。因为朝廷主要关注人命等徒刑以上的案件，加之婚姻、田产等词讼细事"为无关考成"③，也不会影响官员考核晋升，所以地方官员在审理词讼官司的时候，一般不会花费过多心思。且这些民间告词乃是属于地方官员的"自理之事"，该管上司"无案可查"无法监督，因此地方官时常采取推延处理的态度，甚至经年累月之后仍旧"延搁不结"，导致

---

① 光绪三十年，清廷制定考核评议州县官员的新标准时，词讼完结与否才正式成为考核指标之一。参见光绪三十年五月十四日谕旨，朱寿朋编：《光绪朝东华录》，总5193—5194页："著自本年为始，年终各该督抚将各州县胪列衔名、年岁、籍贯清单，注明年月日补署到任，经征钱粮完欠分数，及有无命盗各案，词讼已结未结若干起，监禁羁押各若干名，均令据实开报，其寻常公罪处分，准予宽免，不准讳饰。任内兴建学堂几所，种植、工艺、巡警诸要政，是否举办，一并分别优劣，开列简明事实，不准出笼统宽泛考语。奏到后著交政务处详加查核，分起具奏，请旨劝惩。"
② 《大清律例》卷30《刑律·告状不受理》。
③ 包世臣：《齐民四术》卷7《为胡墨庄给事条陈清理积案章程折子》，《包世臣全集》，黄山书社1997年版，第380页。

讼案堆积如山、无人过问的情况出现。①

雍正元年进士陈宏谋，曾历任扬州知府、江苏按察使、江苏江宁布政司等职，他指出"民间讼事，无不由小以积大，地方官为民理事，全在慎始而虑终，时时存一点唯恐累民、冤民之心，乃不致有累民、冤民之事"，但是若地方官员"任意率混"，将百姓的词讼官司得推且推，可延即延，"则小事必酿大患，平民皆成案犯，而案犯之冤累更不待言矣"②。号召地方官员及时审理词讼案件。雍正八年（1730）的进士袁守定也认为官员在处理词讼官司时必须要快速审结，这样才能让"诸弊不及作"，而百姓也能因此受惠。若是官员将案件拖延不办，不仅当事人需要四处奔走守候，费时费力，还会导致"证佐饮食、书差勒索、讼棍愚弄"等诸多弊端的滋生，耗费大量财力。③ 可见官员拖延词讼官司确实极易引发各种不良后果。

雍正三年（1725）时，为了避免地方官员任意拖延词讼等自理案件，明确要求各地州、县官员，以及有刑名的厅、卫等官员，逐一按件登记自理词讼案件的审断内容以及准理、拘提、完结的时间年月等，并按月份装订成册，然后报送给各该属的府、道、司、督抚进行查考，如果被发现造册之中有任何隐瞒、遗漏、粉饰等现象出现，则会"按其干犯，别其轻重，轻则记过，重则题参"，并特别指出地方官员在自理词讼的时候，如果有故意拖延不办让百姓整日等候，以致百姓耗费时间耽误本业，或者牵连其他无辜人等，让小事累及妇女，甚至造成卖妻鬻子等现象的出现，那么该管上司需要立即弹劾题参。如果该管上司徇私庇护，不将其弹劾，一旦被人告发，或者被科道官员弹劾，那么不仅是失职的地方官员本人，该管上司也必须"一并交与该部从重议处"④。

雍正十二年（1734）修订刑律，进一步规范要求：州县衙门自理的户婚田土等词讼官司，需要参照京城衙门按月注销的规定，设立循环簿。

---

① 参见《皇朝经世文编》卷93《刑政四·治狱下》，清光绪十二年武进盛氏重校本，第28页。
② 陈宏谋：《饬各属办案条件檄》，《牧令书》卷17《刑名上》，清道光二十八年本，第13页。
③ 参见袁守定《图民录》卷2《词讼速结则诸弊不作》，《官箴书集成》第5册，黄山书社1997年版，第197页。
④《钦定大清会典事例》卷817《刑部·刑律诉讼》。

即由州县衙门将当月的词讼案件记录在循环簿中,并详细注明是否完结及其理由,对于那些延期或者复审的案件,也需要立即在簿内注明。待月底之时,再由州县衙门将循环簿送交该管知府、直隶州、知州等查核,循环轮流注销。对于那些逾期不审结词讼官司,或者蒙混遗漏词讼官司的官员,则应该详细报告督抚衙门提参,再"照例分别议处"①。需要注意的是,这里要求官员在循环簿内必须开明填写的通常是已经批准立案的词讼官司,而未受理立案的词讼官司,则无需填写。

一般而言,百姓准备好加盖代书戳记的告状纸之后,可在放告日前往衙门告状。州县官员收到告状后,会依据状词是否规范,有无可疑之处等原因决定是否正式受理。这一阶段被称为"批示"或"批发呈词"。如果官员决定受理词讼,便会在状纸上批写"准"字,反之则写上"不准"。法理上,官府一旦正式受理词讼官司,就得在限期20天内完结,②并每月均需要填写循环簿,抄送给该管上司查核。因此,为了规避麻烦与风险,一些地方官员常常选择拖延战术,迟迟不予批示。

乾隆年间进士汪辉祖曾指出:"投牒候批,示期候讯,最费百姓时日。唯期有一定,则民可遵期而至,无守候之苦。凡示审案件,自量才力,斟酌挂牌,如饰耳目之观,以多为贵,日留一案,即有一案守候之人,愈留愈多,累者何堪。至勘丈事件,人多费多,守候更复不易。"③

这种现象持续到嘉庆年间也并无好转,"州县断拟庶狱,自城旦以上,例由郡守审转,以达于臬司。外有督抚考其成,内有三法司执法,以议其后。其人苟非甚不肖,断无敢轻心以从事者。独至自理词讼,则并无文法之相绳,惟有利欲之是诱且也。精详者无由登上考,蜳驳者无由列弹章,是以琴堂讼牍大半尘封"④。工科给事中胡承珙更是直接在给嘉庆帝的奏折中言明:至于词讼,向来有三八放告的规定,不论官员是草率断决,还是一味拖延,其"拖累之害"几乎会涉及所有百姓。若地方

---

① 《钦定大清会典事例》卷817《刑部·刑律诉讼》。
② 参见刘衡《理讼十条》,《牧令书》卷17《刑名上》,清道光二十八年本,第37页。
③ 《皇朝经世文编》卷22《吏政八》,清光绪十二年武进盛氏重校本,第20—21页。
④ 邱煌:《府判录存·朱为弼序》,《明清法制史料辑刊》第18册,国家图书馆出版社2008年版,第389页。

官员勤于处理词讼官司,自然会获得百姓爱戴;若地方官员明于处理命盗案件,自然会获得上官倚重,然则州县官员"莫不以获上为心",因此时常有上官交口称赞的能干官员,但百姓却对其"言之切齿"。这都是因为"词讼为无关考成"才让地方官员玩视百姓疾苦,以及部分地方官因为既已获得上官认可,反而恣意压榨百姓所导致的。如此积弊相沿,一些州县官府堆积的旧案常常多达数千件,衙署前守候以及被羁押的人常常多达数百人,由此导致百姓"废时失业,横贷利债,甚至变产典田,鬻妻卖子,疾苦壅蔽,非言可悉"①。显然,地方官员只需要努力处理命盗案件,便可以讨好上官完成考成,即便其拖延词讼至状纸堆积如山,甚至到让百姓"言之切齿"的程度,但因为词讼"无关考成",也丝毫不曾影响政绩。

在江南地方,"牧令之事烦杂难理,江左较多,苏常二府尤甚,而讼狱其大端也"②。类似苏州、常州这样词讼官司繁剧的地方,时常有一次便收到上百份呈词的情况,加之还有一些"拦舆喊禀"以及"击鼓讼冤"的人,呈词状纸纷至沓来,甚至远超命盗案件的百倍以上。③ 面对如此大量的词讼官司,假若地方官员稍有拖延,那么旧案尚未结清,新案便又接踵而至,致使累积的词讼官司越来越多,而百姓又受苦不已,动辄便会因为一场诉讼费用导致破产,轻则会激使百姓愤而上控,重则可能酿成命案,"其危害不可胜言"④。此外,江南地方风气"最讲打点,又善营求,夜长则梦多,事久必弊生。官司耐一时之烦劳,则小民受无穷之福",一些百姓去县衙告状,竟然二三十天仍旧未曾批出,即便批出,批词也是含糊不清,"似准不准,应拘不拘,有拘不审,偶审不结"⑤。

面对愈演愈烈的讼牍尘封现象,官员中的一些有识之士撰文规劝,"缓则日久变生,狡计百端莫可究诘,以致一案化为数案,小事酿成大

---

① 包世臣:《齐民四术》卷7《为胡墨庄给事条陈清理积案章程折子》,《包世臣全集》,黄山书社1997年版,第380页。
② 陈宏谋:《论吴中吏治书》,《牧令书》卷17《刑名上》,清道光二十八年本,第15页。
③ 参见包世臣《齐民四术》卷7《为胡墨庄给事条陈清理积案章程折子》,《包世臣全集》,黄山书社1997年版,第380页。
④ 刘衡:《理讼十条》,《牧令书》卷17《刑名上》,清道光二十八年本,第37—38页。
⑤ 陈宏谋:《论吴中吏治书》,《牧令书》卷17《刑名上》,清道光二十八年本,第15页。

事……案牍中留一分精神,即可为百姓主持一分公道"①;"听讼为恤民之首务,积案为病民之大端。"②有官员提出按照百姓上控案件数量的多寡对官员进行奖惩,因为州县官员若能对一应词讼都做到随到随审、随审随结,那么即便有讼棍试图在其中"巧于播弄""策走画定",但官员早已将词讼官司彻底审明,且"取有确结"无法翻案。若地方官能做到这样,自然便会"诸弊悉除",也不会有任何上控之案。那些控案较多的官员,正是其平日里不理民事、不得民心的确切证据,因此可以根据控案的"有无多寡"来分别评定功过。那些虽有控案但后续能做到"虚心审讯详销"的官员,可以算作功过相抵;至于那些已有控案却仍旧不能按时结案的官员,或是固执回护不肯认错更正的官员,可见其性情顽僻、不可策励,那么即便按照"易结不结之例"进行议处,也并不为过。③

直至咸丰年间,仍有时人劝谕州县官员切勿忽视"细故",因为户婚、田土、钱债等官司,或许在官府衙门看来不过都是些鼠牙雀角的细故、细事,但在百姓看来,则是关乎切身利益的大事。即便地方官将词讼视为细故,但一州一县往往是重案少、细故多,如果一定要等到命盗重案出现才开始上心,那一年之中又"能有几起命盗耶"?④

然而仅仅是通过对地方官员的劝谕来试图改善现状,将主要期望放在地方官员个人修养上,其约束力显然不够。地方官员这种置之不理、掩耳盗铃式拖延词讼的方法并不能真正解决问题,也不会真正营造出无讼、少讼的和谐社会,即便某官员在任时词讼官司少,也并不意味着"政简刑清",更可能是百姓求告无门。随着州县官府所代表的官方权威在民事纠纷中逐渐缺位隐形,士绅阶层所代表的在野势力便得以介入其中进行填充补位,因此,士绅阶层成为了清代词讼官司中调纷解争的中坚力量。

---

① 陈宏谋:《论吴中吏治书》,《牧令书》卷17《刑名上》,清道光二十八年本,第16页。
② 包世臣:《齐民四术》卷7《为胡墨庄给事条陈清理积案章程折子》,《包世臣全集》,黄山书社1997年版,第380页。
③ 参见刘衡:《理讼十条》,《牧令书》卷17《刑名上》,清道光二十八年本,第37—38页。
④ 方大湜:《平平言》卷3《勿忽细故》,湖南科学技术出版社2010年版,第132页。

三、调纷解争的士绅

在传统差序格局下的中国,调解纠纷主要有两种渠道:一种是民间调解,指调解人为非官方人员的调解形式。另一种是官方调解,指州县官员在审理诉讼案件时对两造进行的司法调解。

(一)民间调解

在深受传统儒家伦理观念影响的古代中国,宗族是扎根于血缘亲族关系中牢不可破的天然纽带,因此,宗族调解也是民间调解的最主要方式。康熙帝的"上谕十六条"之一为"笃宗族以昭雍睦",强调"故人之待其宗族也,必如身之有四肢百体,务使血脉相通"①。随着雍正年间宗族宗法观念的逐渐发展,甚至在一定程度上承认族长利用家法剥夺子弟生命的特权。雍正五年(1727),雍正帝认为"从来凶悍之人偷窃奸宄,怙恶不悛",并导致伯叔兄弟等都深受其拖累,虽然犯事者本人的罪行在律法上不至于被判处死刑,如若其尊长族人为了"剪除凶恶、训诫子弟"而在将犯事者"治以家法"时而导致其死亡,也不过只是一种"惩恶防患之道",是为了让不法子弟能够"知所儆惧悛改",因此不应当严格按照《大清律例》判定尊长族人抵以死罪。遂颁发上谕:"嗣后凡遇凶恶不法之人,经官惩治,怙恶不悛,为合族之所共恶者,准族人鸣之于官,或将伊流徙远方,以除宗族之害,或以家法处治,至于身死,免其抵罪。著定议具奏。"②经九卿及刑部议复后,最终决定在刑律中增加这样一条法例:

> 凡同族之中有凶悍不法、偷窃奸宄之人,许族人呈明地方官,照所犯本罪依律科断,详记档案。若经官惩治之后,尚复怙恶不悛,准族人公同鸣官,查明从前过犯实绩,将该犯流三千里安置,不许潜回原籍,生事为匪。倘族人不法,事起一时,合族公愤,不及鸣官,处以家法,以致身死随即报官者,该地方官审明死者所犯劣迹,确有实据,取据里保甲长公结。若实有应死之罪,将为首者照罪人

---

① 《钦定大清会典事例》卷397《礼部·风教》。
② 《钦定大清会典事例》卷811《刑部·刑律斗殴》。

应死擅杀律,杖一百。若罪不至死,但素行为通族之所共恶,将为首者照应得之罪减一等,免其拟抵。①

该刑律规定,假若族中有凶悍不法之人,引起全族公愤,被族长等私自处以家法并导致凶犯死亡的情况。在报官之后,由官员查核死者罪行,若确实论罪该死,那么为首之人只需杖一百即可;若死者虽论罪并不该死,但其行为平素被全族之人所厌恶,那么为首之人也不用抵以死罪,可以罪减一等。

可见在雍正朝时期宗族家法被赋予了极大的权力,甚至可以先于官府裁决族人的生死,这显然不利于塑造大清国法之威严,甚至有可能会导致民间私刑泛滥现象的发生。虽然该刑律有"惩创凶悍、体顺人情"的意图,但是"族大人众"常常难以分辨贤愚,或是因为富有、吝啬而招惹众怨,或是因为刚直不阿而招致同仇,或是因为有一人煽动而群相附和,或是因为共挟微嫌而伺机报复,故而捏造罪名、串通陷害等情况时有发生,十分复杂,即便是地方大员,若不进行深入详查,也难保不会出现冤情。况且"生杀乃是朝廷之大权",如果确有不法罪犯,理应由朝廷将其"明正刑章",而不应该将生杀大权假手给族中尊长。因此乾隆五年(1740)时,废止了该条刑律。②

虽然经过乾隆年间对律例的调整,收敛了族长在事关人命等刑事案件方面的过大权力,但关于词讼细故等民事纠纷,族长仍旧是调解纠纷的主体。陈宏谋在担任江苏巡抚时,便详细规定了族长、房长的"应管之事":

> 如族众某房有不孝不弟习匪打降等事,房长当即化导。化导不遵,告知族长,于祠中当众劝戒。如有逞强不率,许其报官惩处。至于口角争斗、买卖田坟,族长、房长秉公处断,即为劝释。如与外姓争斗者,两造族长、房长,秉公会议,应劝释者劝释。如经官司,两造族长、房长,当堂公言,偏袒者分别罚戒。③

---

① 《钦定大清会典事例》卷811《刑部·刑律斗殴》。
② 参见上书。
③ 《皇朝经世文编》卷58《礼政五·宗法上》,清光绪十二年武进盛氏重校本,第35页。

可以看出,如果族中子弟有"习匪打降"之类的事情,应是先由房长教导,子弟不听,再由族长召集族人在祠堂内当众劝导,仍旧不听,再行报官。小至族人的口角争斗,大至买卖田坟等纠纷争端,都由族长、房长"秉公处断"。若事关两族之间的争斗,也是先由两族族长协商调解,调解不成,再行报官。

江苏无锡戴氏宗族的戴昇初,"先生之补弟子员也,时年已四十余矣,……里党有不平事,必质成于先生,先生亦善为排解,必委曲开导,使两得其平而后已"①。江苏江宁的徐氏宗族,通过宗法规定族人如有争执或斗殴,必须先向族长报告,再由族长召集族人协调纠纷。武进县的吴氏宗族,甚至设有调解族人纠纷的委员会,由宗族首脑、旁支头头、纠纷当事人等组成。"委员会可以召集全族大会,争执中的歧见或问题就在此公开的会期内进行调解。所有出席者提出来的意见与解决办法都被记录下来以供未来参考。假使当事人当中有人拒绝接受委员会所作的仲裁而诉诸公堂,则这些记录就被移送给地方官,以协助他判断案情的是非曲直并且作成他个人的判决。"②有学者指出,中国传统社会的民间调解非常发达,甚至可以将此视为官府受理诉讼的前置程序,如果跳过这个程序,就是对乡里权威的藐视,也是对乡规民俗的不尊重,甚至是对乡里道义的无视。③

实际上,这些协调解决纠纷的族长、乡正等宗族首脑,其身份往往多与士绅身份相重叠。顺治十六年(1659)明确规定,"乡约正副"不应由土豪、仆隶、奸胥或蠹役等滥竽充数,而应该会同乡民,一起公举那些60岁以上,已经"告给衣顶",并且"行履无过""德业素著"的生员来担任;如果当地没有生员,才能由那些六七十岁以上,且素来都有德望的平民来担任。④ 雍正七年(1729)时又规定:

直省各州县大乡大村人居稠密之处,俱设立讲约之所,于举贡

---

① 《锡山戴氏族谱》卷3,江苏无锡1898年本,第5页。
② 萧公权:《调争解纷——帝制时代中国社会的和解》,刘梦溪主编《中国现代学术经典 萧公权卷》,河北教育出版社1999年版,第884—885页。
③ 参见张鸣《乡村社会权力和文化结构的变迁(1903—1953)》,陕西人民出版社2008年版,第21页。
④ 参见《钦定大清会典事例》卷397《礼部·风教》。

生员内,拣选老成者一人以为约正,再选朴实谨守者三四人,以为直月。每月朔望,齐集乡之耆老里长及读书之人,宣读圣谕广训,详示开导,务使乡曲愚民,共知鼓舞向善。①

可见担任地方约正的首选是举人、贡士及生员,承担宣读圣谕,教导乡民的任务。至于族正的选举同样也是"以贵贵为主,先进士,次举贡、生监",故一族之族正、族长、族副往往由绅士担任或由绅士控制。②

有学者认为,明清时期中国的宗族发展极为兴盛,士绅在"调纷解争"的时候,往往不是凭借其生员的身份,而是凭借其族绅的身份参与其中,可见士绅与宗族关系之密切。③ 实际上,士绅凭借自身有别于普通百姓的特殊身份而取得在宗族中的话事权、领导权,处理调解族内的一应大小纠纷,进而形成一种个人权威。这种个人权威无疑依托于宗族,却又超越了宗族,是绅权与族权紧密结合的产物。

(二)官方调解

显而易见,士绅阶层在民间调解中扮演着举足轻重的调解人角色,但在官方调解中,他们同样起着调节纠纷的关键作用。

一方面士绅因其特殊地位,与地方官员有着天然的联系,尤其是卸任归乡的缙绅元老,在诉状案件中仍然有着极大的话语权。如徐永言、李继善二人虽然都曾长期担任无锡县县令,"其久任者徐令永言、李令继善,皆历十有四年。徐令虽以墨著,而才干可称。当李令时,徐已罢职居邑中,邑绅秦某与李令交善。凡邑中有讼事,必经二人关白,令亦唯命是听。时有一县三官之目"④。可见即便徐永言退居成为缙绅,他与邑绅秦某仍然对时任县令李继善有极大影响力,甚至到了让其"惟命是听"的地步。

另一方面,在中央政权息讼思想的影响下,地方官员对待民间词讼细事的态度,自然也是以平息调解为主,而士绅阶层正是官员平息百姓纠纷争端时所主要依托的第三方力量。袁守定曾总结了一条"息讼之法":

---

① 《钦定大清会典事例》卷397《礼部·风教》。
② 参见郝秉键《试论绅权》,《清史研究》1997年第2期。
③ 参见徐祖澜《明清乡绅的教化之道论析》,《西华师范大学学报(哲学社会科学版)》2012年第6期。
④ 黄印:《锡金识小录》卷4《国朝邑令》,《中国方志丛书》,台北成文出版社1983年版,第208页。

  余尝思息讼之法而不能得,偶阅《汉书·尹翁归传》,见其所治,贤、不肖各有记籍,因悟得一法,似属可行。如到一县,遍询所治士者之方正者,以折记之,注明某人居某里,以其折囊系于绅。每行乡村有所得,即补记。遇民来诉,批所知相近之士者处释,即令来诉者持批词给之,立言剀切,足以感人,必有极力排解以副官指者。此或息讼之一端也。①

  可见该息讼方法便是遇见百姓提起诉讼时,让当地有威望的士绅来进行调即。这种官府委托士绅、亲族等第三方角色进行调解的特殊方式,被称为"官批民调",是官方调解的一种主要方式。

  袁枚任溧水县县令时,曾有一名19岁的寡妇沈金氏到县投禀,请立一名21岁的男子为嗣子,禀状上仅写明"故夫逝世,无可依靠,请立某某为子,寥寥数语而已"。袁枚对此的批词是:"尔今年十九岁,所立之嗣子年二十一,反长尔两岁。母少子壮,在事理上既不能谓其无,在律文上自亦不便禁其有。唯该氏族中,除一母一嗣子外,尚有何人?何以禀中不为提及?且何以不先得族长、房长等同意,而昧然禀官?凡此种种,悉是疑实。清官难断家常事,本县不便预为处治,仰即遵批邀同亲房族长等商议,毋得轻渎,致干未便。"②可见袁枚认为寡妇立嗣是属于清官难断的"家务事",而且该19岁的寡妇并未取得族长、房长的同意就贸然向官府投禀,请求立21岁的男子为子,其中可能有所隐情,因此他批令族长、房长从中协商调解。

  此外,袁枚曾处理过另一起关于兄弟争夺家产的词讼案件。有一名为曾冠群之人,育有3子,家资数十万,且珍藏有一只价值十余万两的古玩。曾冠群去世时,恰巧长子、次子皆不在身旁,幼子趁机将珍藏卷跑。待到终七之后,长子、次子到县衙投递告状,希望官府可以主持裁决。幼子随后也投牒公庭,声称并未藏匿。袁枚非但未主持判决财产分配问题,而且对此"大怒,谓父骨未寒,即操戈于兄弟,何以为人子?

---

① 袁守定:《图民录》卷2《息讼之法》,《官箴书集成》第5册,黄山书社1997年版,第196—197页。
② 袁枚:《袁子才判牍菁华》,王英志主编:《袁枚全集新编》第10册,浙江古籍出版社2018年版,第50页。

一鞫之后,立下判词。先治三人以不孝罪,拘押听候详革。一时兄弟三人相顾无言,且各悔艾"①。理论上判词已下,该案便进入诉讼流程,应将三人羁押候审,但后来经过当地绅士向袁枚说情协调,三兄弟签订保证书具结,并承诺以后不再争讼后,这件词讼官司也就算处理完毕了。至于引起词讼官司的财产纠纷,袁枚并未提及如何解决,想必仍是依靠士绅从中协调后达成一致。足见对于地方官员而言,或许引起百姓词讼官司的纠纷是否解决并不重要,只要百姓在经过士绅阶层协调后能够达成息讼的目的即可。

第二节 "江南健讼"的历史书写

尽管上至中央朝廷,下至地方官员都在竭力宣扬息讼思想,力图打造一个无讼社会,但在历史文献的书写中,却常常出现"健讼""好讼"的话语,尤其江南地区更是健讼成风,所谓"虽山僻州邑,必有讼师,每运斧斤于空中,而投诉者之多,如大川腾沸,无有止息。办讼案者不能使清,犹挹川流者不能使竭也"②。息讼与健讼这两种看似矛盾的历史现象究竟是如何产生的呢?而江南的士绅阶层在其中又扮演了怎样的角色?本小节将主要探讨上述问题。

一、健讼成风的江南社会

自宋室南迁之后,随着长江下游流域经济的快速发展,江南地方社会中田土、宅邸等财产的流转速度随之加快,自然也就难免发生各种钱债纠纷。百姓发生纠纷的数量增多,投之于官府的词讼官司也就逐渐增多,关于江南健讼的历史书写开始相应出现。

自明中叶后,江南健讼逐渐成为一个受明朝廷关注的重要问题。名臣海瑞曾谈及"每日开门受讼,动盈千纸,凡衣冠之族、饱暖之家远年

---

① 袁枚:《袁子才判牍菁华》,王英志主编:《袁枚全集新编》第10册,浙江古籍出版社2018年版,第28页。
② 袁守定:《图民录》卷2《南北民风不同》,《官箴书集成》第5册,黄山书社1997年版,第202页。

祖产，悉听刁徒告赎"①。海瑞被迫罢官之后，张居正直言海瑞失败原因是因为"三尺法不行于吴久矣"，而海瑞却试图在短期内"矫以绳墨"，那便自然导致当地百姓无法适应，因而谣言四起，人心惶惶。② 彼时江南地区诬告之风盛行，有"种肥田不如告瘦状"的谚语广为流传。这一民谣在苏州、松江、常州、镇江等地区流传已久。③ 诬告最初不过是一些无赖小人所为，后来就连一些士绅也"腼然不顾名义"纷纷开始效仿，稍有不满便动辄编造"扛、抢、奸、杀"等虚情进行诬告。④ 可见当时江南地方社会上的健讼之风。

明清易代之后，健讼风气犹在，甚至愈演愈烈。地方官员不断劝谕宣扬息讼思想，并反复强调诉讼带来的"一纸入公门，九牛拔不出"的负面影响，指明诉讼需要承担极其高昂的经济成本。类似"一朝之忿，忘身及亲，终讼之殃，破家荡产"⑤的表述并不少见。即便是小有资产的中产之家也似乎难逃诉讼之害，"然民间千金之家，一受讼累，鲜不破败"，因为所谓"千金之家"，实际上每年收入也不过百余两，仅仅是勉强维持婚、丧、衣、食等生活开销。若将其中的五六两用作讼费，那便难免需要借贷度日，更何况讼费远不止五六两，常常需要花费更甚。⑥ 上海县知县汪瑶庭甚至还在各交通要道张贴息讼歌，歌内写道：

> 世人有事莫经官，人也安然，己也安然。请众公剖两情愿，你也无怨，他也无怨。听人唆讼到衙前，告也要钱，诉也要钱。差人奉票又奉签，锁也要钱，开也要钱。约邻干证日三餐，茶也要钱，酒也要钱。投到州县细盘旋，走也要钱，坐也要钱。三班六房最难言，审也要钱，和也要钱。自古道官清吏不廉，打也要钱，枷也要钱。唆讼本来是奸贪，赢也要钱，输也要钱。争强角胜官司缠，田也卖完，屋也卖完。食不充口衣不全，妻也可怜，子也可怜。才知

---

① 《明穆宗实录》卷42，隆庆四年二月癸亥。
② 参见张居正《张太岳集》卷22《答应天巡抚海刚峰》，上海古籍出版社1984年版，第262页。
③ 参见《海瑞集》上册，中华书局1962年版，第237页。
④ 参见范濂《云间据目抄》卷2《记风俗》，上海进步书局校印本，第5页。
⑤ 《嘉定县续志》卷5《全民十则约言》，清康熙二十三年(1684)刻本，第2页。
⑥ 参见《皇朝经世文编》卷22《吏政八》，清光绪十二年武进盛氏重校本，第22页。

唆讼被人陷,阻也枉然,悔也枉然。①

通篇歌谣尽是"要钱"二字,试图通过对高昂讼费的描写来达到劝民息讼的目的。

然而高昂的诉讼费用并没能阻拦百姓向官府告状的热情,尤其是在经济发达的江南地方社会。"江以南多健讼者,而吴下为最"②,具体表现"已卖之业,加赎争讼,连界之田,挽谋构隙",有的人因此而身家破败,也有的人因此而起家变富。③

江苏太湖人李渔曾指出:"小民之好讼,未有甚于今日者。"以往百姓多在郡邑一级诉讼控告,受其累的不过是守令诸公而已。然而如今那些健讼之民,皆认为"府县法轻",不足以威慑同辈,于是想要将对方"置之宪纲",因为他们担心如果自己向县里控告,对方会向府里控告;自己向府里控告,对方会向道里控告;自己向道里控告,对方则必定会向司、院控告,那莫不如最初就向高级衙署控告,让自己处于一个无人可奈何的地步,"于是棨戟森严之地,变为鼠牙雀角之场矣"④。陈宏谋在劝谕州县官员及时审理词讼案件时曾指出在江左,特别是苏州、常州二府的讼狱案件属于牧令事务中的"大端",⑤是令当地州府官员最为头疼的事务之一。甚至连乾隆帝的上谕中也提及"江浙等省讼狱繁多"⑥。先后于江宁、江浦、沭阳、溧水等地担任县令七年的袁枚在教导其学生时曾提及:

> 夫欲大权在我,莫如手记而手销之。以州县之繁,而谓事必亲记,似属奢阔之论。不知讼牒极多,每日所进能过百纸乎?百纸中,其理者能过十事乎?每日记十事,未为难也。次日再收百纸,大半覆词、诉词,其应记者又减十而得五矣。受牒十日,书所记而召之讯,讯吏何以不行檄,则吏穷,讯役何以不集犯,则役穷,穷则

---

① 《劝息讼端》,《申报》1903年10月28日,第3版。
② 沈起凤:《谐铎》卷5《讼师说讼》,陕西人民出版社1998年版,第96页。
③ 参见叶梦珠《阅世编》卷1《田产一》,上海古籍出版社1981年版,第23页。
④ 李渔:《论一切词讼》,《皇朝经世文编》卷94《刑政五·治狱下》。
⑤ 参见陈宏谋《论吴中吏治书》,《牧令书》卷17《刑名上》,清道光二十八年本,第15页。
⑥ 《钦定大清会典事例》卷817《刑部·刑律诉讼》。

免冠谢罪。请嗣后十日内行檄集犯,永为例矣。①

可推测袁枚平日受理词讼官司的数量必不在少数。至嘉庆年间,"繁剧之邑常有一期收呈词至百数十纸者",相较刑事案件而言,甚至不啻于百倍之多。②

关于江南健讼风气的书写,还往往体现在与北方词讼官司的区别上。据清代名幕万维瀚谈及:"北省民情朴鲁,即有狡诈,亦易窥破。南省刁黠,最多无情之辞,每出意想之外。据事陈告者,不过十之二三。必须虚囊批断,俟质讯以定案。《小司寇》:'以五声听狱讼,求民情。'可见纸上千言,不如公庭一鞠。"③袁守定也认为南北民风不同,与南方犹如"大川腾沸,无有止息"的健讼风气和"据实陈告者不过十之二三"的刁黠狡诈不同,北方的讼案不仅更少,讼牍也更为简洁明了,来讼之人大多是依据事实秉笔直书,寥寥数行而已,即便其中稍有粉饰,要不了多久也会吐露实情。因此,若地方官想要成为一名"循良之吏",在北方相对较为容易,在南方,则需要耗费更多的精力、心神,若没有充沛的精力,即使明晓治理之道,也难以胜任。④乾隆二十九年(1764),江苏按察使钱琦在给乾隆帝的一份奏折内也提及,江北的民情较为朴实,"词状稀少",即便有一二个前来控告之人,状词中的意思浅显直白,一看便知真假如何,"讼棍唆使"也只是偶尔才会发生的事情。至于江南地区,则是"评讼成风",除了必须定期放告之外,还有许多拦车喊冤投递控状之人,"殆无虚日"。⑤

这种南北诉讼风气的不同不仅反映在地方官员的个人书写之中,也反映在集中修撰的地方志内。有清一代在委任地方官员时实行的是原籍回避制,即意味着州县官员不能在籍贯地甚至距家乡500里以内

---

① 《皇朝经世文编》卷21《吏政七·守令上》,清光绪十二年武进盛氏重校本,第24页。
② 参见包世臣《齐民四术》卷7《为胡墨庄给事条陈清理积案章程折子》,《包世臣全集》,黄山书社1997年版,第380页。
③ 万维瀚:《幕学举要·总论》,《官箴书集成》第四册,黄山书社1997年版,第732页。
④ 参见袁守定《图民录》卷2《南北民风不同》,《官箴书集成》第5册,黄山书社1997年版,第202—203页。
⑤ 参见《宫中档乾隆朝奏折》第22辑《江苏按察使臣钱琦谨奏为请严积惯讼棍之例,以杜刁健,以安良善事》,台北故宫博物院1984年版,第448页。

的相邻省份任职,加之州县官员的任期并不长,一般为三年,甚至更短,故常常出现"问以一邑掌故"关于辖下的风土人情、因革损益,却茫茫然不知其为何物,就好比在暗室之中却没有烛火,想要渡过河流却不问有无舟楫一样,官长都如此茫然、无所适从,那怎么可能做到为百姓除弊兴利呢?"是亦居官者之耻也。"①因此州县官员在赴任前往一个新辖区时,如想要了解当地情状,当地方志往往是主要参考。

> 邑之有志,所以备一邑掌故,纪政治之利弊,使官于此者,得有所藉,以相土邑、考风俗、察民瘼、监成宪也。譬之于医,六经子史犹《灵素本经》,志则仲景之一百一十三方,可以对症治也。譬之兵法,六经子史犹孙吴《韬略》,志则武侯之《八阵》,可以按图而布也。志之不可缺如此。②

可见地方志是远来赴任的地方官员了解当地风土人情、风俗习惯的不可或缺的参考资料。

有学者统计了近400余种方志,发现江苏、上海、广东、山东省的清代地方志中,记载当地好讼现象的比率分别为40.8%、46.7%、41%、22.5%。③ 可见江苏地区的健讼书写比率确实比山东所代表的北方地区明显要高。江苏地方志中,有70多种方志记载了当地的诉讼风俗,其中有57处地区记载有健讼风俗,健讼比例达到3/4,主要包括:赣榆、太湖、高邮、海州、无锡、金坛、奉贤、东台、唯宁、宜兴、南雁、上海、川沙、吴江、荆溪、华亭、句容等等;仅有14处地区记载有寡讼风俗,如吴县、昆山、溧水等。④

如《泰州志》中记载当地风俗为"小人尚气好争,或细故辄终讼不已,将何以挽江河而复獉狉之旧也"⑤。南通地区"盖藏自滨江田岁多坍没,里役苦偏累矣。士大夫彬雅固多,而矜名尚气之习,时有讼者,曲直

---

① 乾隆《长洲县志》沈德潜序,《中国地方志集成》第13册,江苏古籍出版社1991年版,第7页。
② 乾隆《六合县志·序》,《故宫珍本丛刊·江苏府州县志》第87册,海南出版社2001年版,第240页。
③ 参见徐忠明、杜金《清代诉讼风气的实证分析与文化解释——以地方志为中心的考察》,《清华法学》2007年第1期。
④ 参见侯欣一《清代江南地区民间的健讼问题——以地方志为中心的考察》,《法学研究》2006年第4期。
⑤ 道光《泰州志》卷5《风俗》,《中国地方志集成》第50册,江苏古籍出版社1991年版,第38页。

淆乱,或一倡而百和,平反者鲜能得其情,故泰兴自昔为难治也"①。高邮地区的"闲有桀黠之民,好以讼相雄,尤喜造言,而轻信者又广转相传诵,遂成口实"②。

除了官员文集、地方志书之外,一些不曾入仕的文人也曾描绘江南地方的健讼现象。如江苏昆山人龚炜在《巢林笔谈续编》中写道:"往见村民言及官吏,俱有怖色,此风最好;今则不然。家小裕,便与胥吏亲热,遇细故,辄控吏一二事,遂视公庭如熟路。乡村如此,城市可知,案牍之所以日繁也。"描绘了乾隆时期社会风俗逐渐转向好讼的景象,龚炜格外怀念康熙时期陆清献两治剧邑时"几于无讼"的局面。陆清献,也就是陆陇,他认为健讼之风乃是"民间大患",因此在担任灵寿县令时号召百姓息讼:想要通过诉讼争气,却是受气越来越多,想要通过诉讼争财,却是耗财越来越甚,即便侥幸胜诉,也不过是一个"刻薄无行"之人,更何况还未必能够胜诉。碰见纠纷,如果自己确实不占理,那便应该以诚相待,自认不是;如果自己占理,也应当退让一步,体现自身德行高雅。与其去争"些些之气",不如去享"安静之福"。故而"我愿尔民为耕田凿井之民,不愿尔民为匍匐公庭之民;但愿尔民为孝友睦姻之民,不愿尔民为便给善讼之民"。龚炜认为陆陇的话语"既透彻,而一种慈祥恺悌之意,溢于言表",如果将他的话作为格言刊布,"家悬一纸,苟有人心者,未始不可感格",对改善当时的健讼风气"亦拯浇之一助也"③。

二、健讼缘由的归因

官方将词讼官司称作"细故""细事",因为词讼中涉及的情况在官方看来往往都十分琐碎,在一定程度上加深了官方对于"健讼"的成见。④ 实则这些"细事"往往并不细小,而是关乎民众切身利益的大事,因而百姓才会不顾"破家荡产"的风险,通过向官府告状,来维护和争夺

---

① 光绪《通州直隶州志》卷1《疆域志·风气》,《中国地方志集成》第52册,江苏古籍出版社1991年版,第57页。
② 道光《高邮州志》卷6《风俗》,《中国方志丛书》第29册,台北成文出版社1970年版,第851页。
③ 龚炜:《巢林笔谈续编》卷下《陆清献息讼示》,北京中华书局1981年版,第228页。
④ 参见尤陈俊"'厌讼'幻象之下的'健讼'实相?重思明清中国的诉讼与社会》,《中外法学》2012年第4期。

权益。这也就在根本上注定了无论官方如何建构无讼社会、宣扬息讼思想，诉讼行为本身都不会随之消失。这种与官方意愿相违背的诉讼行为在历史文献的书写中被冠以"好讼""健讼"的称谓。那么历史书写中又将这种健讼行为归因于什么呢？

（一）地方风俗

清代文献中常将健讼现象归因于地方风俗，尤其在健讼成风的江南地方，往往是以"风俗刁诈"等负面形象出现的，较少出现"民风淳朴"的正面描写。顾炎武在《天下郡国利病书》内描写苏州风俗乃是"倾险狡悍"，并且"告讦成风，一家有事，间巷辄蜂起，连数十人为一党，连数十事为一词，非必真负冤抑，特欲鱼肉之以为利耳，名曰连名设呈。睚眦之撼，或先有借贷，邂逅一家之内有死者，辄以告官，其人不服，则求检验，检验则无不破家矣。其言曰，人命无真假，只在原告不肯罢"①。江苏巡抚汤斌曾言及："江苏地号繁盛，游客所聚，风俗刁诈，人心险恶。官斯土者，往往以情面请托败其官声，得罪公论，祸不旋踵。"②并强调当地"刁民心怀奸伪"，主要意图在于谋财，一旦家中无所营生，便会想方设法地搜寻告状。③ 陈宏谋也感叹江南是"繁剧之地，人情变幻，喜事好讼，狱决难于折服，物议易起"④。此外，据健讼相关研究，"有30种地方志提到了当地民众'负气好斗'；有16种地方志认为'狡黠刁险'乃是'健讼'的原因所在；有12种地方志把'好讼'归因为民性'犷悍愎戾'"⑤。

可以看出，"健讼风气"与"地方风俗"经常一同出现在清人的话语体系中。本书上小节关于健讼的论述中已有不少相关案例，如江左地区，尤其在苏州、常州二府，"大抵人多智巧，好事喜争，理曲者强词夺之，尚易辩白，或将无作有，或欲扬先抑，或欲取姑与"⑥；泰州地区"小人

---

① 顾炎武：《天下郡国利病书》第2册《苏松备录下·风俗》，上海古籍出版社2022年版，第598—599页。
② 汤斌：《汤斌集》上册，中州古籍出版社2003年版，第559页。
③ 参见上书，第572页。
④ 陈宏谋：《手札节要》，《牧令书》卷17《刑名上》，清道光二十八年本，第16页。
⑤ 徐忠明、杜金：《清代诉讼风气的实证分析与文化解释——以地方志为中心的考察》，《清华法学》2007年第1期。
⑥ 陈宏谋：《论吴中吏治书》，《牧令书》卷17《刑名上》，清道光二十八年本，第15页。

尚气好争"①;高邮地区则"闲有桀黠之民,好以讼相雄"②等。

(二) 社会流动

社会流动也常被视为健讼原因之一。顾炎武在谈及"告讦成风"的苏州同时,认为"苏州当江、淮、岭海、楚、蜀之走集,其人浮游逐末,奇技淫巧之所出也",只有"嘉定濒海而处,四方宾客商贾之所不至,民生鲜见外事"才勉强可以称得上"犹有淳朴之风"③。同样的叙事方式也出现在他对高邮的书写上:

> 高邮,地四隅低下,城基独高,以秦邮亭,故名高邮。又称盂城,以地隆起如覆盂也。州拥重湖之险,倚堤为固,当南北孔道,其冲剧略如江都。土沃水深,广有鱼、稻之富,故其民敦本而鲜末作。其工若商,皆浮寓,非土著,固已神农氏之民矣。然迄或习为健讼,喜诪张而寡情实。若湖以西及泰州之邻境,尤嚣陵不易制。④

可见,在顾炎武的认知中,高邮地区百姓原来敦本务实,安心农作,但因为受商人等外来人口的影响,逐渐变得"习为健讼""喜诪张而寡情实"了。

无独有偶,类似情况还出现在宜兴、荆溪、句容等地。"就宜兴、荆溪目前而论,风俗之患半在客民。一曰:侵夺新甿暴桀,地隙则踞,田荒则垦,持械争雄,悍不问主,斗很之风坏驯谨之俗者也。"⑤关于句容的情况也十分相似,"同治初,虽承平未久,民气未复,而居乡者多土著",即便是所招的佃户,大部分也是江北人,与句容当地的习俗相差不远,所以"民皆安堵,讼狱不生",但是自从客民入境之后,因其"多强暴,不循土风",于是句容原来的"敦庞之风"也顿时随之减弱,甚至"盗贼丛起,讼狱繁兴"。⑥可见,在清人看来,社会人口的流动是一个极不稳定

---

① 道光《泰州志》卷5《风俗》,《中国地方志集成》第50册,江苏古籍出版社1991年版,第38页。
② 道光《高邮州志》卷6《风俗》,《中国方志丛书》,台北成文出版社1970年版,第851页。
③ 顾炎武:《天下郡国利病书》第2册《苏松备录下·风俗》,上海古籍出版社2022年版,第597页。
④ 顾炎武:《肇域志》第1册《南直隶·扬州府·高邮》,上海古籍出版社2004年版,第349页。
⑤ 光绪《宜兴荆溪县新志》卷1《疆土·风俗记》,《中国地方志集成》第40册,江苏古籍出版社1991年版,第45页。
⑥ 光绪《续纂句容县志》卷6下《风俗物产》,《中国地方志集成》第35册,江苏古籍出版社1991年版,第136页。

因素,因为土著与客民之间的习俗相去甚远,彼此摩擦,极易导致"械斗争雄""讼狱繁兴"现象的出现。

（三）讼师教唆

讼师往往被视为教唆百姓健讼的罪魁祸首。在清代的历史文献内,健讼地区的百姓除了"倾险狡悍"的负面形象之外,还常被描写成愚昧无知、畏惧官府的愚民形象。因此,这部分"愚民"胆敢向官府提出控告,那必然是受到了奸猾狡诈之人的怂恿。嘉庆帝认为民间繁多的词讼官司,"最为闾阎之害",之所以闾阎乡间会出现这么多的词讼官司,乃是由于讼棍在背后充当"主谋"。讼棍本就属于"刁恶之徒",他们通过"造作虚词捏砌重款"来诬陷人,谋取利益。控告之人听信讼棍的唆使,贸然向官府呈递控状,待到官府审明状纸中的虚假,提起控诉之人反被坐实诬告罪名,遭受判罚;被诬告之人,即便有幸在官府审明之后得以沉冤得雪,但因为官司缠身,已经"陷身失业",家道中落,因此而受伤殒命之人也不在少数;讼棍却反倒能够洋洋得意地置身事外,不受牵连,其种种诡谲伎俩,"实堪痛恨"①。因此嘉庆帝颁发上谕:

> 著通谕直省审理词讼各衙门,凡遇驾词控诉之案,必究其何人怂恿,何人招引,何人为之主谋,何人为之关说。一经讯出,立即严挐重惩,勿使幸免。再地方官于接收呈词时,先讯其呈词是否自作自写,如供认写作出自己手,或核对笔迹,或摘词中文义,令其当堂解说。其不能解说者,即向根究讼师姓名,断不准妄称路遇卖卜卖医之人,代为书写,勒令供明,立拏讼师到案,将造谋诬控各情节,严究得实,一切重罪,悉以讼师当之。其被诱具控之人,转可量从宽减。如此探源究诘,使刁徒敛戢,庶讼狱日稀,而良善得以安堵矣。②

严格要求州县衙门在接受呈词时查验为何人所写,如为控诉之人自己所写,则需要核对笔记或当堂解说,如果为讼师代写,那么一旦查出不实之处,便需要讼师承担主要责任,控诉之人则可以从宽处罚。从

---

① 《清仁宗实录》卷373,嘉庆二十五年七月癸亥。
② 同上。

嘉庆帝的上谕不难看出中央朝廷对于讼师深恶痛绝的态度。

因此,地方官员对讼师往往也采取严惩态度。特别是前往江南地方任职的官员,常常在赴任之初,就发布告示,表明要严拿讼师视为急务,例如有汤斌、李卫、徐士林、陈宏谋、钱琦、林则徐、丁日昌等。① 其中汤斌在履职江苏巡抚之初,便晓谕当地百姓,"照得本都院下车三日,例当放告,以通民情。但吴中健讼成俗,讼师地棍,表里为奸,往往驾捏虚词,教唆诬告,与本等事情毫无风影。及至准理,原被各受挟制,欲罢不能,皆至倾家乃已。本都院稔悉此弊,痛恨已久……嗣后务照所开条款一体遵奉,毋得仍蹈前辙,听信讼师簸弄,自罹法网"②。他在另一篇针对苏州、松江百姓的告谕中更是详细描述了讼师的"恶劣行径":有一种讼师,专门起灭诉讼,教唆愚民。他们"或捏写无影虚词,或隐匿年月姓名,或以活人作死,或盗人墓检尸,或造混告二三十人,或牵连无干妇人,或假冒籍贯,或擅用粘单,或一状未问一状又投,或上司衙门连递数纸",造成批问以及提审流程的混乱纷繁。受讼师挑拨影响,有的人虽然是分毫小事却被拖延多年未结,有的人四处审详往返奔波千余里,饥寒、病弱、年老之人常被连累至死,庄农佣工之家则常被耽误生业。像这样阴险奸诈的讼师,恶意扰乱生民,可谓"死有余辜"③。

在汤斌之后不久,同样担任江苏巡抚的郑端也提及,"江南珥笔之俗,最为不法",有一些"豪滑税户、罢吏乡老"能够"把柄官府",若是乡曲中稍有不顺从忤逆他们之人,便让人捏造词状控诉。待到官府将两造提审上堂对质之时,他们口若悬河,巧舌如簧,强迫他人作伪证,颠倒黑白,而被诬陷的人则往往愚弱,哑口无言。④ 江苏按察使钱琦对讼师构讼的行为更是深恶痛绝,他认为江南"讦讼成风"的原因,"皆缘有一等狡黠之徒,专以刀笔为生涯,竟藉词讼为行业"。充当讼师的主要是一些精于此道的劣监、武生、革书、退役以及训蒙算命等人。有些乡民在"户婚田土以及鼠牙雀角"的纠纷之初原本并没有诉讼之心,却被这

---

① 参见林乾《讼师对法秩序的冲击与清朝严治讼师立法》,《清史研究》2005 年第 3 期。
② 汤斌:《汤斌集》上册,中州古籍出版社 2003 年版,第 552 页。
③ 同上书,第 572 页。
④ 参见郑端辑《政学录》卷 3《十害箴·听讼不审》,北京商务印书馆 1936 年版,第 90 页。

些讼师从中挑唆怂恿才前来控告。讼师在其中施展各种计谋,尽量掩盖真相,千方百计,包告包准,又勾结书役设法拖延案情审理进度,故意牵连无辜,欺蒙哄骗,以期使得官司长期不结,借以从中渔利。①

地方志中也有类似记载,如扬州府"时有一二流移之徒,健讼喜斗,胁制官司",愚民一旦陷入他的陷阱之中,便往往会因为兴讼而遭致破家荡产。②睢宁县也有"刁悍之民,略识之无,便习唆讼。故事无大小,讼必有师。民受其害,远乡尤甚"③,认为百姓"兴讼破家"的主要原因是受到讼师教唆所害。

从上述史料文献中不难看出,讼师最常为地方官员诟病的是其"造作虚词"。正所谓"惟讼棍之刁词,或指东说西,或将无作有,或捕风捉影,或空中楼阁,诪张为幻,任意妄指,百奇千怪,难以枚举"④。民间甚至还流传着"牛吃房上草,风吹千斤石,状子入公门,无赖不成词"⑤的谚语。因此,有时人感叹道:"夫民之患,莫深于水火,而讼师尤烈;莫惨于盗贼,而讼师尤甚。"⑥

三、严治生员干讼

(一)律法严惩

讼师,其实多半是由生员等底层士绅转化而来。因为讼师不仅常常需要为两造书写控词、代写讼状等,还需要熟读律法,才能在与地方官员斗智斗勇的博弈过程中谋得益处,所以讼师行业对文化水平有着较高的要求。生员不仅出入衙门,包揽词讼,还形成了固定的讼师组织,名为破靴党。

"破靴"一词,原本多用以形容落魄秀才的穿着打扮,破靴党则是起

---

① 参见《宫中档乾隆朝奏折》第22辑,台北"故宫博物院"1984年版,第448—450页。
② 参见嘉庆《重修扬州府志》卷60《风俗志》,《中国地方志集成》第42册,江苏古籍出版社1991年版,第369页。
③ 光绪《睢宁县志稿》卷3《疆域志·风俗》,《中国地方志集成》第65册,江苏古籍出版社1991年版,第318页。
④ 褚瑛:《州县初仕小补》卷上《批阅呈词》,《宫箴书集成》第8册,黄山书社1997年版,第742页。清光绪刻本。
⑤ 留烈茂《车王府曲本菁华·明清卷》,广州中山大学出版社1992年版,第259—260页。
⑥ 魏锡祚:《盱江治牍·禁讼师示》,清雍正刻本。

源于地方儒学生员吃"荤饭"之风,用以指代"生监之不守分者"①,也就是生员、监生里参与干讼,成为讼师的那部分人。② 嘉庆帝曾因宁波鄞慈地方的生员结党包讼,组成破靴党而下发上谕,勒令查明:

> 谕军机大臣等,御史盛唐奏,浙江宁波府鄞慈两学生员,有破靴党名目,请饬整顿。士子身列胶庠,以束身敦行为重,鄞慈两学生员,乃有结党包讼,婪索扰累,挟制官长,甚至有动众劫掠棍械伤人情事,是不独有玷士林,抑且大为地方之害。著程国仁会同李宗昉,饬令该府县及教官,据实确查,认真化导。如有劣迹著名者,查明劾迹斥革,务令湔涤浇风,以正学校而端士习。将此谕令知之。③

发展到清末时,"江右有所谓破靴党,傍张为幻,无所不至。讼者咸师事之,坏法乱纪,此其极也"④,认为讼师"坏法乱纪"。破靴党的称呼主要流行于江南地区,全国各地称呼有所不同,"中国以诈扰吓骗为事者,天津谓之混星子,宁波谓之空手人,上海谓之流氓,广东谓之青皮党,苏州谓之破靴党"⑤,可见彼时已将讼师直接等同于"诈扰吓骗"之人。为何讼师评价如此之低,还需从朝廷的严治生员干讼政策说起。

因"乡愚之讼,大半由生监怂成"⑥,因此朝廷若想要阻断讼师产生,便需要从源头上禁止生员干讼。康熙年间,汤斌任职江苏巡抚时,在《申饬学校以端士习事》中列举出了生员的种种"浮伪之习":

> 本都院省览民词,见诸生中与父兄师长争讼者有之;……包揽钱粮,交结党与,挟制官府者有之;充当地方图长,歇家粮总,辱人贱行,恬不知耻者有之;捏贴匿名,生事造言者有之;身为讼师,窝访卖访,各衙门线索在其掌握有之……春秋释菜,礼先圣者寥寥;幌车所过,执词喊禀者累累,放告之期罗而跪拜者如林。三吴称人

---

① 杨光辅:《淞南乐府》,上海古籍出版社1989年版,第173页。
② 参见陈宝良《"乡土社会"还是"好讼社会"——明清"好讼"社会之形成及其诸面相》,夫马进编,范愉、赵晶等译《中国诉讼社会史研究》,浙江大学出版社2019年版,第225页。
③ 《清仁宗实录》卷354,嘉庆二十四年二月丁卯。
④ 吴炽昌:《客窗闲话》卷4《书讼师》,长春时代文艺出版社1987年版,第69页。
⑤ 薛福成:《出使日记续刻》卷5《初十日记》,清光绪二十四年刻本,第6b页。
⑥ 周石藩:《海陵从政录·与诸生讲学随笔》,《官箴书集成》第6册,黄山书社1997年版,第238页。

文渊薮，前辈名贤，身列缝掖，顾然负公辅之望，何今日学校猥杂至于如此，殊可怪也。①

于是，汤斌命令江苏巡抚辖下的"七府一州五十二州县，并金山、卫海、门乡等儒学教官"，要求各处对辖下诸生进行"严加戒谕"，如果出现了上述行为"轻则申该道革黜，重则按律定罪，报本都院题参。一学至五人者，该道立将教官申参；至三人者，注下考候大计处分，慎毋宽贷。"②

陈鹏年任江宁知府时，也在上任伊始便晓谕诸生："有行谊修饬而进见以求益者，吾与为宾主礼。其毁廉隅证争讼者，檄诸县，簿载其名，岁终报府，俟督学按试时上之。"乾隆年间的汪辉祖认为陈鹏年的举措是"治士干讼之一法"，他本人也认为"衿士原多知礼，不当与讼师同日而语。盖士不自爱，乃好干讼"，因而号召官府关爱诸生中的自爱之人，"爱之之道，先在导之于学，为月课、为季考，拔其尤者，收之书院义学之中，鼓舞之、振兴之，隆以礼貌，优以奖赏，与干讼者荣辱迥殊，则士以对簿为耻，莫不砥厉廉隅，不独文教之可以日盛也。"③试图通过营造经济、社会地位等方面的差别待遇来达到遏制生员参与干讼的目的。

虽然生员干讼有"轻则申该道革黜，重则按律定罪"的风险，但实际上彼时法例对讼师的惩处并不严苛，一般是轻者杖惩，重者枷号。因此钱琦在乾隆二十二年（1757）上奏《请严积惯讼棍例》一折，请求将积惯讼师比照积匪猾贼定罪：凡是有教唆诉讼、代写诉状、增减情罪、诬告他人的讼师，一旦被地方官员查明或抓获，除去所犯罪行严重，以及情罪本轻且所犯案子仅一两案的情况外，"仍照律例与犯人同罪分别按拟"的同时，还应将讼师按照初犯、累犯及其犯罪次数来定罪。④ 经数次商讨之后，刑部认同了钱琦的奏请，并在刑律中拟定例：

---

① 汤斌：《汤斌集》上册，中州古籍出版社2003年版，第583—584页。
② 同上书，第584页。
③ 汪辉祖：《治士子干讼》，《牧令书》卷16《教化》，清道光二十八年本，第26页。曾任江苏巡抚的裕谦也号召生员应当自爱："生监为四民之首，尤宜立品读书，勉图上进。若涉讼事，即属不守卧碑例，应斥革惩治，务各自爱。"（参见《戒讼说》，《牧令书》卷17《刑名上》，清道光二十八年本，第48页。）
④ 参见《宫中档乾隆朝奏折》第22辑，台北"故宫博物院"1984年版，第448—449页。

审理词讼,究出主唆之人,除情重赃多,实犯死罪,及偶为代作词状,情节不实者,俱各照本律查办外,若系积惯讼棍,串通胥吏,播弄乡愚,恐吓诈财,一经审实,即依棍徒生事扰害例,问发云、贵、两广极边烟瘴充军。①

规定若被查出是经常串通胥吏愚弄百姓的"积惯讼棍",便会按照棍徒判刑,流放充军。

乾隆三十六年(1771),为进一步扼制生员干讼的情况,规定生员"扛帮作证",若经审明其确属虚假诬陷之人,该地方官应该立行详请将该生员"褫革衣顶",并"教唆词讼,本罪上各加一等治罪"来处理,如其计赃罪重于本罪,则"以枉法从重论";若经审明其确属事出有因而非故意"捏词妄证"之人,亦应将该生员严加戒饬,倘若仍旧不知悔改、重蹈覆辙,则由该教官查明其再犯案依据后开报劣行,"申详学政黜革"②。《学政全书》在此基础上稍加改定,作为整饬士人风气的一项重要规定:生员代人作证,经地方官审明后乃是全诬,则属于知法犯法、故意扰乱法网,相比普通包揽词讼之人而言罪情更重,若仅仅参照平民来按律拟罪的话,实在不足以示惩儆,则应该"立行详请褫革,即照教唆词讼本罪上各加一等治罪"③。

乾隆三十九年(1774)又规定,钦差在"驰审重案"的时候,如果经审明为虚假诬告,除了依照"诬告例"将前往京城捏控之人治罪之外,大臣还需要根据案情严行追究责任,审查其中是否有"讼师唆使扛帮"的情节后,再"按例分别问拟";不仅是讼师,原本审理的地方官员也属于失察,应当"从重议处"。乾隆六十年(1795)再次对讼师教唆他人诬告的罪行进行了细致规定:

教唆词讼诬告人之案,如原告之人所欲告者本系轻事,而教唆之人起意藉端吓诈,平空捏造重情,主令诬告致毙人命者,及虽未

---

① 《钦定大清会典事例》卷819《刑部·刑律诉讼》。
② 胡星桥等:《读例存疑点注》,中国人民公安大学出版社1994年版,第693页。
③ 《钦定学政全书》卷26《整饬士习》,沈云龙主编:《近代中国史料丛刊》第30辑,台北文海出版社1968年版,第495—496页。

致死人命,而教唆诬告之罪应反坐流徒、抵充军役者,并以主唆之人为首,听从控告之人为从论。其寻常教唆,不过稍有增减,无关罪名轻重者,仍依教唆各本律例,与犯人同罪。①

嘉庆六年(1805)的时候,又对乾隆六十年(1795)的法例进行修订,规范了教唆词讼例的适用范围:如果原告本人并无想要诬告他人之心,乃是教唆之人起意主导,那便以教唆之人为主犯,听从教唆而去诬告之原告则为从犯;如果原告本人便想要诬告他人,而教唆之人只是在旁怂恿,那么教唆之人与原告犯人同罪;若其中有贪赃之人,则"计赃以枉法从其重论"②。

可见至少自乾隆朝起,生员如若干讼,成为讼师替人打官司,不仅有枷号、徒刑的风险,甚至可能会被罪加一等,在脸上刺"讼棍"二字,然后发遣流放极边地区,这在中国古代已是死刑以下的最高处罚。毫无疑问,清廷是将讼师行为视为一种会严重危害社会稳定与安全的犯罪行为。

即便朝廷一再修订法例、加码量刑,但是生员干讼的现象仍旧屡禁不止。据夫马进研究,生员之所以时常成为讼师,是因为除了少部分人之外,他们中的大多数都不可能达到举人、进士及第,而单纯依靠私塾教师的收入又难免过于贫寒,于是迫于生活压力,诸多生员便"学儒不成,弃而学律"。与此同时,因为科举取士出身的地方官员实际上并不懂专业法律知识,故而需要招募幕友来帮忙对抗那些所谓的刁民和奸吏。实际上这种讼师和幕友之间的身份转换,往往十分容易且频繁,所以只要是在科举制度和幕友制度的存续期间,讼师便会源源不断地出现,以满足地方官员及百姓不断膨胀的需求。③ 直至晚清时期,丁日昌任江苏巡抚时仍在叮嘱沭阳县新任县令关注生员干讼现象:"该县有监生周绍虞、生员王汝栋,向来惯为讼棍,与县役通同一气,该令密加访

---

① 《钦定大清会典事例》卷819《刑部·刑律诉讼》。
② 同上。
③ 参见夫马进《明清时代的讼师与诉讼制度》,滋贺秀三等《明清时期的民事审判与民间契约》,法律出版社1998年版,第414—415页。

察,如果仍蹈前辙,即从严拿办。"①可见即便法律对生员干讼行为禁令重重,但社会层面上仍旧普遍存在着大量生员这样的底层士绅阶层充当讼师的现象。

(二)官员、讼师与百姓

如同上述种种历史文献中所描绘的一样,在讼师行业中确有一些居心不良之人,因为贪利诈财而唆使百姓提起控告,但禁止生员干讼,从源头上消灭讼师后就真的可以实现"息讼""无讼"的社会了吗?关于"江南健讼"的历史书写与"严治生员干讼"行为背后又深埋着怎样的逻辑脉络呢?

实际上,往往并非单纯因为讼师教唆,百姓才会去官府打词讼官司,恰恰是因为百姓的词讼需求,才促使了讼师阶层的产生。各府县衙门对于词讼官司的状纸、呈词等都有着严格的制式要求和规范,对于大部分"目不识丁"的百姓而言,想要仅凭自身写出一张符合标准的状纸是几乎不可能的事情,更何况递交控状只是词讼官司的第一步,如何让自己的状纸被官员受理,受理之后又有哪些流程?百姓面对诸如此类的种种问题,迫切需要有熟知规范流程的专业人士在旁协助,讼师阶层也就应运而生了。百姓对于讼师的需求,不是仅凭清朝廷颁布的几条禁令就能被轻易抑制的。讼师实际上充当着官员和百姓之间的粘合剂作用,是词讼官司中不可或缺的一环。

讼师最常为地方官员诟病的地方在于他们替人书写控状时经常"造作虚词",而这种"造作虚词"现象的出现其实与地方官员自身的行为脱不开关系。

一方面,清代官员受理民间词讼的效率并不高,且常常拖延办理,导致讼案堆积如山。嘉庆五年(1800),仅漕务相关的词讼旧案就查出660多起,嘉庆帝因而颁布上谕:

> 因思总漕专司漕务,发审未结事件,即有六百六十余案之多,地方有司,词讼纷繁其历年积压者,更不知凡几。州县惟知以逢迎

---

① 丁日昌:《抚吴公牍》卷28《批沭阳县禀到任后正值堪办秋灾并逐渐整顿词讼由》,《丁日昌集》上册,上海古籍出版社2010年版,第633页。

交结上司为急务,遂置公事于不问,视陋规为常例,以缺分美恶,得项多寡,总思满载而归,视民生如膜外……嗣后各直省凡遇地方案件,除审办命盗本有定限外,其余自理词讼,著各督抚分别立限,饬令有司按期完结,逐件注销。若有任意迟延逾限不结者,立即参奏,傥意存徇庇,经朕访闻,或被他人纠劾,必将该督抚一并严处,决不宽贷。将此通谕知之。①

要求各都抚衙门设立词讼官司期限,饬令有司官员按期逐一审理完结。彼时词讼案件堆积如山的主要原因有两项:

第一,词讼无关考成。州县官员能否及时、正确地处理刑事案件,是官员政绩考核的一项重要指标,如若处理过程中有何不妥,不仅影响考核,还可能会被三法司问责。词讼官司则属于州县衙门的自理业务,是否按时完成、效率如何、质量高低,都不在官员的政绩考核内容里,"精详者无由登上考,蜻驳者无由列弹章"②,所以地方官员往往并不愿意在词讼官司上耗费过多心力。

第二,官不久任。清代相关政书中对于州县官员的任期并没有直接规定,因为清廷对外省官员的政绩考核为每三年一大考,所以通常认为州县官员的任期也在三年左右。据学者研究,根据18省437部清代的地方志记载,在512个县42602位知县中,任期不超过一年的情况占比49%,几近半数之多,任期在3年以内的占78.8%,可见绝大部分知县的任期实际上并未超过3年。③ 在清中后期,江苏常熟县政务繁难、县令大多一年一换,"坐席未暖",便要"捧檄欲行",显然不可能为当地作出长远规划。昭文县虽然偶尔有久任的县令,但因为昭文与常熟两县同城的原因,于是县令在处理政务时也常常是因循守旧,连县令都如此,更不用说县丞,县尉了。④ 江苏句容县一起关于争夺财产的词讼官

---

① 《清仁宗实录》卷61,嘉庆五年三月丙辰。
② 邱煌:《府判录存·朱为弼序》,《明清法制史料辑刊》第18册,国家图书馆出版社2008年版,第389页。
③ 参见李祁、周天生、许弘义《中国地方志研究:清代基层地方官人事嬗递现象之量化分析》第1册,台北行政院国科会1975年版,第34、35页。
④ 参见《重修常昭合志稿》卷14《公廨志》,清光绪三十年(1904)刊本,第1页。

司,"讼越两年,官经三任"①。短暂的任期让地方官员几乎难以熟悉自己辖下的风土人情,加之政务计划的制定、实施、发展等往往都需要不短的时间,但地方官员在短暂的任期内却又看不到实效,自然而然地也就逐渐失去了制定长期计划的兴趣。② 正源于此,大部分地方官员都秉持着"不求有功,但求无过""多一事不如少一事"等思想。在这类思想的影响下,官员产生拖延受理时间、不按时审理完结等等积压词讼案件的行为也就不足为奇了。

官员对词讼案件拖延,久而久之也就导致状纸堆积如山。与之相应的是,各种旧积新收的讼案堆积如山,常常也令新任官员望而却步。如嘉庆十二年(1807),时任总督温承惠查办直隶省积案,发现堆积在总督衙门内的"自理词讼未结者五十七起,多有前督任内之事"③,更遑论各个地方州县衙门。面对这些堆积如山的讼案,地方官员们很难耗费大量精力在短暂任期内全部解决,但又有着朝廷催促清理词讼案件的压力,因此地方官员常常会不断强调诸如"江南健讼"这样的论调与话语,试图将词讼积压的诱因转嫁至江南本地的地方风俗之上。

另一方面,百姓因为控告之事迟迟得不到地方官员的裁判与解决,便不得委托讼师设法让自身的状纸脱颖而出,以便得到地方官员的早日受理。讼师最为人诟病的"造作虚词"在一定程度上正是为脱颖而出而特意选择的一种手段,也就是说,讼师正是通过夸大其词,甚至耸人听闻的告状来吸引地方官员的关注,进而达到被批准立案的目的。故有官员表示:"张大其词以耸宪听,不虑审断之无稽者,以恃有投状一著为退步耳。原词虽虚,投状近实。以片语之真情,盖弥天之大妄。不患问官不为我用,彼所恃以健讼者在此,我所恃以弭讼者亦即在此。"④此外,因为州县官员更换频繁,百姓在官司中如若被判败诉,或是对判决结果有所不满时,便会故意拖延到下任州县官员前来赴任之时再次控告,加之一些前任官员积压的词讼官司,也会在新官上任时重复控

---

① 许文濬:《塔景亭案牍》,俞江点校,北京大学出版社2007年版,第140页。
② 参见张仲礼《中国绅士研究》,上海人民出版社2008年版,第42页。
③ 《清仁宗实录》卷180,嘉庆十二年五月庚午。
④ 李渔:《论一切词讼》,《牧令书》卷17《刑名上》,清道光二十八年本,第12页。

告,因此地方官员往往在前往辖区上任伊始,便遭遇到词状数量的高峰。① 可以说这些大量重复提交的控状,便又成为了官员形容"江南健讼"现象的有力证据。

概言之,百姓的词讼需求促使了讼师阶层的产生,地方官员拖延词讼的现象不改,百姓讼状一直无人问津,则又进一步刺激了专业讼师的市场需求,这也是讼师阶层为何屡禁不止,一直有底层士绅担任讼师的原因之一。

本章小结

关于"江南健讼"的历史书写,在表面上看似与朝廷竭力宣扬的"息讼"思想有所矛盾,实际上仍旧体现着朝廷对于百姓纠纷的不以为意,以及对诉讼行为的反感与厌恶。历史书写中将讼师视为教唆百姓健讼的罪魁祸首,因而制定各类律例严加惩治,试图通过严禁生员干讼来遏制"江南健讼"现象的出现,进而达到息讼的最终目的。

然而,"江南健讼"的历史书写在一定程度上反映了当时的部分历史面貌和社会现象的同时,其话语体系的背后实际上还暗藏着另一种意图,即地方官员试图通过对江南健讼社会的构建,来塑造自身对于积压讼案无奈又焦虑的形象,以此来逃避或者降低自己受到行政追责的风险。也就是说,州县官员试图给上峰营造出这样一种情况:词讼案件的堆积,是由于受到江南地方社会上健讼风气的影响,导致超出了衙门正常的理讼能力,而并非是因为地方官员本人办事不力或未曾用心;至于辖区内为何会出现健讼成风的不良风气,那必然与"唆使愚民"告状的恶劣讼师脱不开关系,并非是地方官员本人不善经营管理。②

需要意识到的是,地方官员的这种意图,并非是单纯的个人行为,其背后还映射着清代政治制度层面的深层问题。如同本章开篇所指出

---

① 参见尤陈俊《官不久任与健讼之风:州县官实际任期对明清地方衙门理讼能力的影响》,《社会科学》2022年第4期。
② 参见上书。

的那样,在清代,全县大小事宜皆系于知县一人之身,地方官员需要"读法、养老、祀神,靡所不综",可以说是集行政、财政、司法、治安等多重职能于一身。然而在科举制度中以八股取士为标准被选拔出仕的官员们,往往没有相应的知识储备足以应对整个县城的大小事务。更何况地方州县官员如若想要熟练处理各类诉讼案件,必须熟读律例、讲明律意才行,对官员的个人素养具有极高的要求,但朝廷却又缺乏相应的培训制度与监管体系。

因此,这在根本上便决定了地方官员不可能凭借个人之力,处理完辖区内百姓的所有诉讼与纠纷,而介于官员与百姓之间的士绅阶层,自然而然地承担起了"调争解纷"的重要职责,成为维系江南地方社会安宁、国家秩序稳定的中坚力量。

结 语

"绅"和"士"在历史上是两种不同的身份指代,"乡绅""缙绅""绅士"在不同的历史文本中有着不同的历史含义。不过,清代的"乡绅""缙绅"主要指在任或居乡的本籍官员,后来扩大到包含进士等群体,而"绅士"指代的群体逐渐与"绅衿"趋近,即包括官员和有功名或学衔而尚未入仕者。瞿同祖将清代士绅阶层分为有过官职的"绅"和有功名或学衔的"士",后者也称为"衿"。整体而言,官绅比学绅对地方社会的影响更广。士绅阶层介于官民之间,他们虽无法如同官吏一样直接参与国家政治、决策地方政务,但又常常协助官府,充当着地方事务的实际经理人。与此同时,他们通常在当地百姓之间拥有极高的威望,可以将民意诉求及时传达给官府,也是官民沟通往来的重要桥梁,是唯一能合法代表当地社群与官吏共商地方事务的阶层。

清代士绅与地方社会基层管理之间的关系是一个动态变化的过程。明朝中后期,士绅拥有免除徭役、赋税优免、司法特权等权力,士绅的地位和权力处于膨胀状态,对地方事务的干预程度也较强。未能踏入仕途的学绅通过"师生年谊"、地缘及亲缘等种种关系构建自己的社会网络,加之官府给予的特权,同样能够干预地方政事。隐退乡间的缙绅元老往往大搞排场、彰显威风,地主富豪与缙绅之间往往有着错综复杂的关系网络,这给予了地方官府无形的巨大压力。士绅阶层结党营私、投献诡寄、隐匿钱粮、侵吞赋税等情况普遍,这也从侧面说明士绅地位和权力的膨胀状态。不过,清顺治年间针对士绅阶层的通海案、哭庙案、奏销案,对江南士绅阶层的打击极为沉重,他们不再如同明朝中的士绅那样享有优免赋税的特权。士绅在明末表现出来的张扬豪横气焰被一举扑灭,心态行为也被迫发生了根本变化,大部分士绅在乾隆年间已养成率先输纳税粮的习惯。清初较长一段时间内,江南士绅都竭力规避清议政事,也不再积极介入地方政务,力图明哲保身,所以江南士绅对地方政治的影响较明朝相比有明显弱势。清中期,江南士绅重新参与地方政治,在地方教育、经营地方慈善、介入地方基层管理甚至地方法治中拥有不小的话语权,不过士绅权力仍旧受到各种限制,无法与明朝士绅相比。

根据清代官员回避制度,官员通常在外籍任职,卸任返乡后为地方乡绅,因此在江南任官职的人通常为外籍官员。从清代地方政府的建制来讲,政府机构及人员设置只到州县一级,州县以下的地方基层为政府权力真空带,在江南任职的外籍官员与地方基层管理基本无直接关联。从情感上来讲,乡绅对家乡福祉的发展普遍有一种强烈的责任感,在外任官的士绅尤其如此,即使在外任官,也会时常服务家乡,他们或间接或直接参与地方社会的基层管理,学绅更是直接参与地方社会的基层管理。如此,与江南地方社会基层管理密切相关的士绅通常是江南籍人士,一类是在外地任职的江南籍官员或卸任在乡的江南籍官员等官绅,一类是江南地方学绅。如果把士绅群体按照文武生员出生进行分类,就会惊奇地发现,1840年以前的地方志或传记类资料中很少有武生员的记载,这可能说明武生员对江南地方基层管理的影响较小,而1840年以后尤其是太平天国起义前后,武生员的记载明显增加,说明武生员的社会影响力因战争而显著提升。

在地方社会基层管理中,士绅管理事务的方式与地方社会关系密不可分,也与士绅自身的社会关系十分紧密,而士绅家庭、宗族、乡邻等社会关系会影响其在各种社会关系中的地位、权威、影响力。官绅整体上要比学绅的社会地位高,而官绅当中官职越高,其社会地位就越高,影响力也就越大。在学绅当中,进士、举人、贡生、监生和生员的社会地位依次降低,其影响力相应依次减弱,影响范围也依次变小。正因为如此,各类士绅在地方社会管理中的职责、权威和作用会有所不同,参与地方社会管理的方式也会有所不同。

清代里甲制、保甲制、乡约制度等基层管理制度试图将地方士绅阶层纳入其中,然而,在实际推行中,士绅阶层很难真正成为这些制度和组织的规范对象,他们或者不承担其中的责任和义务,或者在这些制度或组织中担任权力阶层,反而成为地方基层社会的管理者,成为这些管理制度的把持者。士绅在变成具有特定身份和地位的社会集团的过程中,也逐步生成了与其身份和地位相对应的社会职能,这些社会职能在清代早已变成传统,进入士绅集团的人,自然而然地担负起与自身身份和地位相对应的士绅职责,这些职责涉及地方教育教化、公共福利(组织募捐、地方赈济)、公共工程、纠纷诉讼、地方防务、赋税征收等。通过这些职责,士绅起到维护儒学道统、维持社会正常秩序、维护统治者利益的作用。

在教育教化上,士绅通过义学、义塾、书院等学校以及宗族、乡约等组织或制度发挥作用,并在日常言行中践行儒家规范,让民众知晓和意会统治阶层所追崇的价值和道德体系,从而间接地达到教化民人的目的。在慈善救济方面,慈善组织的有效运作离不开士绅的参与,士绅的参与反过来提升了自身的社会地位、地方权威或在宗族中的地位及权威。这些慈善救济活动主要有慈善组织开展的慈善活动、宗族救济以及官绅开展的赈济活动。清代中前期,前两类主要由地方官员主导,地方士绅参与其中,在田地、资金、管理、协调等方面发挥重要的辅助作用。咸丰同治时期是地方慈善事业发展的一个重要转折时期,咸丰同治时期的江南兵燹使地方政府在内忧外患中遭受了沉重的打击,而众多慈善组织和宗族也遭到了不同程度的破坏或损毁,地方衙门在财力和管理能力上对慈善组织的掌控远不如咸丰同治以前。此外,士绅在慈善组织重建的过程中逐渐成为主导力量。在公共服务上,士绅的触角几乎遍及所有能归为公共服务的项目,而桥梁、河渠、庙宇等的建修和管理是较为显著的项目,他们或出谋划策,或发现问题并进而向上级提议、或捐资、或董理具体工程。

参考文献

史料：

1. 《清史稿》，北京：中华书局，点校本。
2. 《清朝文献通考》，上海：商务印书馆，1936年。
3. 《清朝续文献通考》，上海：商务印书馆，1936年。
4. 朱寿鹏编：《光绪朝东华录》，北京：中华书局，1984年。
5. 《清实录》，上海：中华书局，1985年影印本。

地方志：

1. 乾隆《吴江县志》。
2. 乾隆《元和县志》。
3. 康熙《丹徒县志》。
4. 康熙《常熟县志》。
5. 乾隆《江阴县志》。
6. 乾隆《直隶通州志》。
7. 乾隆《苏州府志》。
8. 同治《苏州府志》。
9. 同治《续纂扬州府志》。
10. 同治《湖州府治》。
11. 同治《苏州府志》。
12. 光绪《无锡金匮县志》。

13. 光绪《周庄镇志》。
14. 光绪《松江府续志》。
15. 光绪《武进阳湖县志》。
16. 光绪《昆新两县续修合志》。
17. 光绪《同治苏州府志》。
18. 光绪《无锡金匮县志》。
19. 光绪《盐城县志》。
20. 光绪《溧阳县续志》。
21. 光绪《重修丹阳县志》。
22. 光绪《江阴县志》。
23. 光绪《丹徒县志》。
24. 民国《高淳县志》。
25. 民国《吴县志》。
26. 民国《重修常昭合志》。
27. 冯桂芬：《显志堂集》，光绪二年。
28. 《中国地方志集成》，南京：江苏古籍出版社，1991年。
29. 《康熙昆山县志稿》，江苏科学技术出版社1994年版。
30. 苏州市地方志编委会编：《苏州市志》，江苏人民出版社1995年版。
31. [清]闵派鲁、林古度纂修，傅章伟、吴大林点校：《顺治溧水县志》，上海古籍出版社2016年版。

文集、族谱：
1. 蒋永修：《日怀堂奏疏》，康熙年间天藜阁刻本。
2. 彭启丰：《芝庭诗文稿》，乾隆刻增修本。
3. 彭蕴章：《松风阁诗钞》，同治刻彭文敬公全集本。
4. 彭绍谦：《闲家类纂二卷》，《四库全书·子部》第43册。
5. 张海珊：《小安乐窝文集》，道光十一年刻本。
6. 冯桂芬：《显志堂稿》，光绪二年刻本。
7. 冯桂芬：《校邠庐抗议》，光绪十年刻本。
8. 彭希洛：《简缘诗草一卷》，光绪十九年刻本。
9. 彭绍升：《二林居集》，清正觉楼丛刻本。
10. 潘祖荫：《潘文勤公奏疏》，光绪年间刻本。

11. 彭定求撰、黄阿明点校：《彭定求诗文集》，上海古籍出版社，2016年。
12. 无锡《荣氏宗谱》，嘉庆十五年版。
13. 无锡《王氏三沙全谱不分卷》，光绪二年版。
14. 无锡《前洲西里唐氏六修宗谱十二卷》，光绪四年版。
15. 无锡《谢氏宗谱二十四卷》，光绪六年版。
16. 无锡《锡山周氏世谱十二卷》，光绪七年版。
17. 《昆陵张氏宗谱》，光绪十六年版。
18. 无锡《锡山毕氏重修宗谱四卷》，光绪十八年版。
19. 《昆陵杨氏宗谱》，光绪二十年版。
20. 昆山《砂山王氏宗谱十八卷》，光绪二十三年版。
21. 无锡《邹氏宗谱三十六卷》，光绪二十九年版。
22. 镇江《润东顺江洲王氏十二修族谱十五卷》，光绪三十四年版。
23. 无锡《锡山赵氏宗谱十四卷》，宣统元年版。
24. 溧阳《孙氏宗谱二十八卷》，民国三年版。
25. 《昆陵邹氏宗谱》，民国四年版。
26. 无锡《冯氏宗谱八卷》，民国五年版。
27. 武进《南望张氏宗谱》，民国八年版。
28. 《溧阳城西蒋氏宗谱二十二卷》，民国八年版。
29. 无锡《吴门袁氏家谱》，民国八年版。
30. 无锡《锡山张氏统谱》，民国十一年版。
31. 溧阳《龙溪谢氏宗谱》，民国十二年版。
32. 昆山《广平程氏谱略不分卷》，民国十九年版。
33. 无锡《顾氏分编支谱十卷》，民国二十二年版。
34. 无锡《文林钱氏宗谱十六卷》，民国三十二年版。
35. 常熟《临海屈氏世谱》，2001年版。

著作：

1. 吕思勉：《中国制度史》，上海教育出版社1985年版。
2. 中国第一历史档案馆编：《辛亥革命前十年间民变档案史料》，中华书局1985年版。
3. 顾震涛：《吴门表隐》，江苏古籍出版社1986年版。
4. 郑秦：《清代司法审判制度研究》，湖南教育出版社1988年版。

5. 吴金成:《明代社会经济史研究——绅士层の形成とその社会経済的役割》,渡昌弘译,汲古书院1990年版。

6. 朱道清编纂:《中国水系大辞典》,青岛出版社1993年版。

7. 费孝通、吴晗等:《皇权与绅权》,华东师范大学出版社2015年版。

8. 瞿同祖:《清代地方政府》,范忠信、何鹏、晏锋译,新星出版社2022年版。

9. 瞿同祖:《清代地方政府》,范忠信、晏锋译,何鹏校,法律出版社2003年版。

10. 马敏:《官商之间——社会剧变中的近代绅商》,社会科学文献出版社2022年版。

11. 费正清:《美国与中国》,孙瑞芹、陈泽宪译,商务印书馆1971年版。

12. 徐茂明:《江南士绅与江南社会(1368—1911年)》,上海世纪出版集团、中西书局2021年版。

13. 杜赞奇:《文化、权力与国家——1900—1942年的华北农村》,王福明译,江苏人民出版社1996年版。

14. 王先明:《近代绅士——一个封建阶层的历史命运》,天津人民出版社1997年版。

15. 黄宗智:《华北的小农经济与社会变迁》,广西师范大学出版社2023年版。

16. 孔飞力:《中华帝国晚期的叛乱及其敌人——1796—1864年的军事化与社会结构》,谢亮生、杨品泉、谢思炜译,中国社会科学出版社1990年版。

17. 高钟:《文化激荡中的政府导向与社会裂变:1853—1911年的湖北》,武汉:华中师范大学出版社1998年版。

18. 张信:《二十世纪初期中国社会之演变——国家与河南地方精英1900—1937》,岳谦厚、张玮译,中华书局2004年版。

19. 李世众:《晚清士绅与地方政治——以温州为中心的考察》,上海人民出版社2006年版。

20. 许顺富:《湖南绅士与晚清政治变迁》,湖南人民出版社2004年版。

21. 李平亮:《"卷入大变局"——晚清至民国时期南昌的士绅与地方政治》,经济日报出版社2008年版。

22. 吴吉远:《清代地方政府的司法职能研究》,社会科学文献出版社1997年版。

23. 金友理:《太湖备考》,江苏古籍出版社 1998 年版。

24. 徐崧、张大纯纂辑:《百城烟水》,江苏古籍出版社 1999 年版。

25. 游子安:《劝化金箴 清代善书研究》,天津人民出版社 1999 年版。

26. 李文治、江太新:《中国宗法宗族制和族田义庄》,社会科学文献出版社 2000 年版。

27. 无锡市地方志办公室编:《无锡年鉴 2000》,方志出版社 2000 年版。

28. 周荣德:《中国社会的阶层与流动——一个社区中士绅身份的研究》,学林出版社 2000 年版。

29. 秦晖:《传统十论——本土社会的制度文化与其变革》,复旦大学出版社 2003 年版。

30. 冯尔康:《18 世纪以来中国家族的现代转向》,上海人民出版社 2005 年版。

31. 王稼句编纂点校:《苏州文献丛钞初编 上》,古吴轩出版社 2005 年版。

32. 那思陆:《清代州县衙门审判制度》,中国政法大学出版社 2006 年版。

33. 费孝通:《乡土中国》,上海人民出版社 2007 年版。

34. 李凤鸣:《清代州县官吏的司法责任》,复旦大学出版社 2007 年版。

35. 朱道清编纂:《中国水系词典》,青岛出版社 2007 年版。

36. 王玉德主编:《钱基博学术研究》,华中师范大学出版社 2008 年版。

37. 张仲礼:《中国士绅研究》,李荣昌、费成康、王寅通译,上海人民出版社 2008 年版。

38. 徐祖澜:《绅权与国家权力关系研究:从明清到民初》,社会科学文献出版社 2017 年版。

39. 周保明:《情敌啊地方吏役制度研究》,上海书店出版社 2009 年版。

40. 黄鸿山:《中国近代慈善事业研究:以晚清江南为中心》,天津古籍出版社 2011 年版。

41. 张研:《清代县级政权控制乡村的具体考察——以同治年间广宁知县杜凤治日记为中心》,大象出版社 2011 年版。

42. 上海图书馆编,陈建华、王鹤鸣主编:《中国家谱资料选编 传记卷》,上海古籍出版社 2013 年版。

43. 冯尔康主编:《清代宗族史料选辑》,天津古籍出版社 2014 年版。

44. 牛铭实编著:《中国历代乡规民约》,中国社会出版社 2014 年版。

45. 萧公权：《中国乡村——论 19 世纪的帝国控制》，张皓、张升译，联经出版事业股份有限公司 2014 年版。

46. 杜家骥主编：《清代社会基层关系研究》，岳麓书社 2015 年版。

47. 杨开道：《中国乡约制度》，商务印书馆 2015 年版。

48. 费康成：《中国的家法族规》，上海社会科学院出版社 2016 年版。

49. 江庆柏：《明清苏南望族文化研究》，南京师范大学出版社 2016 年版。

50. 陈国灿主编：《江南城镇通史（清前期卷）》，上海人民出版社 2017 年版。

51. 戴鞍钢著，陈国灿编：《江南城镇通史 晚清卷》，上海人民出版社 2017 年版。

52. 宁欣主编：《商业城市贸易分典（全 5 册）/中华大典.经济典》，巴蜀书社 2017 年版。

53. 沈骅编著：《江南文化十六讲》，武汉大学出版社 2017 年版。

54. 范金民：《国计民生 明清社会经济新析》，江苏人民出版社 2018 年版。

55. 田禾：《文化昆仑钱钟书》，远方出版社 2018 年版。

56. 于铸梁主编：《实美存录续编》，苏州大学出版社 2018 年版。

57. 范金民：《明清社会经济与江南地域文化》，中华书局 2019 年版。

58. 李峰主编：《苏州通史 人物卷 中 明清时期》，苏州大学出版社 2019 年版。

59. 张仲礼：《中国绅士研究》，上海人民出版社 2019 年版。

60. 常建华：《中国乡村社会史名篇精读》，上海教育出版社 2020 年版。

61. Hsiao Kung-chuan, Rural China, Imperial Control in the Nineteenth Century, University of Washington Press, 1960.

学位论文：

1. 郭剑鸣：《晚清绅士与政治整合研究：以知识权力化整合模式为路径》，复旦大学国际关系与公共事务学院 2006 年博士学位论文。

2. 徐祖澜：《近代乡绅治理与国家权力关系研究》，南京大学法学院 2011 年博士学位论文。

3. 杨茜：《从地方到国家：晚明江南士绅丁宾的行政实践与社会活动》，复旦大学历史系 2012 年硕士学位论文。

4. 黄颖:《士绅层影响下的明清常州居民建筑研究》,江南大学设计学院2017年博士学位论文。

5. 陆文龙:《中西之间:清末民初苏州地区士绅家庭教育转型研究》,上海师范大学人文与传播学院2017年硕士学位论文。

6. 蒋文杰:《清代士绅阶层对苏州古城空间特征演变影响研究——以潘氏家族为例》,苏州科技大学建筑与城市规划学院2022年硕士学位论文。

7. 李平亮:《"卷入大变局"——清末民初南昌的士绅与地方政治》,厦门大学2004年博士学位论文。

期刊文章:

1. 傅衣凌:《中国传统社会:多元的结构》,《中国社会经济史研究》1988年第3期。

2. 陈龙正:《晚明士绅社会生活的一个侧面》,《浙江学刊》2001年第6期。

3. 陈蕴茜、沈熙:《清末民初士绅与江南乡镇教育近代化》,《史林》2003年第5期。

4. 徐茂明:《明清以来乡绅、绅士与士绅诸概念辨析》,《苏州大学学报(哲学社会科学版)》2003年第1期。

5. 徐茂明:《明清时期江南社会基层组织演变述论》,《社会科学》2003年第4期。

6. 薛政超、舒求:《论明清士绅研究的演进脉络——兼谈从"富民"观察"士绅"的重要意义》,《思想战线》2023年第1期。

7. 郝秉键:《日本史学界的明清"绅士"论》,《清史研究》2004年第4期。

8. 贺雪峰、董磊明:《中国乡村治理:结构与类型》,《经济社会体制比较》2005年第3期。

9. 王卫平:《光绪二年苏北赈灾与江南士绅——兼论近代义赈的开始》,《历史档案》2006年第1期。

10. 冯玉荣:《明伦、公议、教化——明末清初明伦堂与江南地方社会》,《史林》2008年第2期。

11. 朱浒:《"丁戊奇荒"对江南的冲击及地方社会之反应》,《社会科学研究》2008年第1期。

12. 郝平:《江南"义赈"在山西——以"丁戊奇荒"为中心的考察》,第六届中国灾害史国际学术研讨会论文集,2009年7月。

13. 李涛:《传统乡村士绅的"嬗变"与"疏离"——以辛亥前后江浙地区的"毁学"事件为例》,《江南大学学报(人文社会科学版)》2012年第11卷第3期。

14. 孙以栋、范青青:《明清江南士绅文化影响下的南浔历史建筑》,《包装世界》2013年第3期。

15. 岳铭青:《科举制废除、士绅阶层衰落与基层治理变迁》,《怀化学院学报》2015年第2期。

16. 龙登高、王明、陈月圆:《传统士绅与基层公共品供给机制》,《经济学报》2022年第2期。

17. 谢云冲、王文樟:《传统士绅集团的分化与晚清政权根基的瓦解》,《洛阳师范学院学报》2016年第3期。

18. 冯贤亮:《明清江南的州县行政与社会控制》,《江南大学学报(人文社会科学版)》2014年第3期。

19. 王林:《论丁戊奇荒期间江南士绅对河南的义赈》,《洛阳师范学院学报》2014年第12期。

20. 王林:《论丁戊奇荒期间江南士绅对河南妇幼的救助》,《商丘师范学院学报》2015年第1期。

21. 徐祖澜:《历史变迁语境下的乡绅概念之界定》,《湖北社会科学》2016年第6期。

22. 杨茜:《丁宾与嘉善:晚明江南士绅的权力运作与地方维护》,《浙江学刊》2016年第2期。

23. 黄颖、过伟敏:《明清士绅阶层影响下的居民建筑分布——以明清常州郡城为例》,《创意与设计》2017年第2期。

24. 刘芳正:《徽州近代教育转型过程中的纷争——以徽州近代士绅的教育活动为中心》,《泰山学院学报》2018年第4期。

25. 周庆智:《官民共治:关于乡村治理秩序的一个概括》,《甘肃社会科学》2018年第2期。

26. 刘知宜:《"经世"传统视野下晚清湖南士绅威权的建立与转化》,《船山学刊》2020年第4期。

27. 黄湘金:《地方士绅与晚清女学》,《苏州大学学报(教育科学版)》2020年第8期。

28. 吕浩浩:《清代怀宁士绅阶层与地方社会教育事业》,《安徽工业大学学报(社会科学版)》2020年第4期。

29. 吕菲、吕迅:《清代士绅家族闺秀女德闺范内的追求与自由——以清桐城麻溪姚氏家族女性文学活动为例》,《淮北师范大学学报(哲学社会科学版)》2020年第2期。

30. 王杨:《传统士绅与次生治理:旧基层社会治理形态的新考察》,《浙江社会科学》2020年第2期。

31. 郑卫荣:《经营地方:明清时期的南浔士绅社会》,《湖州师范学院学报》2020年第11期。

32. 高钟:《废科举:中国儒家社会全面散构的多米诺骨牌——废科举百年祭》,《江苏社会科学》2005年第4期。

后 记

在"皇权不下县"的古代帝国中,士绅扮演着极其重要的治理角色,既是中国古代社会治理的重要主体,又是正确认识中国传统社会运行机理进而科学把握传统社会地方治理制度的重要着眼点。那么,士绅是如何参与地方社会治理之中的?在此过程中,表现出哪些独具特色的行为逻辑?影响这些行为的要素又有哪些?带着一系列的疑问,怀着敬畏之心,我们开启了一场求真求实的探索之旅。

在整个研究过程中,团队成员们进行了无数次开诚布公的讨论交流,即便两位合作者在研究中途参加了出国访学活动,空间距离的遥远并没有阻碍我们对于书稿的沟通。大家既有分工又有合作,形成了默契的配合,共同攻克了一个又一个难关,在收获知识的同时,也收获了充满着欢声笑语的美好时光。

这里要特别感谢江苏省社会科学院的胡传胜研究员,从策划选题到构建框架再到推荐资料,胡老师都对我们进行了悉心指导。感谢书稿的评审专家,他们提出了宝贵的意见和建议,对于书稿的完善至关重要。感谢江苏人民出版社的张凉老师、汪意云老师,她们为书稿的出版做出了大量细致认真的编辑工作。感谢江苏省社科院文脉研究院提供的大力支持。

书稿的写作到这里已经告一段落,但对于中国士绅这一传统社会中独具特色的治理主体还有大量有待研究的空间。未来我们会在这一领域继续深耕,也期待这本小书能给读者提供一些启发,希望我们一起相伴而行,致力于对于中国士绅的进一步探索。

王婷